Dominic Sandbrook

Weltgeschichte(n)

König der Könige: Alexander der Große

Dominic Sandbrook

WELTGESCHICHTEN

KÖNIG DER KÖNIGE

ALEXANDER DER GROSSE

Aus dem Englischen
von Knut Krüger

cbj

Für Iseult

MIX
Papier | Fördert gute Waldnutzung
FSC® C014496

Penguin Random House Verlagsgruppe
FSC® N001967

4. Auflage

Die englische Originalausgabe erschien 2021
unter dem Titel »Adventures in Time: Alexander the Great«
bei Particular Books, einem Imprint von Penguin Press, London

Übersetzung: Knut Krüger
Lektorat: Andreas Rode
Umschlaggestaltung und -illustration: Nele Schütz Design/Sonja Gebhardt
mk • Herstellung: AJ
Satz: KompetenzCenter, Mönchengladbach
Druck: GGP Media GmbH,
ISBN 978-3-570-17906-2
Printed in Germany

www.cbj-verlag.de

Inhalt

TEIL 3

DAS ENDE DER WELT

TEIL 4

DIE LETZTE REISE

Prolog

Der Traum

Es war ein herrlicher Tag, die Sonne stand hoch am wolkenlosen blauen Himmel. Licht tanzte auf dem Wasser des Hellespont – der heute Dardanellen genannten Meerenge, die Europa von Asien trennt.

Der junge Mann stand am Steuer seines Schiffs. Er war klein gewachsen und breitschultrig, mit lebhaften Augen und hübschen Locken, die ihm über die Ohren fielen.

Sein ganzes Leben lang hatte er auf diesen Moment gewartet. Schon als Junge, als er noch mit seinen Freunden durch die Wälder gestreift war, hatte er sich als Feldherr gesehen, der seine Flotte einst über das Meer führen würde, um seinen Feinden mit Schwertern und Speeren den Garaus zu machen.

Er war ein geborener Krieger, aber auch ein Träumer. Er liebte Bücher und die Dichtkunst, Rätsel und Geschichten.

Doch vor allem drängte es ihn nach Abenteuern. Er wollte Berge bezwingen, Wüsten durchqueren und ins Unbekannte vorstoßen, um neue Länder zu erobern.

Und jetzt war er drauf und dran, sich diesen Traum zu erfüllen. Er sah, wie die Ruderer die Riemen durchs Wasser zogen und der Wind die Segel füllte, warf den Kopf zurück und lachte aus reiner Freude.

Als sie die Meerenge zur Hälfte durchquert hatten, wurde ein Bulle aufs Deck geführt, den sie mitgenommen hatten, um ihn Poseidon, dem Gott des Meeres, zu opfern.

Der junge Mann hob sein Messer, es dauerte nur einen kurzen Moment.

Nachdem es vollbracht war, hielt er einen goldenen Kelch in die Luft und goss seinen Inhalt in die Fluten – ein Geschenk an die Nereiden, die Nymphen des Meeres.

Die asiatische Küste kam immer näher. In seiner strahlenden Rüstung ließ der junge Mann seinen Blick über den Strand schweifen. Seine Augen blitzten entschlossen, in seiner rechten Hand glänzte ein Speer.

Als der Kies unter dem Schiffsrumpf knirschte, sprang er ins seichte Wasser und holte weit mit dem Arm aus. Sein Speer beschrieb in der Luft einen perfekten Bogen und bohrte sich in den Sand.

Dann ließ der Mann seine Stimme über das Wasser schallen. Dies sei ein Zeichen, verkündete er, dass die Götter ihm ganz Asien zu Füßen legten.

Auf seinem Schiff brach Jubel aus, dann sprangen Tausende seiner Männer über Bord, um ihrem König auf persischen Boden zu folgen.

■

Der junge Mann hieß Alexandros, was in etwa »Beschützer der Männer« bedeutet, und lebte vor über zweitausend Jahren, im vierten Jahrhundert vor Christus. Sein Leben war so übervoll an Abenteuern und außerordentlichen Ereignissen, dass wohl jeder Schriftsteller davor zurückschrecken würde, sich so etwas auszudenken.

Er entstammte dem Königreich Mazedonien, das im Norden des antiken Griechenlands lag.

Schon als Teenager nahm er auf einem Hengst, den er selbst gezähmt hatte, an seinen ersten Schlachten teil, begleitet von den Freunden seiner Kindheit.

Nachdem er im Alter von zwanzig Jahren den Königsthron bestiegen hatte, begann er einen der spektakulärsten Feldzüge der Weltgeschichte. Er überquerte das Meer in Richtung Osten, um den König von Persien anzugreifen, den damals mächtigsten Herrscher der Erde.

Sein Heer drang Tausende von Meilen ins Persische Reich vor und gewann Schlacht um Schlacht. Seine Männer überquerten das syrische Gebirge und die ägyptischen Wüsten, bestaunten die Pyramiden und den Nil.

Alexander und seine Gefährten besuchten exotische Tempel und holten den Rat fremder Götter ein. Sie eroberten die größte Stadt, die die Welt jemals gesehen hatte, und brachten unermessliche Schätze in ihren Besitz.

Immer weiter drangen sie gen Osten vor, der aufgehenden Sonne entgegen. Sie überquerten die höchsten Berge Afghanistans und die Flüsse Indiens, bekamen es mit Göttern und Elefanten, mit Banditen und Prinzessinnen zu tun.

Und als das vermeintliche Ende der Welt fast in Sichtweite war … aber ich will hier nicht das Ende verraten.

■

Die Welt, in der Alexander vor über zweitausend Jahren lebte, unterschied sich ganz wesentlich von der unsrigen. Es gab weder Autos noch Computer, und auch von moderner Medizin konnte noch keine Rede sein. Es war eine Welt der Mythen und Legenden, doch kam sie den damaligen Menschen genauso real vor, wie die Welt uns heute erscheint.

Das antike Griechenland war kein einheitlicher Staat wie heute, sondern ein Kulturraum, der rivalisierende Städte und Königreiche umfasste, in denen man mehr oder weniger dieselbe Sprache sprach und dieselben Götter verehrte.

Im Zentrum befand sich das Mittelmeer, vor allem sein nordöstlicher Teil, der auch Ägäis genannt wird. Oder, wie der Philosoph Platon es ausdrückte: Die Griechen lebten an ihren Küsten wie »Frösche um einen Teich«.

Die Welt außerhalb Griechenlands war den Menschen weitgehend unbekannt, doch sie wussten von der großen Kultur des alten Ägypten und fürchteten ihren mächtigen Nachbarn Persien, der über das Gebiet herrschte, das wir heute als Mittleren Osten bezeichnen.

Von den europäischen Gebieten im Norden oder von Afrika

wusste man so gut wie nichts, auch Indien war nahezu und China vollkommen unbekannt. Von der Existenz des amerikanischen Kontinents hatte man nicht die geringste Ahnung.

In vieler Hinsicht war es eine dunkle und gefahrvolle Welt. Krankheiten waren an der Tagesordnung. Viele Menschen starben, ehe sie vierzig wurden, und die Hälfte von ihnen erreichte nicht einmal das sechzehnte Lebensjahr.

Von den Frauen wurde erwartet, dass sie zu Hause blieben und die Kinder großzogen. Die Männer arbeiteten größtenteils auf den Feldern und folgten einem Ehrenkodex, den viele von uns abschreckend und gewalttätig finden würden.

Und dennoch war die Welt Alexanders auch voller Licht und Schönheit. Die Griechen verehrten die Poesie, schufen die Kunstform des Theaters und schrieben einige der bedeutendsten Stücke aller Zeiten.

Sie liebten die Diskussion und waren fasziniert von abstrakten Ideen. Sie studierten Mathematik und Naturwissenschaften, interessierten sich für den Lauf der Sterne und die Vorgänge im menschlichen Körper. Gemeinsam mit ihren Nachbarn aus Ägypten und Persien sowie den späteren Römern schufen sie die Grundlagen unserer modernen Zivilisation.

Doch Alexander war kein gewöhnlicher Grieche oder Makedonier, sondern glaubte schon als Kind daran, dass ihm ein besonderes Schicksal bevorstehe.

Die ersten griechischen Historiker nahmen an, dass Alexander von einem Gefühl beherrscht wurde, das sie *Pothos* nannten –

die Sehnsucht nach etwas Tiefem und Jenseitigem, das für normale Sterbliche unerreichbar ist.

Das war es, was Alexander so besonders machte. Viele andere Jungen träumten davon, Untiere zu besiegen und ihren Helden Theseus, Perseus und Herakles nachzueifern, doch sie rechneten nicht wirklich damit, es ihnen gleichzutun oder sie gar in den Schatten zu stellen.

Alexander schon. Von Beginn an betrachtete er sich als lebende Legende, als jemanden, von dem einst die Geschichtsbücher erzählen würden.

Auch deshalb bohrte sich sein Speer in den asiatischen Sand. Er wollte seinen Männern damit sagen, dass dies ein historischer Tag war, an den sich die Menschen noch in Jahrhunderten erinnern würden.

Und er behielt recht.

Doch eins nach dem anderen. Kehren wir zunächst dorthin zurück, wo Alexanders Geschichte ihren Anfang nimmt – in eine Zeit, lange bevor er den Hellespont überquerte, ja sogar in die Zeit vor seiner Geburt.

Und wie viele der besten Geschichten beginnt auch diese Geschichte nicht mit sterblichen Männern und Frauen, sondern mit den erstaunlichsten griechischen Charakteren überhaupt – mit den zwölf Göttern auf dem Olymp.

TEIL 1

DER JUNGE AUS MAKEDONIEN

1

Der Junge und sein Pferd

Hoch über den Olivenhainen Griechenlands erheben sich die Gipfel des Olymps. Seit Hunderten von Jahren lauschen die Kinder bereits den sagenhaften Geschichten, die von dem Geschehen dort oben, zwischen der Erde und den Sternen, erzählen.

Auf dem Olymp hieß es, gebe es weder Regen noch Wind, sondern nur endlosen Sonnenschein. Hier lebten die Götter von Nektar und wie Honig schmeckendem Ambrosia, dem Trunk und der Speise für die Unsterblichen.

Von den Ufern der Ägäis bis zu den Wäldern Makedoniens kannte jedes Kind die Namen der zwölf olympischen Götter. Da war Hera, die Familien-Göttin, zuständig für Hochzeit, Mutterschaft und Geburt. Da war Poseidon, der Gott des Meeres, der das Wasser mit seinem Dreizack aufwühlen konnte.

Der Kriegsgott hieß Ares und wurde oft mit einem großen Schild auf seinem Streitwagen dargestellt. Die jungfräuliche Göttin der Jagd und des Mondes trug den Namen Artemis. Der Bogenschütze Apollo war der Sonnengott. Und dann gab es noch: Die weise Göttin Athene, die immer einen glänzenden Helm trug, mit ihrer Eule. Demeter, die Göttin der Ernte. Hephaistos, den Schmied, mit seinem Hammer und seinem feuerglühenden Amboss. Hermes, den Götterboten, mit seinen geflügelten Sandalen. Die sanfte Göttin Hestia, Hüterin von Heim und Herd. Und schließlich die schöne Aphrodite, die Göttin der Liebe.

■

Doch vor einem Gott zitterten all die anderen: vor Zeus, dem Göttervater, dem Herrscher über Himmel, Blitz und Donner.

In jungen Jahren hatte Zeus die Welt von der Tyrannei der Titanen befreit und sich selbst zur obersten Gottheit gemacht. Sein Vogel war ein Adler, sein Baum eine Eiche und seine Waffe ein Donnerkeil.

In Homers Epos *Die Ilias* lässt Zeus den anderen Göttern des Olymps eine Warnung zukommen.

»Ich bin der mächtigste aller Götter!«, sagt er. »Befestigt ein goldenes Seil am Himmel und hängt euch alle daran, ihr Göttinnen und Götter. Ihr werdet es nicht schaffen, Zeus, den Allmächtigen, vom Himmel auf den Boden hinabzuziehen! Ich aber könnte euch samt Erde und Meer zu mir emporziehen und könnte euch vom Gipfel des Olymps hängen lassen, so viel mächtiger bin ich als alle Götter und Menschen.«

■

Für die Kinder, die an den Küsten der Ägäis aufwuchsen, waren Götter wie Zeus mehr als erfundene Gestalten.

Mythen und Legenden waren ein Teil ihres täglichen Lebens und ihrer Realität. Hörten sie den Ruf einer Eule in der Nacht, so glaubten sie, diese brächte neue Nachrichten aus Athen. Und wenn der Donner über ihren Köpfen grollte, war dies ein Zeichen, dass Zeus ihnen zürnte.

Jedes Haus hatte seine geweihte Feuerstelle und jede Stadt ihren Tempel. Und jedes Jahr pilgerten Tausende von Menschen zu den über ganz Griechenland verteilten Heiligtümern, wo die Luft von Magie erfüllt zu sein schien.

An einem Sommertag in der Mitte des vierten Jahrhunderts vor Christus setzte ein junger Prinz seine Füße auf die Insel Samothrake. Sein Name war Philipp, und er war gerade aus Makedonien gekommen, dem rauen Königreich im Norden.[1]

Seit seiner Kindheit hatte Philipp davon geträumt, Samothrake zu besuchen. In ganz Griechenland sprach man vom Heiligtum der Großen Götter mit seinen wilden Zeremonien und Opferritualen.

Während des alljährlichen großen Festes betraten die zugelassenen Männer, Frauen und Kinder das Innere des Heiligtums und wurden in den Kult der großen Götter und ihrer Geheimnisse eingeweiht. Gesprochen wurde über dieses Erlebnis nicht,

---

1 Heute gehört ein Großteil des ehemaligen Königreichs zu Griechenland, der Rest zur Republik Nordmazedonien.

doch nun war Philipp gekommen, um sich einen eigenen Eindruck zu verschaffen.

In einer der folgenden Nächte brannten die Fackeln und wirbelten die Tänzerinnen zu den wilden Rhythmen der Trommeln. Das Herz des jungen Prinzen schlug ihm bis zum Hals. Gleich würde er das Innere des Heiligtums betreten und schließlich mit den Geheimnissen der Götter vertraut gemacht werden.

Und plötzlich sah er sie: ein feingliedriges Mädchen mit rabenschwarzen Haaren. Ihre Augen glänzten fiebrig, sie war in Ekstase und schien ihm ein wenig jünger als er selbst zu sein, noch jugendlich. Philipp fand sie wunderschön.

Früh am nächsten Morgen, als die Sonne über die Berge von Samothrake stieg, sprach Philipp zum ersten Mal mit ihr. Sie hieß Olympias und war königlicher Abstammung. Ihr Vater, erklärte sie stolz, sei der König von Epirus, dem bewaldeten Bergland im äußersten Westen der griechischen Welt.

Philipp nickte. Epirus war ihm wohlvertraut.

Während sie sprachen, konnte er seinen Blick nicht von ihr abwenden. Olympias war eine Schönheit, doch nicht nur das. Sie strahlte auch eine geheimnisvolle und unzähmbare Wildheit aus.

Als Philipp wenig später nach Hause segelte, stand sein Entschluss fest. Dies war das Mädchen, das er heiraten wollte.

Die Zeit verging. Im Jahr 359 v. Chr. wurde der 23-jährige Philipp König von Makedonien. Das Mädchen mit den rabenschwarzen Haaren hatte er nie vergessen.

Zwei Jahre nach ihrer ersten Begegnung machte sich die achtzehnjährige Olympias vom bergigen Epirus auf nach Pella, der Hauptstadt von Makedonien und Residenz der makedonischen Könige.

Philipp erwartete sie und streckte ihr zur Begrüßung beide Arme entgegen.

Doch in der Nacht vor ihrer Hochzeit hatte Olympias einen Traum.

Gewaltige Donnerschläge ließen die makedonischen Berge erzittern, Blitze zuckten am Himmel. Sie kamen immer näher, doch Olympias war unfähig, sich zu bewegen.

Plötzlich war das Gewitter direkt über ihr und schien von allem Besitz zu ergreifen. Ihr war, als sei Zeus persönlich zu ihr herabgestiegen und habe alles um sie her in Flammen gesetzt … ihr Bett brannte, die Luft brannte, selbst ihr Körper.

Als Olympias die Augen aufschlug, war alles dunkel.

Wenige Stunden später war sie mit Philipp verheiratet. Doch als sie ihren Schleier hob, um ihren frisch vermählten Ehemann zu küssen, jagte ihr die Erinnerung an ihren Traum einen Schauer über den Rücken.

■

Im Jahr 356 v. Chr., am sechsten Tag des Monats Hekatombaion (was vermutlich dem 21. Juli unseres Kalenders entspricht), brachte Olympias einen Sohn zur Welt.

Sie nannte ihn Alexandros, nach zwei früheren mazedonischen

Königen. Ihr Sohn sollte der dritte König dieses Namens werden und als »Alexander der Große« Weltruhm erlangen.

Noch Jahre später sprachen die Leute von den vielen seltsamen Begebenheiten rund um Alexanders Geburt. Sein Vater befand sich zu dieser Zeit weiter südlich und führte seine mächtige Armee gegen ihre griechischen Feinde, die Athener, ins Feld.

Am selben Tag, an dem Alexander das Licht der Welt erblickte, eroberte sein Vater die Hafenstadt Potidaea. Der Bote aus Pella fand ihn in seinem Zelt, überglücklich über den gerade errungenen Sieg.

Ein zweiter Bote überbrachte ihm nahezu gleichzeitig die Nachricht, dass eine weitere makedonische Armee die wilden illyrischen Stämme in einer blutigen Schlacht vernichtet habe.

Als sich die Nachrichten im Feldlager verbreiteten, brachen die Soldaten in Jubel aus. Und während sich die Abenddämmerung über den ägäischen Horizont senkte, erblickte Philipp einen dritten berittenen Boten. Seine Kleider waren mit Staub bedeckt und das Fell seines Pferdes glänzte vom Schweiß.

Er war den weiten Weg von Olympia, dem Heiligtum des Zeus in Elis, gekommen, wo Tausende von Zuschauern die Olympischen Spiele verfolgt hatten. Und auch von dort gab es fantastische Nachrichten.

Beim großen Pferderennen war Philipps preisgekrönter Hengst zum Sieg gestürmt. Im Laufe eines einzigen Tages hatte er also eine Stadt erobert, eine entscheidende Schlacht gewonnen, olympischen Ruhm erlangt und einen Sohn bekommen.

Die Götter schienen es wirklich gut mit Makedonien zu meinen!

Doch gab es da noch ein weiteres Omen – ein weiteres Vorzeichen –, das eine andere Geschichte erzählte.

Hunderte von Kilometern weiter östlich, in Ephesos, stand der Tempel der Artemis. Für die Griechen, die an der asiatischen Küste lebten[2], war der riesige Tempel aus blendend weißem Marmor nichts anderes als ein Weltwunder.

Doch an diesem Tag brach im Tempel der Artemis ein Feuer aus, und als die Flammen erloschen waren, blieb nichts als Asche von ihm übrig.

Für die Priester von Ephesos war der Verlust kaum zu ertragen. Viele von ihnen liefen weinend durch die Straßen und verkündeten, dass dieser Vorfall großes Unglück für ganz Asien vorausahnen lasse.

Erst viele Jahre später, als sich Alexanders Ruhm in fast jeden Winkel der Erde verbreitet hatte, wurde den Menschen klar, dass der Untergang des Tempels mit seiner Geburt zusammengefallen war.

■

Der kleine Alexander war ein vitales und gesundes Kind, zwar relativ klein für sein Alter, doch voller Energie. Seine Eltern be-

---

2 Seit Jahrhunderten hatte es bereits griechische Städte auf der anderen Seite der Ägäis gegeben. Heute gehört diese Küste zur Türkei.

kam er nur selten zu Gesicht. Sein Vater Philipp führte meist Krieg gegen Makedoniens Nachbarn.

Und seine Mutter Olympias zog sich oft mit ihren Magiern und Schlangentänzerinnen zurück, um Zaubertränke zu brauen oder Beschwörungsformeln zu murmeln. Manche von Philipps Freunden behaupteten, sie würde sich in Trance ihre Schlangen um die Schultern legen, sie sogar mit ins Bett nehmen.

Wie auch immer, es ist jedenfalls eine Tatsache, dass Olympias nur wenig Zeit für ihren Sohn hatte.

So kam es hauptsächlich Alexanders hübschem Kindermädchen Lanike zu, sich um ihn zu kümmern.

Im antiken Griechenland aufzuwachsen, fühlte sich oft wie ein einziges langes Abenteuer an. Das Wetter war meist sonnig und heiß, und die Kinder verbrachten die meiste Zeit draußen, in den Bergen und Wäldern.

Obwohl die meisten griechischen Kinder arm waren, unterschieden sich manche ihrer Spielzeuge nicht so sehr von den heutigen. Sie hatten Rasseln und Sprungreifen, Stoffpuppen und Tonsoldaten, Holzschwerter und selbst gemachte Fußbälle.

Und so wie andere Kinder trug Alexander eine weit geschnittene Tunika, die von einem Ledergürtel zusammengehalten wurde, und Sandalen. Als junger Prinz genoss er jedoch auch einen Luxus, den sich andere Kinder nicht im Traum hätten vorstellen können.

Wenn er morgens aufwachte, war er sofort von Sklaven umgeben, die seine Speisen zubereiteten, Öllampen anzündeten und die Badewanne für ihn füllten. Und während die meisten Kinder Bohnen, Trauben, Brot und Käse aßen, wurden ihm Oktopus – das ist Tintenfisch –, Hirsch und Wildschwein sowie mit Wasser verdünnter Wein serviert.

Die wenigsten Kinder gingen zur Schule. Die Mädchen blieben in der Regel zu Hause, um sich häuslichen Tätigkeiten zu widmen, während die Jungen in die Fußstapfen ihrer Väter traten und sich auf eine Zukunft als Bauer, Seemann, Schmied oder Fischer vorbereiteten.

Doch für einen Prinzen wie Alexander lagen die Dinge anders. Jungen aus reichen Familien bekamen mit sieben Jahren einen Privatlehrer, der sie gemeinsam mit wenigen Mitschülern unterrichtete.

Sie lernten Lesen und Schreiben. Die Buchstaben ritzten sie in Wachstafeln ein. Dazu benutzten sie einen Holzstift, den sie als *Stilos* bezeichneten. Alexander musste Unterrichtsstoff auswendig lernen, darunter lange Gedichte und Passagen aus Theaterstücken.

Zunächst suchte Olympias die Privatlehrer ihres Sohnes persönlich aus. Doch als Alexander dreizehn Jahre alt geworden war, sah sein Vater Philipp die Zeit für Veränderungen gekommen.

Durch all das Geld, das seine Gold- und Silberminen einbrachten, konnte er sich jeden erdenklichen Privatlehrer leisten, und Philipp wusste genau, wen er haben wollte.

Aristoteles, der dünne, bärtige und krummbeinige Sohn von Nikomachos, hatte bei dem Philosophen Platon in Athen studiert, bevor er selbst Hunderte von Büchern zu fast jedem erdenklichen Thema schrieb.

Es gab nichts, was Aristoteles nicht wusste. Er schrieb über Pflanzen und Meereslebewesen, über Musik und Mechanik, über Krieg und Politik. Er verfasste ein Buch über Magnetismus, ein Lexikon über Tiere, eine Abhandlung zur Rhetorik sowie eine Schrift zu unseren Träumen.

Ein Lehrer dieses Kalibers brauchte natürlich ein besonderes »Klassenzimmer«. Nachdem Aristoteles in Pella angekommen war, begab er sich mit seinem Schüler in das nahe bei den Bergen gelegene Mieza. Mit seinen sonnendurchfluteten Wäldern und plätschernden Bächen war dies ein idealer Ort für lange Spaziergänge und ungestörtes Nachdenken.

Hier lernte Alexander viel über die Tierwelt und die Natur, über Dichtkunst und Geschichte. Aristoteles erzählte ihm sowohl von den ersten griechischen Abenteurern, die die ägäische Küste entdeckt und kolonisiert hatten, als auch von den langen Kriegen zwischen den Städten Athen, Sparta, Theben und Korinth.

Alexander lauschte mit großen Augen den Erzählungen des Aristoteles über die Schlachten der Griechen mit ihrem ärgsten Feind, dem riesigen und unermesslich reichen persischen Königreich. Diese Geschichten brachten das Blut eines jeden Jungen in Wallung und Alexander war da keine Ausnahme.

Wenn Aristoteles sprach, stellte sich Alexander vor, wie er sich mit dem Schwert in der Hand in den Kampf gegen die Perser stürzte, unterstützt von seinen Freunden, die in diesem Moment neben ihm saßen …

Denn Alexander war nicht der einzige Junge in der Klasse. Da war Kleitos, der Bruder seines Kindermädchens Lanike, ein mürrischer und störrischer Junge, der wegen seiner dunklen Haare auch Kleitos der Schwarze genannt wurde.

Da waren der brave und ungestüme Perdikkas, der aus dem Königshaus der makedonischen Provinz Orestis stammte, sowie der scharfsinnige Ptolemaios, der ein paar Jahre älter als Alexander war und stets mehrere Schritte vorausdachte. Seine Familie stammte aus kleineren Verhältnissen, und er errötete, wenn seine Kameraden ihn damit aufzogen.

Nearchos stammte aus Kreta. Er liebte es, von seiner Heimat zu erzählen, und rühmte sich seines Wissens über das Meer.

Harpalos hinkte ein wenig, war einnehmend und charmant, doch nicht vollkommen vertrauenswürdig.

Aber über allen thronte Hephaistion, der zu Alexanders engstem Freund wurde. Groß gewachsen und gut aussehend, war er dem jungen Prinzen stets treu ergeben.

Alexander und Hephaistion gingen oft gemeinsam auf die Jagd und galten bald als unzertrennlich. Die anderen Jungen verglichen sie im Spaß mit Patroklos und Achilleus, deren enge Freundschaft in der *Ilias* – Homers Schilderung des Trojanischen Krieges – beschrieben ist. Alexander lachte darüber, war aber auch fasziniert von diesem Gedanken. Er bewunderte die Helden der Vergangenheit und träumte davon, ihnen nachzueifern.

Einer seiner Lieblingshelden war Perseus, der Sohn des Zeus, der auf Pegasus, dem geflügelten Pferd, geritten war und die schlangenhaarige Medusa getötet hatte.

Auch liebte er die Geschichten von Herakles, einem weiteren Sohn des Zeus, der die neunköpfige Hydra getötet, den kretischen Stier gefangen und den dreiköpfigen Hund Kerberus aus der Unterwelt emporgeholt hatte.

Doch mehr als alle verehrte er Achilles, den tapfersten der griechischen Krieger während der Belagerung von Troja, der den trojanischen Königssohn Hektor getötet hatte und dessen Freundschaft mit Patroklos Dichter und Musiker inspirierte.

Für Alexander waren dies keine erfundenen Geschichten. Er erzählte seinen Freunden, dass sich der Stammbaum seiner Familie bis zu Achilles zurückverfolgen lasse, und wollte sich als würdiger Nachfahre erweisen.

Eines Tages, sagte er, würde er mit Hephaistion gen Osten ziehen. Auch sie würden gegen mächtige Armeen kämpfen und prächtige Städte einnehmen. Und auch ihre Namen würden einst zur Legende werden.

Und eines Tages würden die Dichter nicht nur Achilles, sondern auch Alexander besingen.

■

Alexander wuchs schnell heran. Er war ehrgeizig und impulsiv, ein verhältnismäßig kleiner, aber breitschultriger Junge mit leuchtenden Augen und lockigen Haaren.

Er war ein hervorragender Sportler und eine geborene Führungspersönlichkeit, hatte jedoch auch eine ruhige, nachdenkliche Seite. Er liebte Bücher und Poesie und war neugierig auf die Welt außerhalb von Makedonien.

Eines Tages, als er sich wieder in der Hauptstadt Pella befand, erreichten drei Abgesandte aus Persien den makedonischen Königshof. Da sein Vater Philipp auf der Jagd war, wollte Alexander die Besucher unbedingt selbst treffen.

Auch die Perser wollten den jungen Alexander kennenlernen, der hundert Fragen hatte. Woher genau sie gekommen waren? Wie lang die Reise gewesen sei. Wie die berühmten persischen Wege und Straßen aussähen.

Außerdem wollte er vieles über den persischen König erfahren. Wie viele Soldaten er habe und wie er seine Feinde bestrafe. Und so weiter und so weiter, bis seine Gäste völlig erschöpft waren.

Den Persern kam dies alles schier unglaublich vor, und so lachten sie, als sie den makedonischen Hof verließen. Doch der junge Alexander meinte es ernst. Nachdem sich die großen Tore hinter den persischen Reitern geschlossen hatte, wurde er nachdenklich.

Sein persönlicher Ruhm war ihm wichtiger als alles andere. Wann immer sich die Kunde von einem erneuten Sieg seines Vaters verbreitete, jubelten seine Freunde, doch Alexander erfüllten diese Nachrichten mit einer bohrenden Sehnsucht.

»Wenn wir nicht aufpassen«, sagte er sorgenvoll, »wird mein

Vater bald alle Völker und Reiche erobert haben und für uns wird nichts mehr übrig sein.«

Alexander wusste, wozu sein Vater imstande war, und er war fest entschlossen, ihn als Kriegsherr zu übertreffen.

Im Alter von zwölf Jahren hörte er einen Tumult vor dem Palast. Auf dem Vorhof fand er Philipp mit seinen Gefährten, die vor einem wilden schwarzen Hengst zurückwichen, der sich nicht beruhigen ließ.

Was ging hier vor?

Sein Vater stellte ihm mürrisch Philonicus aus Thessalien vor, einen der besten Pferdehändler in ganz Griechenland.

Alexander fragte sich, warum Philonicus mit einem Pferd zu ihnen gekommen war, das niemand würde reiten können. Und dann verlangte der Händler auch noch den völlig überhöhten Preis von dreizehn Talenten dafür.

Der junge Alexander betrachtete den ungestümen Hengst von allen Seiten. Er sah kraftvoll und geschmeidig aus, mit einem sternförmigen Fleck auf der Stirn und dem eingebrannten Kopf eines Ochsen auf der Flanke. Doch wann immer Philipp ihm zu nahe kam, schnappte er nach ihm und bäumte sich auf.

Philipp bedeutete dem Pferdehändler, dass er den Hengst wieder mitnehmen solle. Da platzte Alexander der Kragen: »Was für eine Schande, sich so ein wundervolles Pferd entgehen zu lassen, nur weil niemand den Mut hat, es zu zähmen!«

Philipps Augen weiteten sich. »Wie kannst du es wagen«, wies er seinen Sohn zurecht, »Männer zu kritisieren, die älter und klüger sind als du! Glaubst du wirklich, dass du dazu in der Lage wärst?«

»Ja«, antwortete Alexander. »Ich kann dieses Pferd reiten.«

Philipp lächelte ihn herausfordernd an. »Und wie viel ist dir dein Übermut wert, wenn du es nicht schaffst?«

Alexander zuckte die Schultern. »Dann zahle ich dreizehn Talente[3] – den Wert des Pferdes.«

Für einen Moment sprach niemand ein Wort. Dann brach Philipp in Gelächter aus und all die anderen Männer lachten ebenfalls über die Arroganz und naive Selbstüberschätzung des Jungen.

Nur Alexander lachte nicht. Sein Gesicht war entschlossen.

Nachdem sich alle wieder beruhigt hatten, machte Alexander zwei ruhige Schritte auf das Pferd zu. Es schnaubte. Und ehe es eine Möglichkeit hatte, zu reagieren, war Alexander schon an seinem Kopf.

Mit sanftem, aber entschlossenem Griff nahm er das Zaumzeug und drehte den Hengst der Sonne entgegen. Für eine Sekunde ließ er ihm ein wenig Spiel und strich ihm behutsam über den Rücken.

Dann streifte Alexander den Umhang ab und sprang mit einer fließenden Bewegung auf den Rücken des Pferdes, das sich nicht sträubte.

---

3 Ein Talent war eine Maßeinheit, die etwa 26 Kilogramm entsprach und durch Aufwiegen von reinem Silber als Währung benutzt wurde. Ein einziges Talent reichte aus, um einen Zimmermann neun Jahre lang zu bezahlen.

Alexander beugte sich vor und flüsterte ihm etwas ins Ohr. Und schon waren sie unterwegs, schnell wie der Wind. Jetzt war es Alexander, der lachte, während er seinen Kopf im Sonnenlicht zurückwarf.

Als er auf den Vorhof des Palastes zurückkehrte, wurde er mit Applaus empfangen. Er ließ sich vom Pferd gleiten, immer noch lachend.

»Er hatte Angst vor seinem eigenen Schatten, also habe ich ihn zur Sonne gedreht, das ist alles«, sagte er leichthin.

Er klopfte dem Pferd die Hüfte. »Ich werde ihn Bukephalos – ›Ochsenkopf‹ – nennen.«

Sein Vater hatte Tränen in den Augen, es waren Tränen des Stolzes. »Mein Sohn«, sagte er, »du musst dir ein neues Königreich suchen, denn Makedonien ist zu klein für dich.«

Alexander lächelte. Er war erst zwölf Jahre alt, doch er wusste, was er zu tun hatte.

Eines Tages würde er selbst König von Makedonien sein. Er würde ganz Griechenland einen und sich dann gen Osten wenden, um das Persische Reich ein für alle Mal zu unterwerfen.

Gemeinsam mit seinen Freunden und seinem treuen Pferd Bukephalos würde er immer weiter nach Osten vordringen, dorthin, wo die Sonne aufging und das Ende der Welt war.

2

Ein Messer im Morgengrauen

Über der Ebene von Chaeronea brach die Dämmerung herein. Die Sonne versank hinter den Bergen am Horizont, dann wurde es rasch dunkel.

Alexander spähte in die Finsternis. In der Ferne erkannte er die Lagerfeuer seiner Feinde. Um ihn her war ein leises Gemurmel. Die makedonischen Heerführer diskutierten ihre Pläne für den morgigen Tag.

Einige von ihnen hatten, wie sein Vater, schon viele Schlachten geschlagen und manchen Wunden davongetragen. Doch in der Nacht zuvor konnte niemand ruhig schlafen.

Denn ganz gleich, wie mutig und geschickt sie auch kämpften, so würden manche von ihnen keinen weiteren Abend erleben. Schließlich lag ihre Zukunft nicht in ihren Händen, sondern in denen der rätselhaften Schicksalsgöttinnen.

Diese waren drei Schwestern, die auch Moiren genannt wurden. Die eine von ihnen spann den Lebensfaden eines jeden Menschen, die zweite bestimmte die Länge des Fadens und die dritte durchtrennte ihn. Niemand wusste, wann seine Zeit gekommen war, und es war sinnlos, sich gegen sein Schicksal aufzulehnen.

»Auch auf mich«, spricht Alexanders Held Achilles in der *Ilias*, »warten der Tod und das Schicksal. Es wird ein Morgen, ein Mittag oder ein Sonnenuntergang kommen, in dem mir ein anderer im Kampf das Leben nehmen wird.«

Doch Alexander konnte seine Vorfreude kaum verbergen. Seit Monaten hatte er seinen Vater begleitet, war auf seinem Pferd Bukephalos tief in den Süden Griechenlands vorgedrungen.

Nun, vor den Toren der Stadt Chaeronea, waren ihre Feinde, die Armeen aus Athen und Theben, in Reichweite. Sie versperrten den Weg nach Süden, und Philipp wusste, dass ihm ganz Griechenland wehrlos zu Füßen lag, wenn er sie zur Seite fegte.

Es war der Spätsommer des Jahres 338 v. Chr. und Alexander erst achtzehn Jahre alt. Doch keine Sekunde lang wünschte er sich zurück an den Königshof zu seiner Mutter mit ihren Magiern.

Alexander hatte sich seit Jahren auf diesen Moment vorbereitet. In wenigen Stunden würde der Morgen Ruhm oder den Tod bringen.

■

Der Krieg war ein Teil des griechischen Lebens. Schon Homer hatte geschrieben, dass die Menschen eher dem Schlaf, der Liebe, dem Singen und Tanzen als dem Kriegführen entsagen würden.

Und Alexander wusste, dass ihnen eine entscheidende Schlacht bevorstand. Falls die Makedonier siegten, würde sein Vater der unumschränkte Herrscher in Griechenland sein.

Im Laufe von zwanzig Jahren war es Philipp gelungen, die Stellung Makedoniens vollkommen zu ändern. Im äußersten Norden der griechischen Welt gelegen, war es stets ein schwaches, zerstrittenes Königreich und eine leichte Beute für seine Feinde gewesen.

Mit Überzeugungskraft, Entschlossenheit und Mut hatte er die makedonischen Stämme geeint und sie dazu gebracht, sich gegen ihre Nachbarn zu erheben.

Nach jeder neuen Eroberung belohnte er sie mit Ländereien und Beutestücken. Und die neuen Territorien brachten ihm neue Ressourcen: Männer, Pferde, Eisen und Holz.

Seinen größten Durchbruch erzielte er, als seine Truppen die Goldminen des Pangaion-Gebirges eroberten. Damit war er quasi über Nacht zum reichsten Herrscher der griechischen Welt geworden, der in der Lage war, ein Vermögen für seine Kavallerie, neue Waffen und geldgierige Söldner auszugeben.

Weiter südlich, in den Marmorhallen von Athen und Theben, verfolgte man den Aufstieg Makedoniens mit Furcht und größter Sorge.

Seit Generationen hatten die Athener die Makedonier als Bauerntölpel verunglimpft, die in schmutzigen Städten lebten und nichts von Kunst und Poesie wussten. Sie lachten über den breiten Akzent der Makedonier und betrachteten ihre Könige als kriminelle Emporkömmlinge.

Doch in mancher Hinsicht war dies ein ungerechtes Urteil. Philipp sprach Griechisch und hatte einen Großteil seiner Kindheit in Theben verbracht. Sein Pferd hatte bei den Olympischen Spielen gewonnen, an denen ausschließlich Griechen teilnehmen durften.

Auch Alexander liebte griechische Traditionen, Kunst und Musik. Sein Lieblingsschriftsteller Homer war Grieche. Desgleichen seine Helden Achilles und Herakles.

Doch die Athener waren kaum an diesen Tatsachen interessiert. Ihre Stadt, einst der Stolz ganz Griechenlands, war im Niedergang begriffen, und sie konnten es nicht ertragen, dass mit Philipp ein neuer mächtiger Herrscher seinen Anspruch auf das ganze Land geltend machte.

Vor allem der griechische Redner und Staatsmann Demosthenes schürte über viele Jahre hinweg die anti-makedonische Stimmung. Immer wieder erklärte er seinen Zuhörern, Philipp sei ein primitiver Ausländer, der nicht aus einem goldenen Kelch, sondern aus dem Horn eines Ochsen trinke und dessen Frau Schlangen in ihrem Bett habe.

»Und er ist nicht einmal ein Barbar aus einem Land, das man respektieren könnte«, fügte Demosthenes verächtlich hinzu. »Er ist ein dreckiger Makedonier aus einem Land, in dem man früher nicht mal einen anständigen Sklaven bekommen hat.«

Bei diesen Worten lächelten viele Athener zustimmend. Und während Monate vergingen und die Anspannung wuchs, gab es immer mehr, die einen Krieg regelrecht herbeisehnten.

Gegen Ende des Jahres 340 v. Chr., kurz nach Alexanders sechzehntem Geburtstag, brach der Sturm los.

Philipps Truppen bedrohten inzwischen eine Reihe von Seehäfen und gefährdeten damit die für Athen lebenswichtige Versorgung mit Getreide. In dieser angespannten Lage gelang es Demosthenes, seine Politikerkollegen von der Unausweichlichkeit eines Krieges zu überzeugen.

»Lieber zehntausend Tode sterben, als sich Philipps Macht zu beugen«, erklärte er.

Die Fronten waren also geklärt. Auf der einen Seite standen Philipp, Alexander und das Heer aus Makedonien. Ihnen gegenüber befanden sich Demosthenes, die Athener und ihre Verbündeten, die Soldaten Thebens.

Zunächst wirkte Philipp seltsam zögerlich und schien den Kampf fast zu scheuen. Doch als die Athener ihre Verteidigung ein klein wenig vernachlässigten, schlug er plötzlich zu.

Mit schier unglaublicher Geschwindigkeit drangen seine Truppen nach Süden vor. Ein Kurier setzte die Athener davon in Kenntnis, dass die Makedonier nur noch zwei Tagesmärsche entfernt waren.

Die ganze Nacht bliesen Trompeter Alarm. »Die Nachricht verbreitete sich von Haus zu Haus«, schrieb ein Chronist, »und die Stadt war in höchster Aufregung.«

Im Morgengrauen versammelten sich die Athener im Theater, dem größte Gebäude der Stadt. Der Bote wurde aufgefordert, die Nachricht noch einmal öffentlich zu verkünden, worauf die

Menge »von Stille und Schrecken erfasst wurde«, wie der Chronist sich ausdrückte.

Demosthenes erhob sich von seinem Platz und bemerkte mit ernster Stimme, dass ihnen keine Wahl bleibe. Athen müsse die Thebaner um Hilfe bitten und sich dem unausweichlichen Kampf stellen.

Er erntete lautstarke Zustimmung. Die Würfel waren gefallen. Das Schicksal musste entscheiden, und vor den Toren der Stadt schloss der junge Alexander die Augen und flehte die Götter an, ihn siegen zu lassen.

■

Als Alexander im Morgengrauen erwachte, waren die Männer um ihn herum schon auf den Beinen und legten ihre Rüstungen an. Pferde wieherten und ließen ihr Zaumzeug klappern.

Trotz der frühen Stunde war schon zu spüren, dass es ein heißer Tag werden würde. Die makedonischen Heerführer kamen zu einer letzten Lagebesprechung zusammen. Philipps goldener Panzer glänzte in den ersten Strahlen der Sonne.

Einige Jahre zuvor hatte Alexanders Vater während einer Belagerung im Norden ein Auge verloren. Doch mit seinen breiten Schultern und dem struppigen Vollbart sah er wie der Inbegriff eines kraftvollen und entschlossenen Kämpfers aus.

Philipp hatte die schlagkräftigste Armee in ganz Europa aufgebaut, mit etwa dreißigtausend Fußsoldaten und über zweitausend Reitern. Seine Soldaten waren bis an die Zähne bewaffnet, von fähigen Offizieren sorgfältig ausgebildet und durch jahrelangen Kampf geschult.

Die makedonische Kavallerie, auch als »Begleiter« bekannt, bestand aus den besten Reitern ganz Griechenlands. Sie hatten keine Steigbügel und kontrollierten ihre Pferde mit den Knien. Und wenn sie in v-förmiger Formation zum Angriff übergingen und ihre kurzen Lanzen einsetzten, war ihnen kaum ein Gegner gewachsen.

Das Fundament von Philipps Armee waren jedoch die einfachen Fußsoldaten. Jeweils sechzehn von ihnen bildeten eine eigene Einheit, die sogenannte Phalanx. Philipps Soldaten trugen jedoch keine schweren Schilde und Schwerter mehr, sondern waren mit fünf bis sieben Meter langen Holzlanzen, den *Sarissas*, bewaffnet. Ihre Köpfe wurden von ledernen Helmen geschützt, und ihre kleinen, leichten Schilde waren an den Schultern oder den Unterarmen befestigt, damit die Männer beide Hände zum Kampf frei hatten.

Damit waren die makedonischen Soldaten schneller und flexibler als ihre Feinde. Doch würde ihre Taktik diesmal aufgehen? Würden ihre Lanzen ausreichen, um gegen das hochgerüstete Heer der Athener zu bestehen?

Philipp gab seine letzten Anweisungen. Er würde die rechte Flanke seiner Männer befehligen, während Alexander seine Phalangen auf der linken Flanke gegen die Heilige Schar ins Feld führte, jene Thebaner, die einen heiligen Eid geschworen hatten, gemeinsam zu kämpfen und zu sterben.

Sobald sich in der gegnerischen Formation eine Lücke auftat, würden die makedonische Elitesoldaten, die Schildträger, in sie hineinstoßen und den Weg für die Reiter frei machen, die den Rest erledigen sollten.

Philipp schaute von einem zum anderen. »Seid ihr bereit?«

Alexander nickte. Er spürte die Aufregung in sich wachsen. Hatte eine trockene Kehle und ein flaues Gefühl im Bauch.

Er blickte zur Sonne auf, die an einem wolkenlosen blauen Himmel stand. Es würde ein brütend heißer Tag werden.

■

»Alalalalalai! Alalalalalai!«

Der Schlachtruf der Makedonier zerriss die Luft über der Ebene.

Trommeln und Trompeten erschallten, gefolgt vom Stampfen der Füße, während Philipps Soldaten ihre Lanzen nach vorne streckten und gegen den Feind vorrückten.

Alexander wurde von der Sonne geblendet. Er schwitzte unter seinem Helm. Dennoch spürte er eine sonderbare Ruhe. Endlich war der Moment gekommen, sich dem Feind zu stellen und das Schicksal entscheiden zu lassen.

Erneut durchschnitt der Schlachtruf der Makedonier die Luft. Die Thebaner standen ihnen direkt gegenüber, ihre Schwerter glänzten in der Morgensonne. Alexander erkannte die Gesichter unter ihren Helmen, den Kampfeswillen in ihren Augen …

Im nächsten Moment krachten Lanzen gegen Schilde, Männer auf beiden Seiten schrien auf. Alexander und seine Kameraden warfen sich brüllend ins Getümmel, drängten unaufhaltsam vorwärts.

Zunächst hielten die Thebaner stand. Ihre Elitesoldaten – die sogenannte Heilige Schar, die seit Generationen verehrt wurde – gehörten zu den gefürchtetsten Kämpfern in ganz Griechenland.

Doch die Taktik der Makedonier bewährte sich ausgezeichnet. Mit ihren langen Lanzen hielten sie die thebanischen Kämpfer auf Abstand, sodass diese mit ihren Schwertern nichts ausrichten konnten und Meter um Meter zurückgedrängt wurden.

Alexanders Glieder schmerzten, der Staub verklebte seine Brauen und brannte in seinen Augen. Ein roter Schleier schien sich über seine Umgebung gezogen zu haben, doch in diesem Moment ließ er sich von nichts und niemandem aufhalten.

Er stolperte weiter. Da war etwas unter seinen Füßen. Es waren die blutüberströmten Körper der Thebaner.

Auf der rechten Flanke, die sein Vater befehligte, erhob sich das Triumphgeheul der Makedonier. Plötzlich stürmten die Schildträger mit erhobenen Schwertern an ihm vorbei, gefolgt von den Reitern, die in die feindlichen Linien hineinsprengten.

Weiterer Jubel und immer mehr Pferde. Mit einer Mischung aus wilder Freude und Erleichterung sah Alexander, wie seine Feinde auseinanderstoben, ihre Waffen fallen ließen und Hals über Kopf in Richtung Fluss rannten.

Die Schlacht war entschieden und Alexander hatte seinen ersten ruhmvollen Sieg errungen.

■

Chaeronea sollte zum Wendepunkt in der griechischen Geschichte werden. Die Armee der Athener war zerstört worden, die Heilige Schar existierte nicht mehr.

Bis zum heutigen Tag steht an dieser Stelle die riesige Statue eines steinernen Löwen, errichtet von den Thebanern in Erinnerung an ihre Toten.

Wenige Tage später entsandte Philipp seinen Sohn nach Athen. Dieser überbrachte den Familien der trauernden Athener die hölzernen Urnen mit der Asche ihrer Soldaten, die bei Chaeronea gefallen waren. Es war eine Geste des guten Willens und des Respekts für den geschlagenen Gegner.

Und während Alexander die Tempel und Theater Athens bewunderte, dachte sein Vater bereits weiter. Zur allgemeinen Überraschung hatte er nicht vor, seine ehemaligen Feinde zu bestrafen. Vielmehr »zeigte er ein freundliches Gesicht, weil er ihre Unterstützung brauchte«, wie ein Chronist vermutete.

Ein paar Wochen nach der Schlacht von Chaeronea berief Philipp ein Treffen in Korinth ein, das achtzig Kilometer westlich von Athen lag. Dort erläuterte er seine Pläne.

Seit jeher hatten die Griechen im Schatten ihrer mächtigen Nachbarn, der Perser, gelebt, deren Reich sich von Ägypten bis zum Gebirge im Osten erstreckte. Vor hundert Jahren waren die Perser gar auf das griechische Festland vorgedrungen und hatten großes Unheil über die Griechen gebracht, ehe sie zurückgedrängt werden konnten.

Nun sei die Zeit der Rache gekommen, erklärte Philipp. Er wolle die Griechen über das Meer führen, die Perser vernichten, ihre Schätze an sich reißen und sie für ihre früheren Untaten büßen lassen.

Mit loderndem Blick schaute Philipp sich um. Dies war seine Stunde.

Die griechischen Abgesandten traten einer nach dem anderen vor und erkannten Philipp als Herrscher des neuen Staatenbunds an – der Bund von Korinth war geboren.

Wenige Monate später suchte Philipp den Apollotempel von Delphi auf, eines der wichtigsten Heiligtümer der griechischen Welt. Hier wurde das Orakel von Delphi befragt, was die Zukunft bringen würde.

Philipp beugte ehrfurchtsvoll sein Haupt, ehe er die Tempelanlage betrat. Wabernde Dämpfe stiegen aus Ritzen im Gestein empor. Vor ihm befand sich die *Pythia*, die weissagende Priesterin, die einen weißen Umhang trug und von den aufsteigenden Dämpfen in eine Art Trance versetzt wurde.

Philipp fragte, was die Schicksalsgöttinnen für ihn bereithielten. Würde er den König der Perser besiegen?

Die Priesterin schwieg, während sie in Dämpfe gehüllt wurde. Dann erhob sie ihre seltsame Stimme, die nicht von dieser Welt zu stammen schien:

»Bekränzt ist der Stier, das Ende ist nah. Derjenige, der den Stier opfert, steht bereit.«

Philipp nickte. Er wusste, was das bedeutete. Er war derjenige, der das Opfermesser schwang. Der persische König war der Stier.

Doch zunächst stand eine Hochzeit an.

■

Die Blätter fielen. Die Ernte war eingebracht. An den griechischen Küsten machten sich die ersten Herbststürme bemerkbar.

Im Königspalast von Aigai waren die Feierlichkeiten in vollem Gang. Alexanders Schwester Kleopatra[4] heiratete den neuen König von Epirus, und Philipp hatte ihr ein Fest versprochen, das sie nie vergessen würde.

Als Anführer des Korinthischen Bunds hatte Philipp Gäste aus jeder griechischen Stadt eingeladen. Dichter und Politiker, Tänzer und Musiker füllten die Tavernen der Stadt und der Wein floss von früh bis spät.

Schauspieler rezitierten die Verse der klassischen Stücke, und jeden Tag wurden Ring- und Boxkämpfe sowie Wagenrennen veranstaltet. An den Abenden wurde bis nach Mitternacht getafelt, gefeiert und gesungen.

Alexander jedoch war meist in sich gekehrt und verschlossen. Er wollte unbedingt am Feldzug nach Persien teilnehmen, hatte

---

4 Kleopatra bedeutet »Ruhm des Vaters«. Der Vorname war bei den Makedoniern sehr beliebt. Die berühmteste Kleopatra der Weltgeschichte war die letzte Königin des ägyptischen Ptolemäerreichs – benannt nach Alexanders General Ptolomaios – und lebte rund dreihundert Jahre nach Alexander.

jedoch Gerüchte gehört, dass sein Vater ihn in Mazedonien zurücklassen wolle. Es hieß sogar, dass Philipp ihn nicht mehr als rechtmäßigen Erben, sondern als Bedrohung betrachtete.

Während eines festlichen Banketts schaute Alexander zu seinem Vater hinüber, der an einem anderen Tisch saß, laut lachend und schon ziemlich betrunken.

Philipp war bester Laune. Seine Gäste hatten ihn aus Anlass dieses Festes mit wertvollen Geschenken überhäuft, und von den Küsten Persiens wurde berichtet, dass diejenigen Städte, in denen die meisten Bürger Griechisch sprachen, sehnsüchtig auf ihre Befreiung warteten.

Als der König die Hand hob, wurde es still im Saal. Er gab dem Schauspieler Neoptolemos, von dem es hieß, er habe die schönste Stimme in ganz Griechenland, ein Zeichen.

Neoptolemos erhob sich und verbeugte sich in Richtung des Königs, ehe er zu sprechen begann.

Die Worte stammten aus einem alten Athener Gedicht. Dies handelt von einem Mann, der alles hat. Sein Geist jedoch ist voller Pläne und seine Gedanken reichen bis zum Himmel.

»Doch gibt es einen, der stets der Schnellste ist,
der in den Schatten verborgen wandelt,
um plötzlich und unerwartet anzugreifen
und uns aus unseren Träumen zu reißen:
Es ist der Tod, der Verursacher all unserer irdischen Plagen.«

Neoptolemos verstummte. Nach einem kurzen Moment der Stille schwoll der Applaus an.

Philipp beugte sich seinem Tischnachbarn entgegen. Das sei eine Nachricht an den persischen König, sagte er, der sich selbst für so mächtig und reich halte. Aber der Tod warte schon auf ihn.

Erneut musste Philipp an die Worte des Orakels denken.

»Bekränzt ist der Stier, das Ende ist nah. Derjenige, der den Stier opfert, steht bereit.«

Er lachte in sich hinein und schenkte sich Wein nach.

■

Als Alexander erwachte, war es immer noch dunkel. Die Hochzeitsspiele sollten im Morgengrauen beginnen, und sein Vater hatte die Zuschauer gebeten, rechtzeitig ihre Plätze einzunehmen.

Vor der Arena drängten sich die Menschen im Schein der Fackeln. Die Tribünen waren bereits gut gefüllt.

An dem Eingang, der dem König vorbehalten war, hatten sich ein paar Offiziere um Philipp geschart. In einen langen weißen Umhang gehüllt und mit einem Blumenkranz geschmückt gab er seine letzten Anweisungen.

Die festliche Prozession stand unmittelbar bevor. Große Statuen der zwölf olympischen Götter sollten in die Arena getragen werden, gefolgt von einer Statue Philipps.

Danach würde Philipp selbst die Arena betreten, begleitet ausschließlich von seinem Sohn Alexander und seinem Schwiegersohn. Keine Leibwächter, so hatte er entschieden. Dies sollte ein Zeichen dafür sein, dass er die Gunst des gesamten griechischen Volkes besaß und keines Schutzes bedurfte.

Im Osten zeigte sich ein hellroter Streifen am Himmel. In der Arena schwoll der Jubel an.

Philipps Offiziere wandten sich zum Gehen, während unter dem Applaus des Publikums die ersten Götterstatuen in die Arena getragen wurden.

Die gesamte Ebene außerhalb der Arena wurde plötzlich in ein rötliches Licht getaucht und die Berge schienen in Flammen zu stehen.

Philipp nickte seinem Sohn Alexander kurz zu und schritt dem Eingang entgegen.

Plötzlich löste sich ein Mann aus dem Schatten, sein Gesicht war nicht zu erkennen. Alexander sah das Aufblitzen von Metall, doch ehe er reagieren konnte, war der Mann schon an der Seite seines Vaters.

Alexander öffnete den Mund zu einem Schrei, doch es war bereits zu spät. Der Mann ergriff die Flucht. Philipp lag auf dem Boden. Als Alexander neben ihm auf die Knie sank, war der Boden schon von Philipps Blut durchtränkt.

Um ihn her liefen und schrien alle durcheinander. Die Menge in der Arena jubelte immer noch.

Alexander starrte in die toten Augen seines Vaters, während

die Worte des Orakels ein ums andere Mal durch seinen Kopf hallten:

»Bekränzt ist der Stier, das Ende ist nah. Derjenige, der den Stier opfert, steht bereit.«

3

Der Mann, der in einer Tonne lebte

Alexander kam mühsam auf die Beine. Die Gedanken wirbelten in seinem Kopf umeinander. Der Schock saß ihm in den Gliedern.

Alles war in Aufruhr. Philipps Leibwächter umringten den toten König mit gezückten Schwertern und weit aufgerissenen Augen. Der Mörder befand sich schon an den Ausgangstoren.

Rufe und Flüche flogen ihm hinterher. Mehrere Männer hatten die Verfolgung aufgenommen – Alexander sah seinen Freund Perdikkas an der Spitze, sein Speer glänzte in der Morgensonne. Doch der Mann hatte schon fast sein wartendes Pferd erreicht und konnte kaum noch eingeholt werden.

Plötzlich geriet der Attentäter jedoch ins Stolpern. Er blieb mit dem Fuß in einer Weinrebe hängen und landete der Länge nach auf der Erde. Bevor er sich wieder aufrappeln konnte, waren seine Verfolger schon über ihm.

Alexander begann zu rennen. Er sah Schwerter aufblitzen, und als er die Gruppe keuchend erreichte, lag der Mörder seines Vaters bereits leblos im Staub.

Alexander starrte in sein blutverschmiertes Gesicht. Und plötzlich erinnerte er sich an ihn.

Der Mann hieß Pausanias und war einst einer der besten Freunde seines Vaters gewesen. Erst in den letzten Monaten war ihre Freundschaft abgekühlt.

Alexander hatte die Gerüchte sehr wohl gehört. Er kannte Pausanias' Unmut und seinen Groll. Er wusste, dass er Philipp vorwarf, ihn schlecht behandelt und vor den Kopf gestoßen zu haben. Doch nie im Leben hätte er ihm solch eine Tat zugetraut.

Während Alexander den Leichnam des Täters betrachtete, dachte er nach. Sein Vater war tot, doch zum Trauern blieb ihm keine Zeit. Schon bald würden die Geier über ihm kreisen und die makedonischen Fürsten den Thron ins Auge fassen.

Alexander blickte auf und nickte seinen Freunden entschlossen zu. Dies war sein Moment, und er war entschlossen, ihn am Schopf zu packen.

■

In dieser Nacht nahm Alexander im Königspalast von Aigai auf dem Stuhl seines Vaters Platz und dachte nach.

Vor den Türen hatte er Wachen platziert. Seine Freunde – Perdikkas, Ptolemaios und der treu ergebene Hephaistion – hatten ihre Rüstungen angelegt und geschworen, Alexander bis zum letzten Blutstropfen zu verteidigen.

Der Mord an Philipp hatte die Stadt in Aufruhr versetzt, und es hieß bereits, Pausanias sei Teil einer größeren Verschwörung gewesen, der auch einige der älteren Generäle angehörten.

Alexander vermutete hingegen, dass die Tat auf das Konto der Perser ging, die dafür bekannt waren, sich ihre Feinde durch Auftragsmorde vom Hals zu schaffen. Manch einer behauptete gar, seine Mutter Olympias, die Schlangenzauberin, sei die eigentliche Auftraggeberin gewesen. Im Palast wurde hinter vorgehaltener Hand schon lange erzählt, sie sei ihres Mannes überdrüssig gewesen und versuche durch ihren Sohn größeren Einfluss zu erlangen.

Alexander wusste, dass er schnell handeln musste, bevor die Lügen sich weiterverbreiteten. Doch wusste er auch, dass mit der Königswürde eine riesige Herausforderung einherging.

Die Makedonier waren ein hartes, unversöhnliches Volk, das dazu neigte, sich seine Machthaber selbst vom Hals zu schaffen, wenn es von ihnen enttäuscht war. Und viele makedonische Fürsten hätten nur zu gerne selbst auf dem Königsthron gesessen.

Doch er war Alexander. Er hatte Bukephalos gezähmt und die Phalanx in Chaeronea angeführt. Seit Jahren träumte er von Ruhm und Ehre. Und jetzt war seine Chance gekommen.

Alexander ließ seinen Truppen eine Nachricht zukommen und versprach, in allem dem Beispiel seines Vaters zu folgen. Dann machte er sich daran, das Begräbnis vorzubereiten.

Wie alle makedonischen Beerdigungen war auch Philipps letzte Reise ein aufsehenerregendes öffentliches Spektakel. Gewaschen und passend anzogen für den Übergang ins Jenseits, wurde der Leichnam des toten Königs auf einem riesigen Scheiterhaufen aufgebahrt, der anschließend in Brand gesteckt wurde.

Nachdem die Flammen erloschen und die Asche erkaltet war, schlugen Priester die Knochen in violette Tücher ein und legten sie in eine goldene Schatulle, auf der sich das Symbol der leuchtenden Sonne befand. Darauf betteten sie eine goldene Krone, die wie ein Kranz aus Eichenlaub geformt war.

Behutsam und ehrerbietig trugen die Priester die Schatulle schließlich zu Philipps letzter Ruhestätte, dem großen Grabhügel der makedonischen Könige. Hier sollten Philipps Gebeine über zweitausend Jahre lang ungestört ruhen, ehe sie von griechischen Archäologen entdeckt wurden.

Die Seele des Königs befand sich nach dem Glauben der Makedonier nun an einem fernen Ort. Als großer Herrscher, der von Zeus selbst gesegnet war, wandelte er nunmehr im Elysium, dieser Insel der Seligen, die im ewigen Sonnenlicht badete.

Alexanders Geist hingegen richtete sich auf irdische Dinge. Das Feuer war kaum erloschen, als er sich der ersten Herausforderung seiner Regentschaft stellen musste.

Griechenland war in Aufruhr, und sobald die Begräbnisspiele[5]

---

5 Der Gedanke, anlässlich einer Beerdigung Festspiele zu veranstalten, mag uns heute seltsam vorkommen. Aber in jener Zeit wurde bei den Griechen jedes größere Ereignis – Hochzeiten ebenso wie Beerdigungen – mit Musikvorführungen und Sportwettkämpfen begangen.

vorüber waren, führte der junge König seine Armee in südliche Richtung.

In den weit entfernten Säulengängen von Athen löste Philipps Tod eine überschäumende Freude aus. Und eine Stimme war immer noch deutlicher vernehmbar als alle anderen – die von Demosthenes. Als er von der Ermordung Philipps hörte, ergriff er sogleich das Wort und spazierte mit breitem Grinsen durch die Stadt.

Alexander, erklärte er mit selbstgefälligem Lächeln, sei nur ein unbekümmerter Hitzkopf. Ohne die Führung seines Vaters seien die Makedonier am Ende.

Die Städte im Süden begannen aufzubegehren. Eine nach der anderen wollte sich nun von der makedonischen Herrschaft befreien und sich vom Korinthischen Bund lösen. Als Alexander in Aigai davon erfuhr, wusste er, dass er keine Zeit zu verlieren hatte.

In Begleitung seiner Kindheitsfreunde ritt er auf seinem geliebten Bukephalos in Richtung Süden, um den Griechen zu zeigen, wem sie sich zu beugen hatten. Doch gewisse Zweifel wurde er nicht los. Würde die makedonische Armee den Griechen gewachsen sein, wenn diese sich zum Kampf entschlossen? Würden die Reiter und Schildträger für ihn ihr Leben riskieren, wie sie es für seinen Vater getan hatten?

Doch das Glück stand ihm zur Seite. Nur wenige Griechen, so sollte sich zeigen, waren zu einem Krieg bereit.

Als die Makedonier eintrafen, brach der Widerstand der

Rebellen rasch zusammen. Und schon kurze Zeit später erreichte Alexander in seinem Feldlager die Kunde, dass die griechischen Städte froh seien, weiterhin Mitglied des Korinthischen Bunds zu sein.

Selbst die Athener schienen von Demosthenes' aufwiegelnden Reden allmählich genug zu haben und gaben zu erkennen, dass sie Alexanders Führungsanspruch anerkannten.

Insgeheim war Alexander erleichtert. Er wusste, dass seine Herrschaft sich nicht ausschließlich auf Gewalt stützen konnte, und so bemühte er sich, die Griechen freundlich und großmütig zu behandeln, als er ihnen in Korinth begegnete. Solange sie seine Vorherrschaft anerkannten, sagte er, konnten sie die Missverständnisse der Vergangenheit gemeinsam hinter sich lassen.

Das Bündnis wurde mit einem ausgelassenen Fest erneut besiegelt und die Politiker zogen durch die Straßen Korinths, um dem jungen Herrscher ihre Anerkennung zu zollen.

Der bekannteste Einwohner Korinths ließ sich hingegen nicht blicken.

Diogenes war eine der seltsamsten Persönlichkeiten seiner Zeit. Wie Alexanders ehemaliger Lehrer Aristoteles war auch Diogenes ein Philosoph, der über Weisheit und Tugend, Gut und Böse diskutierte.

Diogenes vertrat die Ansicht, dass der Mensch so einfach und bedürfnislos wie ein Hund leben solle. Darum nannten ihn die Leute einen *Kyniker*, was in etwa »wie ein Hund« bedeutet. Sein

Frühstück nahm er auf der Straße ein, verrichtete seine Notdurft im Freien und wohnte in einem Vorratsgefäß aus Ton.[6]

Oft sah man ihn, wie er mit einer Laterne in der Hand umherging. Wenn die Leute ihn fragten, wieso er das tue, antwortete er mit ernster Stimme: »Ich suche einen ehrlichen Mann«, um sogleich mit betrübter Stimme hinzuzufügen: »Ich habe aber noch nie einen gefunden.«

Der junge Alexander wollte sich die Gelegenheit, Diogenes kennenzulernen, keinesfalls entgehen lassen. Schließlich entdeckte er ihn am Stadtrand von Korinth auf einem Trainingsgelände, einem sogenannten *Gymnasion*. Dort rollte Diogenes aus purem Vergnügen seine Tonne hin und her.

Als Alexander ihn mitsamt seinen Leibwächtern erreichte, lag der vollbärtige Diogenes ausgestreckt in der Sonne und ruhte sich aus. Nur zögerlich hob er den Kopf und schaute zu seinen Besuchern auf.

Alexander stellte sich als König von Makedonien und Anführer des Korinthischen Bunds vor und erkundigte sich höflich, ob er dem gelehrten Diogenes einen Gefallen tun könne.

Diogenes bejahte mürrisch und antwortete: »Geh mir aus der Sonne.«

Alexanders Begleiter brachen in Gelächter aus. Sogar der

---

6 Manchmal wird behauptet, Diogenes habe in einem alten Weinfass gelebt. Das entspricht nicht der Wahrheit. Es handelte sich um ein großes Vorratsgefäß für Wein, Öl oder Getreide, das Pithos genannt wurde.

sprachlose Alexander konnte sich ein Lächeln nicht verkneifen. Diogenes hätte um alles bitten können, hatte jedoch nichts anderes gewollt, als ungestört in der Sonne zu liegen. Und was für ein Mut, so mit einem König zu reden!

Als die Makedonier davonritten, grinsten sie immer noch. Alexander jedoch war in Gedanken.

»Wäre ich nicht Alexander«, sagte er schließlich, »dann möchte ich Diogenes sein.«

Doch er war nicht Diogenes. Er war Alexander, Philipps Sohn. Und er würde nicht philosophieren, sondern Kriege führen.

■

Der Sommer wurde zum Herbst, der Herbst zum Winter. In Pella wärmten sich Alexander und seine Freunde am Kamin und machten Pläne für die Zukunft.

Die älteren Generäle rieten Alexander, sich ganz auf seine neue Aufgabe als König zu konzentrieren, sich eine Frau zu nehmen und eine Familie zu gründen. Zunächst müsse er lernen, was es erforderte, ein Königreich zu regieren.

Doch Alexander schüttelte den Kopf. Er träumte von Ruhmestaten, nicht von Regierungsgeschäften. Und als Anführer des Korinthischen Bunds hatte er geschworen, die Pläne seines Vaters zu verwirklichen und Krieg gegen die Perser zu führen.

»Da ich über das unbesiegbare Heer meines Vaters verfüge«, erklärte er, »wäre es eine Schande, Hochzeit zu feiern und zu Hause auf die Geburt meiner Kinder zu warten.«

Doch der Frühling brachte schlechte Nachrichten mit sich. Hinter den dicht bewaldeten Bergen an der nördlichen Grenze des makedonischen Reiches hatten die barbarischen Stämme des Balkans einen bewaffneten Aufstand angezettelt.

Erneut musste Alexander ein Feuer austreten, ehe es außer Kontrolle geriet. Innerhalb weniger Tage führte er seine Armee durch die Wälder, um sich der Krone seines Vaters als würdig zu erweisen.

Zunächst ritten sie gen Osten, in das wilde Thrakien. Die bis an die Zähne bewaffneten thrakischen Stämme hatten ihre Krieger jenseits des einzig gangbaren Passes über das Haimos-Gebirge platziert. Ihre Wagen bildeten dabei eine kolossale Barriere. Sobald Alexanders Armee heranrückte, wollten sie die Wagen in die Tiefe stürzen, sodass Alexanders Männer mit hinabgerissen würden.

Doch Alexander ahnte, was seine Gegner vorhatten, und so befahl er seinen Männern, sich flach auf den Boden zu legen und sich mit ihren Schilden zu schützen, wenn die thrakischen Wagen auf sie zuschießen würden.

Dieser Plan ging perfekt auf. Als die Makedonier zum Angriff übergehen wollten, kamen ihnen die schweren Wagen entgegen. Doch Alexanders Soldaten warfen sich auf den Boden und schützten sich mit ihren Schilden, sodass die Wagen über sie hinwegrollten, ohne dass auch nur einer von ihnen getötet wurde.

Im nächsten Moment stürmte der junge König mitsamt seinen Soldaten den Hügel hinauf und stürzte sich in die Schlacht. Die Thraker hatten nicht die geringste Chance.

Danach zog Alexander weiter nach Osten. Nahe dem Fluss Lyginos nahm er es mit seinem nächsten Feind auf, den gefürchteten Triballern, die sich in den Wäldern am Flussufer versteckt hielten.

Und erneut sollte sich Alexanders taktisches Geschick als Trumpfkarte erweisen. Zunächst trieben seine Bogenschützen die Triballer aus der Deckung. Dann durchbrachen seine makedonische Phalanx sowie die Kavallerie die feindlichen Linien und erledigten mit ihren Speeren den Rest.

Als der Kampf vorüber war, hatten dreitausend triballische Soldaten, aber nur fünfzig Makedonier ihr Leben gelassen. Für den jungen König, der sich Ansehen erwerben musste, hätte der Sieg nicht größer sein können.

Doch Alexander war noch nicht zufrieden. Am Nordufer der Donau, wo die heutigen Länder Bulgarien und Rumänien aneinandergrenzen, stieß er auf den Stamm der Geten, die sich auf der anderen Seite des Flusses mit zehntausend Fußsoldaten und viertausend berittenen Kriegern in den Kornfeldern postiert hatten.

Die kampferprobten rothaarigen Geten waren der schwierigste Gegner, mit dem es Alexander bisher zu tun gehabt hatte. Sie verehrten einen Gott mit dem Namen Zalmoxis und waren bekannt für ihr kriegerisches Naturell und ihre Liebe zum Gold.

Der griechische Geschichtsschreiber Herodot bezeichnete die

Geten als »mutigsten aller thrakischen Stämme«, und Alexander wusste, dass er sie nicht unterschätzen durfte.

Als die Dunkelheit hereinbrach, befahl er seinen Männern, ihre Zelte mit Stroh auszustopfen. Dann überquerten die Makedonier im Schutze der Nacht die Donau, indem sie ihre Zelte als riesige Flöße benutzten.

Im Morgengrauen robbten Alexander und seine Männer durch das Kornfeld, den schlafenden Geten entgegen. Als diese die Gefahr erkannten, war es bereits zu spät.

Zum dritten Mal innerhalb kurzer Zeit hatte Alexander triumphiert. Jetzt sahen sogar die kampferprobten Veteranen, die lange unter seinem Vater gedient hatten, voller Respekt zu ihm auf.

Doch als seine Freunde den jungen König hochleben ließen, überbrachte ein berittener Bote eine Nachricht, die das Blut aus seinem Gesicht weichen ließ.

Erneut hatten sich die Griechen gegen ihn erhoben, und diesmal blieb Alexander nichts anderes übrig, als zu kämpfen.

■

Während Alexander durch die Kornfelder des Balkans gekrochen war, hatte Demosthenes in Athen die Kunde verbreiten lassen, dass Alexander im Kampf gefallen sei. Er trieb sogar einen angeblichen Augenzeugen auf, der versicherte, mit eigenen Augen gesehen zu haben, wie der junge König das Zeitliche gesegnet habe.

Was natürlich gelogen war. Doch obwohl viele Athener Demosthenes' Reden keinen Glauben mehr schenkten, verbreitete sich die Kunde wie ein Lauffeuer. Im nahen Theben hatte man Alexander nie vergeben, dass er den Stolz ihrer Armee, die Heilige Schar, vernichtet hatte. Und da Demosthenes den Thebanern Waffenlieferungen versprochen hatte, waren diese zur offenen Revolte bereit.

Als Alexander diese Nachrichten hörte, brach er sofort auf. Er durfte keine Zeit verlieren. Mit jedem Tag, der verging, würden sich weitere Städte gegen ihn verbünden.

Mehrere Tage nacheinander eilten seine Truppen nach Süden. Der Sommer war längst vergangen, die Bäume kahl, von den Bergen her wehten heulende Winde. Nach Monaten des Kampfes sehnten sich viele Soldaten nach einer Ruhepause.

Doch obwohl seine Muskeln schmerzten, trieb Alexander sein Pferd Bukephalos unerbittlich weiter. Sie mussten Theben erreichen, ehe es zu spät war.

■

Wenige Tage später sahen die Thebaner Reiter auf die Mauern ihrer Stadt zugaloppieren. Doch zum Schrecken der Thebaner waren die Heranpreschenden nicht die erwarteten Griechen, die sie unterstützen wollten. Es handelte sich um Alexanders Vorhut, die zwar staubig und verschwitzt, aber auch kampfbereit und entschlossen war.

Die Makedonier waren so schnell vorwärtsgekommen, dass

ihre Feinde vollkommen überrascht waren. Die Thebaner hatten Alexander für tot gehalten. Doch nun stand er mit einer riesigen Armee vor den Toren ihrer Stadt, nachdem er in nur zwei Wochen fast fünfhundert Kilometer zurückgelegt hatte.

Während seine Männer ihre Rüstungen anlegten, gewährte Alexander den Thebanern eine letzte Chance. Wenn sich ihre Anführer ergaben und einer Allianz mit ihm zustimmten, würde er ihnen vergeben.

Vom höchsten Turm der Stadt verkündete ein Herold die Antwort: Eher würden sie dem König von Persien dienen als einem makedonischen Jungen. Und alle Männer, so fügte er hinzu, die bereit seien, Griechenland zu befreien und sich ihren Tyrannen vom Hals zu schaffen, sollten sofort zu ihnen überlaufen.

Alexander lauschte ihm schweigend. Als die Worte des Herolds verhallt waren, wandte er sich mit finsterer Miene an seine Generäle.

Die Rebellen ließen ihm keine Wahl. Theben musste zerstört werden.

Die Trompeten bliesen zum Angriff. Der Schlachtruf der Makedonier zerriss die Luft, ehe sich Alexanders Sturmtruppen in den Kampf warfen.

Für eine Weile hörte man vor allem das Klirren der Schwerter, und es war unmöglich zu sagen, wohin die Waage des Sieges sich neigen würde. Die Thebaner galten als die härtesten Kämpfer in Griechenland, und sie kämpften auf heimischem Grund.

»Auf beiden Seiten gab es viele Verwundete«, schrieb der Chronist Diodor, »und nicht wenige fielen dem Feind zum Opfer. Die Stimmen der Kämpfer erfüllten die Luft – es war ein Stöhnen, Rufen und Schreien.«

Mitten im Schlachtgetümmel machte Alexander eine Entdeckung. Hinter der thebanischen Linie sah er ein kleines Tor, das unverschlossen war.

Alexander rief Perdikkas zu sich und zeigte auf das offene Tor.

Im nächsten Moment hatte Perdikkas es durchquert und war in das Innere der Stadt gelangt. Viele makedonische Soldaten schwangen ihre Schwerter und setzten ihm nach. Die entsetzten Thebaner wussten nicht, ob sie vor den Mauern der Stadt weiterkämpfen sollten oder in die Stadt eilen sollten, um ihre Familien zu schützen.

Was folgte, war ein Gemetzel. Die Thebaner kämpften bis zum bitteren Ende; da jedoch immer mehr Makedonier in die Stadt strömten, war ihr Widerstand aussichtslos.

Das Blut lief die Gassen der Stadt entlang, die mit Leichen übersät waren. Aus den Ruinen der Stadt stieg Rauch auf.

Alexander hatte fünfhundert Männer verloren, die Verluste auf der anderen Seite gingen in die Tausende. Der junge König ließ seine Toten sofort bestatten, ehe er sich der Zukunft Thebens zuwandte.

Auf seinen Befehl hin war die Stadt dem Erdboden gleichgemacht worden. Die einzigen Gebäude, die noch standen, waren die Tempel der Götter sowie das ehemalige Wohnhaus des

Dichters Pindar, dessen Verse Alexander als Kind so gemocht hatte.

Alles Übrige war nur noch Schutt und Asche.

■

Der Untergang Thebens war ein ungeheurer Schock für die griechische Welt. Danach gab es niemanden mehr, der Alexander als unerfahren und naiv betrachtete. Er galt nun als wahrer König und würdiger Nachfolger seines Vaters. Wer sich mit ihm anlegte, war dem Tod verfallen.

Doch Alexander wollte nicht nur in die Fußstapfen seines Vaters treten, sondern ihn übertreffen. Er wollte sich in die große Riege der griechischen Helden einreihen, um einst mit Achilles, Hektor, Herakles und Perseus in einem Atemzug genannt zu werden.

Eine Geschichte, die erst später die Runde machte, belegte seinen wachsenden Ruhm.

Während er durch Griechenland ritt, besuchte er auch das Orakel von Delphi. Wie schon sein Vater wollte auch er wissen, ob sein Feldzug gegen die Perser von Erfolg gekrönt sein würde.

Unglücklicherweise war dies ein Tag, an dem die Tradition es verbot, das Orakel zu befragen. Alexander ließ der Priesterin Pythia dennoch seine Bitte zukommen, doch sie weigerte sich zu erscheinen.

Im nächsten Moment hallten schwere Schritte durch den Tempel des Apollon. Von seinen Soldaten flankiert, war Alexander eigenmächtig in das Heiligtum hineinmarschiert.

Er ignorierte die Schreie der Gehilfinnen, packte Pythia an den Haaren und zerrte sie mit Gewalt in den Tempel. Zunächst wehrte sie sich, doch schließlich gab sie ihren Widerstand auf.

»Lass von mir ab, mein Sohn«, keuchte sie. »Du bist doch unüberwindlich.«

Alexander ließ sie sofort los. Mehr musste er nicht wissen. Er hatte die gewünschte Antwort erhalten.

Er sah seine Freunde an. Mit ruhigem Blick und klarem Kopf.

Es war an der Zeit, sich nach Osten zu wenden, nach Asien, um im Kampf mit den Persern sein Schicksal herauszufordern.

4

Der Schild der Athene

Flammen tanzten auf den Hängen des Olymps. Stimmengewirr und Gelächter, Pfeifen und Trommeln schallten durch den Wald.

Alexander war im Triumph aus dem Süden zurückgekehrt. Nun hielt er im Schutze des heiligen Berges ein neuntägiges Fest zu Ehren des Zeus ab. Es wurden Tiere geopfert, Lieder gesungen und Unmengen festlicher Speisen verzehrt.

Abgesandte aus ganz Griechenland kamen im Zelt des Königs zusammen, das angeblich über hundert Sitzgelegenheiten verfügte. Abend für Abend wurde hier ein eigenes Fest gefeiert, und Alexander bedachte die verdienten Generäle mit wertvollen Geschenken.

Doch während seine Männer im flackernden Licht der Fackeln auf ihre Siege anstießen, war Alexander immer wieder tief in Gedanken versunken. Es war ein bestimmtes Wort, das ihm nicht mehr aus dem Kopf ging: *Persien*.

In Alexanders Gedanken nahm seine große Expedition bereits Gestalt an. Während er unterwegs war, würde ein erfahrener

General seines Vaters – Antipatros – in Makedonien die Stellung halten. Ein anderer Veteran war Parmenion. Ihn wollte Alexander als stellvertretenden Heerführer mit nach Persien nehmen.

Nichts wollte er dem Zufall überlassen. Er brauchte Köche, um die Mahlzeiten für die Soldaten zuzubereiten; Ärzte, um die Verwundeten zu versorgen; Goldschürfer, um nach Bodenschätzen zu suchen. Sogar einen Geschichtsschreiber würde er mitnehmen, Aristoteles' Neffen und Schüler Kallisthenes. Er sollte den nachfolgenden Generationen von Alexanders Abenteuern berichten.[7]

Mehr denn je brauchte er seine alten Gefährten: den Mut von Perdikkas, die Schläue von Ptolemaios, die seefahrerischen Fähigkeiten von Nearchos und die Kameradschaft seines besten Freundes Hephaistion. Davon hatten sie seit ihrer Kindheit geträumt, und jetzt war der große Moment gekommen.

Und da gab es noch jemanden, der das makedonische Heer ergänzen sollte: Arrhidaios, Alexanders älterer Halbbruder, der von Philipp mit Philinna von Larissa, einer seiner Nebenfrauen, gezeugt worden war.[8]

Arrhidaios litt an einer mentalen Entwicklungsstörung und wurde von manchen gar für verrückt gehalten, doch Alexander

---

7 Leider ist Kallisthenes Werk verloren gegangen. Doch wir wissen, dass sich andere antike Historiker auf seine Aufzeichnungen gestützt haben.

8 Für makedonische Männer war es nicht ungewöhnlich, mehrere Frauen zu haben. Alexanders Vater Philipp hatte insgesamt sieben Frauen. Olympias war jedoch die bekannteste und einflussreichste von ihnen.

war ihm sehr zugetan und wollte ihn auf seinem Feldzug dabeihaben.

In diesem Winter quollen die Straßen Makedoniens nur so über von Karren und Pferden, die allesamt der Küste im Süden zustrebten. Alle waren von einem einzigen Gedanken beseelt, und niemand, der das Abenteuer liebte, wollte zurückbleiben.

Als die ersten Frühlingsblumen sprossen, war es für Alexander an der Zeit, Pella zu verlassen – vielleicht für immer.

Ein letztes Mal nahm er Abschied von seiner Mutter. Sie hatten sich nie sonderlich nahegestanden, und seit Philipps Tod hatte sie vor allem die Nähe ihrer Schlangen und Zauberinnen gesucht.

Doch jetzt zog sie Alexander zur Seite, ihr Blick war von einer lodernden Intensität erfüllt. Es sei an der Zeit, flüsterte sie geheimnisvoll, dass er die Wahrheit über seinen Vater – seinen *richtigen* Vater – erfahre.

Als Alexander sich kurz darauf zu seinen Freunden gesellte, wirkte er in sich gekehrt und verschlossen. Das Wort »Zeus« kam ihm nie über die Lippen, in seinen Augen war ein sonderbarer Glanz, den sich keiner von ihnen richtig erklären konnte.

Alexander stieg auf Bukephalos' Rücken. Er hob den Arm zum Gruß und ritt durch die Straßen von Pella.

Auf den Stufen des Palasts stand eine schlanke, schwarzäugige Gestalt und sah ihrem Sohn nach, bis er aus ihrem Blickfeld verschwunden war.

■

Alexander ritt in Richtung Osten. Die bewaldeten Bergrücken Makedoniens blieben immer weiter hinter ihm zurück, doch er blickte nicht ein einziges Mal zurück.

Die Reise dauerte zunächst drei Wochen. Die Vegetation wurde spärlicher, die grünen Wiesen wichen den kargen Ebenen Thrakiens. Die Sonne brannte mehr und mehr, und nach zwanzig Tagen leuchtete Alexander und seinen Freunden endlich das schimmernd blaue Meer entgegen.

Es war die schmale Wasserstraße des Hellespont, keine sechs Kilometer breit, die Europa von Asien trennt und heute als Dardanellen bekannt ist.

In der griechischen Mythologie hatte ein geflügelter goldener Widder einst die Kinder Helle und Phrixus vor ihrer bösen Stiefmutter gerettet. Der Widder flog immer höher in Richtung Asien, worauf Helle den Halt verlor und in der Meerenge ertrank, die nach ihr benannt wurde.[9]

Homer zufolge waren die griechischen Helden an dieser Stelle über das Meer nach Troja gesegelt, um Helena, die Frau des Königs Menelaos, zu retten – die schönste Frau, die die Welt je gesehen hatte.

Und ebenfalls an diesem Ort hatte der persische König Xerxes

---

9 Phrixus jedoch überlebte den Flug auf dem fliegenden Widder und bewahrte später dessen Goldenes Vlies (sein Fell), das zu einem der größten Schätze der griechischen Sagenwelt wurde. Viele Jahre später wurde es von Jason und den Argonauten gestohlen.

480 v. Chr. seinen unheilvollen Feldzug gegen die Griechen begonnen. Seit über hundert Jahren sannen die Griechen auf Rache, und jetzt sollte es so weit sein.

Es war Mitte Mai des Jahres 334 v. Chr., auf dem Hellespont glitzerte das Sonnenlicht.

So weit das Auge reichte, wimmelte es nur so von Kriegs- und Transportschiffen. Am westlichen Ufer stiegen Rauchschwaden von unzähligen Feuerstellen in die Luft, und Alexanders Männer warteten auf den Befehl zum Ablegen.

In der Hafenstadt Sestos stieß Alexander auf Parmenion, den stellvertretenden Heerführer, der seine Anordnungen erteilte. Alle Vorbereitungen waren getroffen. Seeleute, Landvermesser und Ingenieure, Proviant- und Wasserfässer, Speere und Pferde, Belagerungstürme und Katapulte – alles war an seinem Platz.

Parmenion zufolge umfasste die Armee gut zwanzigtausend Infanteristen, fast zehntausend Mitglieder der makedonischen Phalanx, fünftausend Kavalleristen und dreitausend Schildträger. Hinzu kamen etwa siebentausend griechische Verbündete und schätzungsweise weitere tausend ausländische Söldner.

Würde das ausreichen? Möglicherweise. Sie würden schon rechtzeitig erfahren, was die drei Schicksalsschwestern mit ihnen vorhatten, bemerkte Parmenion grimmig.

Alexander nickte in der Gewissheit, dass es ausreichte. Er wusste, dass das Schicksal ihnen wohlgesonnen war.

Parmenion würde den Großteil der Männer über das Meer führen. Alexander hingegen ritt, während die Soldaten ihr

Gepäck an Bord brachten, an der Küste entlang Richtung Süden. Er hatte noch etwas zu erledigen.

Wenige Kilometer von Sestos entfernt, in der Stadt Elaios, befand sich das Grab des Protesilaos. Nahezu jedes griechische Kind kannte seinen Namen.

Zu Beginn des Trojanischen Krieges war Protesilaos der erste Grieche, der in See stach, obwohl das Orakel prophezeit hatte, dass der Erste, der seinen Fuß an Land setze, auch der Erste sei, der sterben würde. Jetzt kniete Alexander vor Protesilaos' Grab und versprach ihm ein Opfer in seinem Angedenken.

Dann war es so weit. Mit Hephaistion an seiner Seite betrat Alexander die königliche Triere – das Kriegsschiff, das ihn über das Meer bringen würde. Als sie vom Kai ablegten, bedeutete er dem Kapitän beiseitezutreten und übernahm selbst das Ruder.

Es war ein herrlicher Tag. Das Schiff schnitt durch das Wasser wie ein scharfes Schwert durch glänzende Seide, und es dauerte nicht lang, bis sie die asiatische Küste erblickten.

Kurz darauf griff Alexander nach seinem Speer und wartete auf den richtigen Moment, um über Bord zu springen.

Als seine Füße ins seichte Wasser platschten, schleuderte er seinen Speer an den Strand – ein Zeichen, dass er ganz Asien von den Göttern begehrte.

Die Männer hinter ihm brachen in Jubel aus und folgten ihrem König.

■

Persien! Für die Griechen beschwor allein der Name Bilder voller Magie herauf – von blühenden Gärten und prächtigen Palästen, von exotischer Schönheit und abscheulicher Grausamkeit.

Für die Griechen waren die Perser Barbaren, obwohl sie in Wahrheit unendlich reicher, kultivierter und weiter entwickelt waren als die Griechen zu dieser Zeit.

Das persische Königreich war über zwei Jahrhunderte alt. Von Kyros dem Großen gegründet, war es das größte Reich der damals bekannten Welt. Nicht einmal die weisesten Griechen hatten eine Vorstellung davon, wo es endete.

Die sonnendurchfluteten Städte stellten alles in den Schatten, was Alexander und seine Freunde bis dahin gesehen hatten. Babylon, Susa und Persepolis waren riesige, pulsierende Metropolen.

Der große König herrschte über 50 Millionen Menschen, was damals der Hälfte der Erdbevölkerung entsprach. Sein Herrschaftsgebiet reichte von den Wüsten Ägyptens bis zu den Gipfeln des Hindukusch im heutigen Afghanistan, vom Arabischen Meer bis zu den Steppen der Skythen im heutigen Südrussland und der Ukraine.

Dieses Imperium vereinte Menschen verschiedener Hautfarben und Religionen. Griechen und Ägypter, Juden und Phönizier, Assyrer und Babylonier, Meden und Perser, Baktrer, Parther und Gedrosier beteten zu Hunderten von Göttern und verständigten sich in verschiedensten Sprachen.

Um dieses riesige Gebiet zu kontrollieren, war es in verschiedene Provinzen, die sogenannten Satrapien, aufgeteilt. Diese waren durch ein modernes Straßensystem miteinander verbunden, das über alles hinausging, was die Griechen kannten.

Im Osten führte die Chorasan-Straße vom Herzen des heutigen Iran fast zweitausend Kilometer durch Steppen und Wüsten bis zum Fluss Jaxartes in Zentralasien, der heute Syrdarja heißt. Im Westen war es die Königsstraße, die über eine Strecke von zweitausendvierhundert Kilometern von der persischen Stadt Susa durch die heutigen Länder Iran, Syrien und Türkei bis nach Sardes nahe der ägäischen Küste verlief.

Und die Straßen waren nicht nur Straßen, sondern ein Symbol für die umfassende Macht des Königs. Entlang der Königsstraße gab es sage und schreibe 111 Poststationen, an denen berittene Boten eine warme Mahlzeit, ein Bett und ein ausgeruhtes Pferd für den nächsten Tag bekamen. Kein makedonischer König wäre je auf den Gedanken gekommen, so etwas einzurichten.

Kreuz und quer im gesamten Reich hatten die persischen Könige Städte und Kanäle, Festungen und Häfen geschaffen. Und sie konnten sich dabei auf ein dichtes Netzwerk von Schreibern, Beamten und Juristen verlassen, die ihre Erkenntnisse auf Tontafeln festhielten, um eine reibungslose Kommunikation zu ermöglichen.

Wie sie sich das alles leisten konnten? Die Antwort ist einfach. Persien war reich – sehr reich.

Um die Schiffe zu bezahlen, die ihn über den Hellespont

brachten, hatte Alexander achthundert Talente bezahlt, ein Vermögen, selbst für einen makedonischen König.

Doch die persischen Könige strichen Jahr für Jahr die zehnfache Summe an Steuergeldern ein. In ihren Schatzhäusern hatten sie die schwindelerregende Summe von 235.000 Talenten in Münzen oder Goldbarren angehäuft – eine Summe, die jedem Makedonier den Verstand geraubt hätte.

In Persien war alles größer und besser. Die persischen Fürsten, die *Satrapen*, lebten in luxuriösen Häusern, wandelten auf wertvollen Teppichen und trugen funkelnde Juwelen und noble Pelze. In eleganten Speisesälen nahmen sie aufwendig zubereitete duftende Speisen zu sich, tranken Wein aus goldenen Kelchen und schlenderten nach dem Essen durch ihre blühenden Gärten.

Für die Perser waren die Gärten, die hinter hohen Mauern lagen, das beste Sinnbild ihrer Herrschaft. Jenseits der Mauern herrschte das Chaos. Doch auf der anderen Seite konnten sie dem Müßiggang nachgehen, ihre Blumen und Springbrunnen genießen.

Das persische Wort für einen umgrenzten Garten war *pairidaeza*. Die Griechen machten daraus *paradeisos*, wovon sich unser Wort »Paradies« ableitet.

■

Doch auch im Paradies war nicht alles perfekt.

Zumindest nicht für die Griechen, die das persische Königreich vor allem als ein Unterdrückungsregime betrachteten, das von seinen Untertanen bedingungslosen Gehorsam forderte und sich seine Nachbarn skrupellos einverleibt hatte.

Im sechsten Jahrhundert v. Chr. hatte Kyros der Große die griechischen Städte auf der östlichen Seite der Ägäis erobert. Als der spätere Perserkönig Xerxes allerdings versuchte, weiter nach Westen vorzudringen, und dabei eine Vielzahl griechischer Tempel dem Erdboden gleichmachte, hatten die Griechen ihn vertrieben und ihm blutige Verluste beigebracht.

Für sie war dies ein Sieg der Freiheit gegen die Tyrannei gewesen. Generationen griechischer Kinder hatten seitdem gelernt, die persischen Könige zu hassen und den Verlust ihrer heiligen Tempel zu beklagen.

Aus diesem Grund hatte Alexanders Vater Philipp den Persern Rache geschworen. Und aus diesem Grund hatte er den Korinthischen Bund geschlossen, der den Krieg nach Persien tragen sollte.

Aus den Berichten von Reisenden und Kaufleuten schloss Philipp, dass Persien schwächer war, als es den Anschein hatte. Trotz ihrer Reichtümer fiel es den Machthabern schwer, ihr Land unter Kontrolle zu halten, und immer wieder versuchten abtrünnige Provinzen, sich von Persien loszusagen.

Entlang der asiatischen Küste begehrten die griechischen Städte auf und auch Ägypten hatte die persischen Machthaber niemals richtig akzeptiert.

Außerdem war der persische Königshof selbst zu einem instabilen Gebilde geworden. Die Zeiten der mächtigen Könige

Kyros und Xerxes waren vorbei und der Palast selbst zu einer Brutstätte von Verschwörungen und Giftmorden geworden.

Seit dem Tod von Xerxes' Sohn vor achtzig Jahren waren sage und schreibe sechs Könige ermordet worden. Der gegenwärtige Herrscher Dareios III. saß erst seit ein paar Jahren auf dem Thron und musste eine Rebellion nach der anderen niederschlagen.

Ein griechischer Feldzug gegen die Perser kam also zur rechten Zeit. Und hatte dies schon für Philipp gegolten, so galt das für seinen Sohn erst recht.

Viele Jahre später schrieb der römische Geschichtsschreiber Arrian über Alexanders Abenteuerlust, seine »Suche nach unbekannten Ländern«, seinen »Willen, alles Vorherige zu übertreffen«.

Und was hätte es für ein größeres Abenteuer gegeben, als Krieg gegen Persien zu führen? Hatte sein Vater noch von Gold und Silber geträumt, ging es Alexander um etwas, das letztlich noch viel kostbarer war – um unvergänglichen Ruhm.

■

Am östlichen Ufer des Hellespont wimmelte es an den Stränden nur so von Männern, die ihr Gepäck von Bord brachten. Knechte führten die Pferde über die Planken und Diener luden das Kriegsgerät auf die mitgebrachten Wagen.

Alexander nahm die Landschaft begeistert in Augenschein. Für einen jungen Mann, der Homers *Ilias* verehrte, war dies heiliger Boden.

Dies waren die Strände, an denen Achilles und Patroklos zum ersten Mal Bekanntschaft mit asiatischem Boden gemacht hatten. Nur wenige Kilometer im Landesinneren lag Troja, die antike Stadt des edlen Hektor, wenngleich sie nur noch aus Ruinen bestand.

An diesem Nachmittag ritt Alexander zu den Überresten der sagenumwobenen Stadt Troja und stieg vor dem Grab des Achilles vom Pferd. Er riss sich die Kleider vom Leib, salbte sich mit Öl und schmückte das Grab seines Vorfahren mit Blumen.

Aus heutiger Sicht mag das befremdlich erscheinen. Doch für die Griechen der damaligen Zeit war dies die feierlichste Art, ihre Vorfahren zu ehren.

Dann ritt Alexander weiter zum Heiligtum des Zeus. Hier hatte der Legende zufolge der Sohn des Achilles den greisen trojanischen König Priamos bei der Eroberung der Stadt getötet.

Wie alle makedonischen Könige glaubte Alexander, sowohl griechisches als auch trojanisches Blut zu haben. Jetzt fiel er auf die Knie und bat Priamos um Vergebung.

Von diesem Tag an, so schwor er, würde er die Nachfahren beider Völker miteinander versöhnen und die Wunden der Vergangenheit heilen. Unter seiner Führung würden Griechen und Trojaner Seite an Seite gegen ihren gemeinsamen Feind, die persischen Barbaren, kämpfen.

Ein letztes Heiligtum stand noch aus: der Tempel der Athene, der Göttin der Weisheit. Alexander beugte sein Haupt und legte seinen Brustpanzer vor dem Altar auf den Boden.

Nachdem er sein Gebet gesprochen hatte, stand plötzlich die Hohe Priesterin vor ihm und streckte ihm ein Bündel entgegen. Alexander schlug die Tücher beiseite – und schnappte nach Luft.

Er erblickte ein Schwert und einen Speer von ungeheurer Schönheit, beide spiegelblank und messerscharf. Hinzu kam ein Schild aus funkelndem Metall, dreifach umrandet und reich verziert, der auf der Rückseite mit einem silbernen Griff versehen war.

Dies, erklärte die Priesterin, sei der Schild der Athene, dessen Geschichte bis zum Trojanischen Krieg zurückreiche. In all den Jahren hätten ihre Vorfahren ihn versteckt gehalten und auf seinen rechtmäßigen Besitzer gewartet.

Nun sei der König gekommen und die Prophezeiung habe sich erfüllt. Der Schild gehöre Alexander, dem Nachfahren des Achilles.

■

An diesem Abend hielten Alexander und seine Generäle im königlichen Zelt einen Kriegsrat ab.

Bisher hatten sie Glück gehabt. Dareios' Männer hatten sie nicht daran gehindert, den Hellespont zu überqueren – was viele Makedonier als Zeichen dafür betrachteten, dass die Perser gar nicht so mächtig waren wie behauptet.

Dennoch waren die Perser viel näher, als Alexander und seine Berater dachten.

Die Landung auf der asiatischen Seite des Hellespont war nicht unbemerkt geblieben. Schon als sich die ersten Schiffe der asiatischen Küste näherten, hatten sich reitende Boten auf den Weg gemacht und die Provinz Phrygien durchquert.

Dareios befand sich Hunderte von Kilometern entfernt tief im Landesinneren. Doch die Späher fanden seine Generäle in ihrem Palast am See und verkündeten atemlos die große Neuigkeit. Der makedonische Junge sei gekommen und habe eine ganze Armee mitgebracht.

Die Perser reagierten schnell. Stunden später marschierten sie Richtung Küste und schlugen ihr Hauptquartier in der Stadt Zeleia auf.

Dort hielten Dareios' Generäle ihren eigenen Kriegsrat ab. Und der Erste, der das Wort erhob, war ironischerweise ein Grieche.

Memnon aus Rhodos hatte dem persischen König viele Jahre lang gedient. Viele hielten ihn für den fähigsten Heerführer der Perser und jetzt sprach er mit ruhiger Autorität.

Aus den Berichten, sagte er, könne man schließen, dass die Makedonier in voller Truppenstärke gekommen seien. Nur eine erfahrene und gut ausgebildete Armee könne es mit ihnen aufnehmen, aber die persische Infanterie sei zu schwach und eine offene Feldschlacht viel zu riskant.

Memnons Lösung war einfach. Statt sich in den Kampf zu stürzen, sollten sich die persischen Einheiten komplett zurückziehen, die phrygischen Felder verbrennen und sämtliche Kornkammern leeren. Wenn Alexanders Armee nichts zu essen hätte, würden seine hungernden Soldaten bald freiwillig nach Europa zurückkehren.

Die anderen Männer legten die Stirn in Falten. Dann erhob sich Arsites, der Satrap von Phrygien, von seinem Platz.

Memnon habe leicht reden, was die Zerstörung der eigenen Felder betreffe, schließlich sei er Grieche und kein Perser. Doch solange er Statthalter von Phrygien mit seinen reichen und fruchtbaren Ackerböden sei, würde kein einziges Haus niedergebrannt werden.

Arsites warf den anderen einen herausfordernden Blick zu. Seien sie nicht stolze und mächtige Perser? Sollten sie wirklich Angst vor einem makedonischen Knaben haben? Seien sie etwa zu feige, um zu kämpfen?

Zustimmender Jubel schallte durch den Raum. Noch an diesem Nachmittag zog die persische Armee, begleitet von Dröhnen der Trommeln und den Fanfaren der Trompeten, von Zeleia in Richtung Westen.

■

Alexanders Armee rückte derweil in voller Truppenstärke nach Osten vor.

Die Hitze nahm mit jedem Tag zu und ihre Vorräte gingen allmählich zur Neige. Ihnen lief die Zeit davon. Vom Feind war immer noch nichts zu sehen.

Ende Mai hatten sie sich sechzig Kilometer weit ins Landesinnere geschoben und marschierten über die phrygischen Felder. Vor ihnen lag der Fluss Granikos und jenseits des Flusses erstreckten sich die riesigen, von der Sonne ausgedörrten Ebenen Anatoliens.

Plötzlich nahm Alexander vor sich eine Bewegung wahr. Aus dem flirrenden Dunst galoppierten ihm zwei Späher entgegen.

Sie waren bis zum Flussufer geritten und hatten auf der anderen Seite die persische Armee erblickt – mit martialischem Trommeln, wehenden Fahnen und offenbar zum Kampf bereit.

Alexanders Miene hellte sich auf. Endlich!

Doch als er nach seinem Speer griff, war Parmenion plötzlich an seiner Seite und redete mit gedämpfter Stimme auf ihn ein. War es wirklich klug, fragte ihn der erfahrene General, jetzt schon alles zu riskieren? Wenn die erste Schlacht missglückte, konnte der gesamte Krieg binnen einer Stunde verloren sein.

Alexander lächelte.

»Es wäre doch eine Schande«, entgegnete er, »wenn wir jetzt vor dem Granikos zurückweichen, nachdem wir den Hellespont so mühelos überquert haben.«

Was würden die Perser über ihn denken, wenn er der ersten Herausforderung auswich? Alexander wollte sie lehren, ihn zu fürchten, deshalb mussten sie kämpfen.

Alexander hob seinen glänzenden Speer, sein Blick loderte. »Mir nach!«, rief er. »Sie sollen den Mut der Griechen kennenlernen!«

5

Der Tod im Fluss

Plötzlich herrschte eine fast vollkommene Stille. Es war die Ruhe vor dem Sturm.

Auf der anderen Seite des Granikos bewegte sich niemand. Dort warteten die Perser, ihre Gesichter sind entschlossen, ihre Pferde scharren mit den Hufen.

Arsites und die anderen Heerführer hatten den Ort der Auseinandersetzung sorgsam ausgesucht. An vorderster Front kämpften ihre Elitesoldaten: zwanzigtausend Reiter, die zum Angriff übergehen sollten, sobald die Makedonier versuchen würden, den Fluss zu überqueren. Hinter ihnen standen, Reihe um Reihe, die Infanteristen.

Es war ein glühend heißer Tag. Die makedonischen Soldaten schwitzten unter ihren Lederhelmen.

Alexanders Blick wanderte die Reihen des Feindes entlang, auf der Suche nach einem Anzeichen von Schwäche. Dann drehte er sich zu seinen Soldaten um und erteilte letzte Anweisungen.

Die Phalangiten und die Schildträger postierten sich in der

Mitte. Parmenions Einheit würde mit Unterstützung der griechischen Reiter die linke Flanke abdecken, während die makedonische Kavallerie unter Alexanders Führung den rechten Flügel bildete.

Alexander tätschelte Bukephalos den Hals und flüsterte ihm etwas ins Ohr. Dann hob er erneut seinen Speer.

Die Männer hinter ihm brachen in Jubel aus. Die Trompeten schmetterten das Signal zur Attacke. »Alalalalalai!«, riefen die Makedonier. »Alalalalalai!«

Dann ging die Kavallerie zum Angriff über.

Hephaistion an Alexanders Seite verspürte eine Mischung aus Furcht und höchster Anspannung. Anders als sein Freund war er kein geborener Kämpfer. Seine Hände krampften sich um die Zügel, während er versuchte, sich seine Nervosität nicht anmerken zu lassen.

Die Reiter galoppierten bereits dem Flussufer entgegen. Von der anderen Seite gellten die Schlachtrufe der Perser zu ihnen herüber. Dann zischten plötzlich Pfeile durch die Luft und gingen auf die erste Reihe der makedonischen Reiter nieder.

Hephaistion hörte die Schmerzensschreie der Getroffenen, die ins Wasser stürzten, während Alexander »Weiter, weiter!« brüllte.

Sie hatten den Fluss zur Hälfte durchquert, die Pferde scheuten vor Panik, als aus dem Himmel ein weiterer Pfeilregen fiel. Das schäumende Wasser färbte sich bereits rot.

Hephaistion trieb sein Pferd weiter, der Schweiß brannte in seinen Augen, sein Herz schlug ihm bis zum Hals. Vor ihm preschte Alexander auf Bukephalos bereits die Böschung am anderen Flussufer hinauf.

Alexander streckte immer noch seinen Speer in die Luft, während viele Pferde Mühe hatte, im schlammigen Untergrund vorwärtszukommen. Zu seiner Linken sah Hephaistion, wie die Phalangiten verzweifelt versuchten, den tödlichen Pfeilen auszuweichen.

Jetzt griffen die persischen Reiter an. Mit erhobenen Speeren preschten sie direkt in die erste makedonische Schlachtreihe hinein, um ihr tödliches Geschäft zu besorgen.

Schreie gellten durch die Luft. Männer und Pferde bildeten ein chaotisches Durcheinander, doch immer wieder war Alexanders Stimme zu hören, der seinen Soldaten zurief, den Feind zurückzudrängen.

Die Perser hatten ihn längst als Alexander erkannt, denn wer sonst hätte solch eine schimmernde Rüstung und einen weithin sichtbaren weißen Helmbusch getragen?

Bald hatten sie ihn mit mehreren Pferden umzingelt und hieben mit ihren Speeren und Krummsäbeln auf seinen silbernen Schild ein.

Ein geschleuderter Wurfspieß prallte an seinem Brustpanzer ab, ein weiterer Hieb durchtrennte seinen Helmbusch.

Für einen kurzen grauenvollen Moment sah Hephaistion, wie Alexander aus dem Sattel zu gleiten drohte, ehe er im letzten Augenblick sein Gleichgewicht wiederfand und mit seinem Speer einen Widersacher durchbohrte.

Doch schon hieb ein weiterer Perser von hinten auf Alexanders Kopf ein. Hephaistion schrie eine Warnung, konnte jedoch nicht verhindern, dass sein Freund vom Pferd stürzte, worauf sein Helm in zwei Teile zerbrach.

■

Alexander lag hilflos auf dem Rücken, mit leerem Blick und glasigen Augen. Wie in Zeitlupe sah er, wie ein Perser seine Waffe über ihm hob, um seinem Leben ein Ende zu bereiten.

Ein Schwert traf den Arm des Persers.

Wie aus dem Nichts war plötzlich einer von Alexanders Männern an seiner Seite. Mit einem durchdringenden Schrei warf er sich wie ein Besessener in den Kampf, sodass die Perser für einen Augenblick innehielten.

Aber es war nicht Hephaistion, sondern Alexanders alter Freund Kleitos, dessen Schwester Lanike jahrelang Alexanders Kindermädchen gewesen war.

Alexander rappelte sich auf, immer noch ein wenig benommen. Unter seinem Helm sickerte das Blut hindurch und lief ihm über die Stirn, aber er war am Leben.

Für den Bruchteil einer Sekunde begegnete er Kleitos' Blick und nickte ihm zu. Doch war jetzt keine Zeit, ihm zu danken, weil die Perser schon wieder mit ihren Lanzen auf sie eindrangen.

Mit letzter Kraft schwang sich Alexander auf Bukephalos' Rücken, der Schild der Athene blitzte im Sonnenlicht, und im nächsten Moment stach er seinen Speer in die Brust eines Angreifers.

Jubel schallte über das Schlachtfeld. Auf der linken Seite hatten Parmenions Reiter das Ufer erreicht und galoppierten auf breiter Front in die Reihen der Perser.

Einer der persischen Generäle lag auf dem Boden, aus seiner klaffenden Kopfwunde schoss das Blut. Ein weiterer persischer Anführer fiel unmittelbar darauf im Kampf. Und mitten im Getümmel waren Alexander und Kleitos, gefolgt von Hephaistion.

Im Zentrum der persischen Armee wurden die Lücken größer. Alexander schien plötzlich wieder unaufhaltsam zu sein und Hephaistion erkannte den ersten Zweifel im Gesicht seiner Feinde.

Hinter ihnen brandete neuer Jubel auf. Tausende Makedonier überquerten den Fluss. Völlig durchnässt und mit Schlamm bedeckt brüllten sie mit Todesverachtung ihre Schlachtrufe.

Die Perser wichen Stück für Stück zurück. Hephaistions Pferd geriet kurz ins Stolpern, und er erhaschte einen Blick auf einen toten persischen Offizier, dessen dunkle Augen in den Himmel starrten.

Die Makedonier ließen nicht locker, auf einmal fielen die Perser zurück, das Schlachtengetümmel erstarb, und Hephaistion wusste, dass es vorbei war.

Hunderte, nein, Tausende Makedonier und Griechen umringten ihn. Er sah Parmenion und Perdikkas, Ptolemaios und Nearchos, die mit Schlamm bedeckt und völlig verschwitzt waren und ihren Triumph voller Freude hinausschrien.

Alexander wandte sich seinen Freunden zu und streckte noch einmal seinen Speer in die Luft. Kleitos neben ihm schmetterte eine makedonische Siegeshymne und Hephaistion fiel erschöpft, aber siegestrunken in den Gesang ein.

Sie hatten gewonnen.

■

Bevor es dunkel wurde, inspizierten Alexander und seine Freunde das Schlachtfeld und verschafften sich einen Überblick über die Toten.

Trotz des Gemetzels am Flussufer hatten die Makedonier nur wenige Hundert Männer verloren, allerdings waren sehr viele Soldaten verwundet. Dennoch war das Schlachtfeld übersät mit Tausenden persischer Leichen, darunter mindestens acht ihrer adeligen Anführer.

Alexander ordnete an, dreißig persische Rüstungen einzusammeln. Diese sollten als Weihgeschenk für die Stadtgöttin Pallas Athene nach Athen gesandt werden.

In der Hitze des Gefechts hatte ihm ihr silberner Schild gute Dienste geleistet. Trotz der Rivalität zwischen Athen und Makedonien sollte ihre Stadt also an Alexanders Ruhm teilhaben.

Als die Nacht hereinbrach, verstummten die Siegesgesänge der Soldaten allmählich. Alexander ging im Feldlager immer noch von Mann zu Mann, erkundigte sich nach dem Wohlergehen der Verwundeten und hörte sich an, was sie zu sagen hatten.

Als er ein Junge war, hatte sein Vater ihn gelehrt, dass ein König stets für seine Männer da sein müsse. Das hatte er nicht vergessen.

■

Am nächsten Morgen wurden die toten Makedonier mit allen Ehren bestattet, während Alexander und seine Offiziere andächtig schwiegen. Nach den Begräbnissen versammelten sie sich in Alexanders Zelt, um das weitere Vorgehen zu besprechen.

Die ausgeschickten Späher überbrachten gute Neuigkeiten. Die überlebenden Perser waren geflohen, die persischen Truppen würden zu keinem Kampf mehr in der Lage sein.

Memnon aus Rhodos war mit dem Leben davongekommen. Doch der Satrap Arsites hatte sich angesichts der demütigenden Niederlage das Leben genommen. Und was König Dareios betraf, so war dieser immer noch Hunderte Kilometer weit entfernt.

Also fasste Alexander sein nächstes Ziel ins Auge: die Befreiung der Griechisch sprechenden Städte an der Küste, die seit zweihundert Jahren unter persischer Herrschaft lebten.

Viele dieser Städte, Sardes und Milet zum Beispiel, waren ungeheuer reich. Ihre Basare waren farbenprächtige Schmelztiegel verschiedener Sprachen und Kulturen. Die Söhne der Stadt leisteten oft als Söldner im Heer des persischen Königs Dienst.

Den Spähern zufolge waren es die Einwohner dieser Städte leid, von den persischen Satrapen beherrscht zu werden. Sie wollten Dareios keine Steuern mehr bezahlen und würden die Makedonier als ihre Befreier empfinden.

Doch eine Befreiung, so die Späher, würde alles andere als einfach werden. Die meisten Küstenstädte wurden von großen persischen Garnisonen bewacht, die bis an die Zähne bewaffnet waren.

Alexander schmunzelte bei dieser Bemerkung. Wenn er es für einfach gehalten hätte, wäre er gar nicht erst erschienen.

Je härter der Kampf, desto größer die Ehre, war es nicht so?

▪

Die Makedonier zogen also in südliche Richtung. Es war Mittsommer, heiß und trocken. Doch die Felder waren fruchtbar und es fehlte ihnen weder an Nahrung noch an Wasser.

Das erste Ziel der Makedonier war die Stadt Sardes, deren Schönheit legendär war. Es hieß, sie sei vom Sohn des Herakles gegründet worden, doch vor allem war sie für ihre gewaltigen Schätze bekannt.

In Sardes hatten die Menschen gelernt, Gold und Silber aus dem Sedimentgestein des Flusses Paktolos, der sich durch die Stadt schlängelte, zu gewinnen. Und es waren die Herrscher über Sardes, die die ersten Gold- und Silbermünzen geprägt hatten, auf denen Hirsch- und Löwenköpfe zu sehen waren.

Der bekannteste König der Stadt war zweifellos Krösus[10] gewesen, der sich mit unermesslichem Luxus umgeben hatte.

---

10 Auf ihn geht die heutige Redewendung »so reich sein wie Krösus« zurück.

Als die Makedonier die drei Ringe der Stadtmauern erblickten, die steinernen Tempel und die große Festung auf dem hohen roten Felsen, machten sie große Augen. Und als sie näher heranritten, sahen sie eine Delegation der Stadt, die sie erwartete.

Die Einwohner von Sardes wollten eine verlustreiche Belagerung vermeiden. Sie waren gekommen, um ihren Befreiern zu huldigen. Als die Makedonier in die Stadt einmarschierten, schlug ihnen von allen Seiten Jubel entgegen.

Alexander und seinen Männern waren ein paar Tage Ruhe vergönnt, ehe sie durch die Kornfelder Ioniens Milet entgegenzogen, das gut hundert Kilometer weiter südlich lag.

In ganz Griechenland war Milet als Wiege der Wissenschaft berühmt. Hier hatte der Philosoph Thales einst erklärt, dass der Mensch sich durch das Studium der Natur und der Mathematik eher die Welt erklären könne als durch Mythen und Magie.

Anders als Sardes wollte Milet sich nicht kampflos ergeben. Von den hohen Mauern ließen es die persischen Soldaten Steine und Pfeile regnen und schrien immer wieder, dass die Stadt niemals fallen würde.

Alexander behielt die Ruhe und befahl einem seiner Offiziere, die Belagerungsmaschinen in Stellung zu bringen.

Die Makedonier hatten, anders als die Griechen, eine große Erfahrung, was Belagerungen betraf. Seit Philipps Zeiten hatten sie in Katapulte, Belagerungstürme und riesige Armbrustvorrichtungen investiert, die Alexander über den Hellespont hatte transportieren lassen. Nun bauten seine Männer diese Maschinen vor den Stadtmauern auf, was die Perser mit ungläubiger Furcht beobachteten.

Als die Nacht hereinbrach, war auch Milet bereits in makedonischer Hand. Doch gab es keine Zeit zu verlieren, denn Alexander hatte seine Aufmerksamkeit bereits der dritten großen griechischen Stadt in Asien zugewandt – der brodelnden Metropole Halikarnassos mit ihrem Palast, ihrem geschützten Hafen und mehreren Ringen turmhoher Mauern. Hier hatten die Perser ihre Söldnerheere stationiert, und hier hielt ihr klügster General, Memnon von Rhodos, die Stellung.

Ein ums andere Mal griff Alexander mit seinen Belagerungsmaschinen die Mauern der Stadt an, und diesmal leisteten die Perser Widerstand. Tag und Nacht wogten die Kämpfe hin und her.

Doch als seine Verluste immer größer wurden, wusste Memnon, dass sie den Makedoniern nicht ewig würden standhalten können. Schließlich entschied er sich nach einer Besprechung mit den älteren Heerführern dazu, die Verteidigungsstellungen aufzugeben.

Um Mitternacht sahen die makedonischen Wachen die ersten Flammen züngeln. Die Perser, die nun zu ihren Schiffen liefen, hatten die Stadt in Brand gesteckt, in der Hoffnung, die Angreifer in den Flammen einzuschließen.

Doch Alexander reagierte schnell und schickte sofort genug Männer in die Stadt, um die Flammen zu löschen. Im Morgengrauen war das Schlimmste vorüber.

Halikarnassos war gerettet und Alexander hatte seinen nächsten Sieg errungen.

■

Die Belagerung von Halikarnassos war die letzte große Schlacht dieses Sommers. Nun wandten sich die Makedonier nach Osten, um die verbliebenen persischen Küstenstädte zu erobern.

Als der Winter kam, zog sich Alexander in die kleine Küstenstadt Phaselis zurück. Hier befand sich im Tempel der Athene eine Reliquie, die zu sehen einer der größten Wünsche des jungen Königs war: der zersplitterte Speer des Achilles, der mysteriöserweise nicht im Trojanischen Krieg verloren gegangen, sondern angeblich nach Phaselis geraten war.

Doch der Aufenthalt in Phaselis währte nicht lange. Als der Schnee schmolz, zog Alexander den phrygischen Bergen entgegen und hielt Kurs auf eine der bekanntesten asiatischen Städte überhaupt: Gordium, die Stadt, in der der Sage nach einst König Midas geherrscht hatte.

In Griechenland kannte jedes Kind die Geschichten von König Midas. Den Dichtern zufolge war er als Junge in einem alten klapprigen Karren nach Phrygien gekommen, gemeinsam mit seinem Vater, der ein armer und bescheidener Bauer gewesen war.

Zu dieser Zeit war Phrygien kein glücklicher Ort. Nach Jahren der kriegerischen Auseinandersetzungen hatten die Menschen das Orakel befragt, ob es keine Lösung für ihre Probleme gäbe.

Zur Antwort hatten sie erhalten, dass ihr neuer König bald in einem Wagen kommen werde.

Als kurz darauf Gordias' alter Karren in die Stadt rumpelte, zogen die Phrygier daraus die naheliegende Schlussfolgerung. Sie boten Gordias sofort die Krone an, die dieser später an seinen Sohn weitergab.

Die Geschichte von Midas war noch unglaublicher als die seines Vaters. Als König soll er einst den alten Lehrer des Gottes Dionysos vor dem Ertrinken gerettet haben. Als Belohnung versprach Dionysos, ihm jeden Wunsch zu erfüllen.

Midas dachte rasch nach und entgegnete, er würde gern die Macht besitzen, alles, was er berühre, in Gold zu verwandeln. Im nächsten Augenblick war die Bitte gewährt.

Zunächst war Midas glücklich über seine neue Fähigkeit und berührte nacheinander den Ast einer Eiche und einen Stein. Beides verwandelte sich in Gold. Danach verwandelte er auch alle Rosen in seinem Palastgarten in Gold.

Als Midas hungrig war, ließ er sich etwas zu essen bringen. Seine Diener brachten ihm verschiedene Speisen, doch alles, was er essen wollte, verwandelte sich in seinem Mund zu Gold. Er rief nach Wasser, doch auch hier geschah das Gleiche.

In diesem Moment lief seine Tochter in den Saal und weinte bitterlich, weil im Garten die goldenen Rosen ihren Duft verloren hatten. Ohne nachzudenken, streckte Midas die Hand nach ihr aus, um sie zu trösten, woraufhin auch sie zu Gold verwandelt wurde.

In diesem Moment begriff Midas, dass sein Geschenk ein Fluch war, und er verfluchte seine eigene Gier.

Den Griechen war diese Geschichte eine Warnung. Kein Gold der Welt konnte persönliches Glück aufwiegen. Und auch der mächtigste König der Welt musste vorsichtig mit seinen Wünschen sein.

Unter Umständen hätte die Sage von König Midas auch Alexander eine Lehre sein können, doch hatte er andere Dinge im Kopf.

Als er ins Zentrum von Gordium hineinritt, das klugerweise beschlossen hatte, keinen Widerstand zu leisten, fiel sein Blick auf eine ramponierte alte Karre – es war derselbe Wagen, von dem es hieß, dass Midas auf ihm vor Jahren in die Stadt gekommen war.

Der Legende zufolge hatte Midas den Karren einst dem Zeus gewidmet und ihn mit einem außerordentlich komplizierten Knoten an einem Pfahl befestigt. Wer auch immer in der Lage sei, den Knoten zu lösen, sagte er, würde der Herrscher über ganz Asien werden.

Im Laufe der Jahre hatten dies viele versucht, doch stets ohne Erfolg. Der Gordische Knoten war so groß und verworren, dass niemand zu entscheiden vermochte, wo der Anfang und wo das Ende war.

Nun ging Alexander dem Wagen entgegen, seine Freunde folgten ihm auf dem Fuße. Als er ihn erreichte, schwoll ein Gemurmel unter den Umstehenden an, bevor alles still wurde.

Für lange Zeit stand Alexander einfach da, die Stirn in Falten gelegt, und betrachtete den Knoten. In Wahrheit hatte er nicht die geringste Ahnung, wo er beginnen sollte. Den Knoten zu lösen war unmöglich, so wie die Leute stets gesagt hatten.

Niemand sprach ein Wort. Niemand bewegte sich vom Fleck. Minuten verstrichen.

Als die Menschen bereits zu flüstern begannen, zeigte sich auf Alexanders Gesicht ein Lächeln. Dann zog er mit einer plötzlichen Bewegung sein Schwert und schlug den Knoten entzwei.

Die Zuschauer schnappten nach Luft – dann, Sekunden später, brach der Jubel aus. Alexander drehte sich mit triumphierendem Blick zu seinen Freunden um.

In der folgenden Nacht ging ein heftiges Gewitter mit Donner und Blitz über der Stadt nieder. Alle wussten, dass dies ein Zeichen des Zeus war.

Alexander hatte den Gordischen Knoten zerschlagen. Und gemäß der Prophezeiung würde er einst über ganz Asien herrschen.

TEIL 2

DER SOHN DES ZEUS

6

Der große König

Eintausendfünfhundert Kilometer weiter östlich, an den Ausläufern des Zagros-Gebirges, war die Hitze früh nach Susa gekommen.

Innerhalb der Mauern des Königspalasts, hinter den prächtig dekorierten Höfen und den goldenen Toren, war ein schlanker Mann mit schwarzem Vollbart tief in seine Gedanken versunken.

Sein ursprünglicher Name war Artashata, Sohn von Arsames. Doch für 50 Millionen Menschen war er Dareios III., der König der Könige und Herrscher über das riesige Persische Reich.

Er war nicht zum Herrschen geboren, da er als Urenkel Dareios' II. nur noch entfernt verwandt mit diesem großen Vorgänger auf dem Thron war, doch waren sein persönlicher Mut und sein nobles Auftreten von Anfang an aufgefallen.

Als die Perser einst gegen die Kadusier kämpften, hatte ein gefürchteter Kadusier alle Perser zum persönlichen Zweikampf herausgefordert.

Zunächst wollte sich kein Perser darauf einlassen, bis schließlich der junge Artashata mit gezücktem Krummsäbel vortrat.

Er entschied das Duell für sich und seit diesem Tag sprachen alle voller Bewunderung von ihm.

Als Artashata die vierzig überschritten hatte, wurde der persische Hof von heftigen Machtkämpfen erschüttert. Der Ratgeber von König Artaxerxes III., Großwesir Bagoas, hatte genug von der Tyrannei seines Herrn und vergiftete ihn. Zwei Jahre später tötete er auch dessen Sohn und Nachfolger Artaxerxes IV. und bot den Thron Artashata an, der den Königsnamen Dareios III. annahm.

Doch Dareios III. war zu selbstbewusst, um sich mit seiner Rolle als Bagoas' Marionette zufriedenzugeben. Und als Bagoas schließlich auch ihn aus dem Weg räumen wollte, erwies sich Dareios als der Klügere. Vor den Anwesenden seines Hofstaats reichte er den von Bagoas vergifteten Weinkelch an diesen zurück und zwang ihn, auf seinen König zu trinken. Sekunden später krümmte sich Bagoas in Todesqualen auf dem Fußboden, während ihm Schaum aus dem Mund quoll.

Seit drei Jahren saß Dareios nun auf dem persischen Thron. Er neigte zwar nicht zur Grausamkeit, doch das Schicksal des Bagoas war seinen Feinden Mahnung genug, ihren König nicht zu unterschätzen.

Als Großkönig lebte Dareios in einem goldenen Käfig, von blühenden Gärten und unermesslichem Luxus umgeben. Doch er lebte auch in ständiger Furcht, dass ihm jemand nach dem Leben trachten könnte.

Er war nie allein, sondern stets von Höflingen, Mundschenken und Leibwächtern umgeben. Seine weitreichende Verantwortung konnte er jedoch mit niemandem teilen.

Denn Dareios war nicht irgendein König. Er war der Herrscher über Perser und Meder, Pharao von Ägypten, Erbe der gewaltigen Reiche Sumer und Akkad, Assyrien und Babylon.

Er war der gesalbte Diener von Ahura Mazda, dem Schöpfer und Erhalter der Welt. Er war der Herr des Lichts, der Dunkelheit und Chaos von den Menschen fernhielt.

Doch auch Dareios wusste, dass er sich der Dunkelheit und dem Chaos nicht auf Dauer entziehen konnte. Seine ersten drei Jahre als König waren ein permanenter Kampf gegen Rebellionen gewesen, und nun war es vor allem ein Name, der ihn nicht mehr losließ: Alexander.

Zu Beginn hatte Dareios den Makedonier nicht sonderlich ernst genommen. Zu jung erschien er ihm, außerdem war es griechischen Invasoren noch nie gelungen, das Persische Reich ernsthaft in Gefahr zu bringen.

Doch als die Makedonier eine Stadt nach der anderen eroberten, geriet er allmählich in Sorge. Und in den ersten Wochen des Jahres 333 v. Chr., als Alexander ins Zentrum von Gordium vorstieß, holte Dareios zum Gegenschlag aus.

Er ernannte Memnon von Rhodos zu seinem obersten Feldherrn und erteilte ihm den Auftrag, die Makedonier aus Asien zu vertreiben. Da Memnon wusste, dass er Alexander in einer offenen Feldschlacht nicht besiegen konnte, investierte er das Geld des Königs in eine Flotte von dreihundert Schiffen. Mit dieser Flotte steuerte er die Inseln Chios und Lesbos in der Ägäis an, um von dort aus das griechische Festland zu besetzen.

Würde Alexander jetzt nicht umkehren müssen, um seine Heimat zu verteidigen?

Doch der Zufall kam dem makedonischen König zu Hilfe. Ende Juni setzte ein Bote mit dem Schiff von Lesbos an die persische Küste über. Und als er reitend Susa erreichte, hatte er für Dareios niederschmetternde Nachrichten im Gepäck.

Memnon war tot. Eine Krankheit hatte ihn während des heißen Sommers dahingerafft. Die geplante Invasion Griechenlands war abgeblasen.

Dareios wurde von düsteren Vorahnungen gepackt. Das Glück hatte ihm den Rücken zugekehrt. Und wann immer er die Augen schloss, hatte er das Bild des makedonischen Emporkömmlings vor Augen.

Eines Tages, als die Sonne besonders unerbittlich auf die glasierten Ziegel von Susa brannte, ließ er alles, was Rang und Namen hatte, in seinem Palast zusammenkommen: adelige Freunde und königliche Verwandte, Satrapen und Stabträger, Tafelgenossen und Wohltäter des Königs, Träger des königlichen Purpurs sowie die Elitesoldaten der sogenannten Unsterblichen.

Nachdem sie alle sich vor dem König verneigt hatten, erklärte Dareios, er habe Reiter und Bogenschützen aus jedem Winkel des Reiches zusammengezogen, um mit dem jungen Makedonier fertigzuwerden. Doch die wichtigste Frage war: Sollte er die große Armee unter seinen Generälen aufteilen und ihnen gestatten, gegen den Makedonier zu kämpfen? Und noch eine Frage: Sollte er selbst in all seiner Pracht erscheinen, um dem Feind höchstpersönlich den Garaus zu machen?

Die Antwort fiel eindeutig aus. Natürlich war es richtig, dass der Großkönig seine Armee selbst in die Schlacht führte! Unter seinem Befehl würden die persischen Truppen die Makedonier wie Ameisen unter ihren Füßen zertreten!

Jubelrufe erfüllten den Saal, nur ein Mann blieb still und schaute grimmig vor sich hin.

Charidemos aus Athen war einer der erfahrensten und besten Militärstrategen seiner Zeit. Vor Jahren hatte er für Philipps makedonisches Heer gekämpft, doch nach einem Zerwürfnis mit Alexander war er aus Griechenland geflohen.

Niemand kannte die Makedonier besser als er. Nachdem Ruhe im Saal eingekehrt war, fragte Dareios Charidemos nach seiner Meinung.

»Vielleicht ist die Wahrheit hier nicht willkommen«, begann dieser mit leiser Stimme, »doch wann sollte ich sie aussprechen, wenn nicht jetzt.«

Es sei schon richtig, dass die persische Armee so prachtvoll sei, dass sich niemand die vielen goldenen und glänzenden Rüstungen vorstellen könne, der sie nicht mit eigenen Augen gesehen habe. Und es stimme auch, fügte er hinzu, dass die Makedonier grobschlächtig und plump seien.

Doch Alexanders Männer seien zähe Kämpfer, die sich zwar nicht in Gold kleideten, aber niemals aufgaben.

»Sie warten geduldig auf das Signal ihres Heerführers«, erklärte Charidemos, »und sie sind dazu erzogen, die militärischen Ränge zu achten und unbedingten Gehorsam zu leisten. Sind sie müde, ist die Erde ihr Bett. Sie begnügen sich mit der Speise, die sie vorfinden. Sie brauchen nur wenige Stunden Schlaf und brechen schon vor dem Morgengrauen auf.«

Mit einem Wort: Charidemos war anderer Meinung als die übrigen Anwesenden. Er riet Dareios davon ab, selbst in die Schlacht zu ziehen. Gegen solch einen Gegner wäre es Irrsinn, in einer einzigen Schlacht alles zu riskieren.

Im Saal war es totenstill geworden. Doch Charidemos war noch nicht fertig.

»Erst einmal müssen wir dieselbe Truppenstärke erreichen wie der Gegner. Das heißt, wir brauchen Zehntausende Söldner – aber keine verweichlichten Perser, sondern mutige und kampferprobte Griechen. Und ihr Anführer muss jemand sein, der weiß, was er tut.«

»Übertrage mir das Kommando und ich werde dir den Sieg schenken!«, schloss er.

Dareios schaute Charidemos lange an, mit dunklem Blick, ohne auch nur einmal zu zwinkern.

Dann riefen ihm die anderen ihren Protest entgegen. Was für eine Frechheit! Welche Beleidigung! Wie konnte dieser Grieche es wagen, so mit dem großen König zu reden?

Darius hatte den Blick nicht von Charidemos abgewandt. Schließlich nickte er seinen Leibwächtern zu.

Als sie Charidemos aus dem Saal zerrten, war dieser immer noch unbeugsam. »Du wirst den Preis dafür zahlen, nicht auf mich gehört zu haben!«, rief er Dareios zu. »Du wirst dein Königreich an Alexander verlieren und er wird meinen Tod rächen!«

Er rief so lange, bis die Wächter ihm den Hals aufschnitten.

■

In der folgenden Nacht hatte Dareios einen Traum.

Er sah, wie das makedonische Feldlager in Flammen aufging. Als er in den Palast zurückkehrte, stand Alexander vor ihm und trug seine Königskleider. Dann sah er Alexander durch die Straßen von Babylon reiten. Alexander spazierte in den großen Tempel zu Ehren des Gottes Marduk – und war verschwunden.

Als Dareios aufwachte, war er in Schweiß gebadet. Rasch zog er sich an und fragte seinen Wahrsager nach der Bedeutung des Traumes.

Der Wahrsager flüsterte vor sich hin, ehe er seine Deutung verkündete: Der Traum sei eine Botschaft der Götter. Die Makedonier selbst würden bald in Flammen aufgehen. Alexander würde der Königsmantel entrissen werden und man werde ihn in Ketten durch die Straßen schleifen.

Dareios gab einen Stoßseufzer der Erleichterung von sich. Wie hatte er nur daran zweifeln können?

Mit seinen Höflingen ritt er darauf in westliche Richtung. Ihr Ziel war die fast fünfhundert Kilometer entfernte Metropole

Babylon, Hauptstadt antiker Weltreiche und die größte Stadt auf Erden – der Ort, an dem Dareios Alexander im Traum erblickt hatte.

Mit seinen staubigen engen Gassen und der glühenden Hitze war Babylon eigentlich kein Ort, den ein nüchtern denkender Mensch mitten im Sommer aufgesucht hätte, doch genau hier, außerhalb der turmhohen Mauern, bauten Dareios' Diener das Königszelt auf.

Jeden Tag trafen Tausende neue Soldaten aus den umliegenden Provinzen ein, um sich zählen zu lassen. Als schließlich der letzte Reiter der Liste hinzugefügt wurde, war die Zeit für den Aufbruch gekommen.

Die Sonne stand hoch am Himmel, als ein schriller Trompetenstoß vom Königszelt aus das Signal zum Abmarsch gab.

Als Erstes marschierten die Träger des heiligen Feuers und streckten die Flammen auf ihren silbernen Altären in die Luft. Ihnen folgte die Priesterin Magi mit ihren hymnischen Gesängen, danach kamen die 365 Träger des königlichen Purpurs, einer für jeden Tag im Jahr.

Danach kam der heilige Streitwagen des Gottes Ahura Mazda, dessen Führer schneeweiße Pferde und goldene Peitschen hatten. In ihrem Gefolge waren zehn Triumphwagen mit goldenen und silbernen Ornamenten, die von einer Kavallerie aus zehn verschiedenen Nationen begleitet wurde.

Dahinter die zehntausend unsterblichen Wachen mit ihrem goldenen Halsschmuck und ihren juwelenbesetzten Waffenröcken, gefolgt von fünfzehntausend Angehörigen des Königs sowie seinen persönlichen Leibwächtern, den Speerträgern.

Und dann, als Letztes, geriet der große Streitwagen des Königs in den Blick, der von goldenen und silbernen Götterbildnissen geziert wurde. An der Vorderseite des Wagens glitzerten riesige Edelsteine, darüber prangte das Bild eines goldenen geflügelten Adlers: das Symbol des Gottes Ahura Mazda.

Nie hatte Dareios prachtvoller ausgesehen. Sein leuchtend roter Waffenrock hatte die Farbe der Herrscher. Um seine Schultern spannte sich ein goldener Umhang, der mit kämpfenden Falken bestickt war. An seinem vergoldeten Gürtel hingen große Scimitare – die Krummsäbel der Perser –, deren Scheide aus einem einzigen Kristall gefertigt war. Auf seinem Haupt funkelte die Königskrone, die von einem leuchtend blauen Band an ihrem Platz gehalten wurde.

In Dareios' Gefolge befanden sich Zehntausende Reiter und Speerträger und eine schier unendliche Menge an Fußsoldaten. Dann kamen Dareios' Mutter Sisygambis und die Königin Stateira in ihren Wägen, die Kinder mit ihren Kindermädchen, die edlen Frauen des Palastes mitsamt ihrer großen Dienerschar. Sogar den Königsschatz hatte man auf Hunderte Esel und Kamele verladen.

Das antike Babylon, die Geburtsstätte von Astronomie und Mathematik, hatte nie ein größeres Spektakel erlebt. Und während die Soldaten durch die Straßen zogen, schallte ihnen grenzenloser Jubel entgegen.

Niemand zweifelte daran, dass die persische Armee im Triumph zurückkehren würde. Angesichts solch einer Pracht würde der junge Makedonier nicht den Hauch einer Chance haben.

■

Hunderte Kilometer weiter westlich nahm Alexander ein erfrischendes Bad.

Nachdem er Gordium verlassen hatte, waren er und seine Männer wochenlang durch die Berge marschiert, der Kilikischen Pforte entgegen – einem Pass, der den Zugang zur syrischen Küste gewährleistet. Es war ein schroffes, unwegsames Gelände, vor allem in der Hitze des Sommers.

Nachdem sie den Pass überquert und den Fluss Cydnus erreicht hatten, waren alle mit Staub bedeckt und vollkommen verschwitzt.

Der Fluss sah so einladend aus, dass der junge König nicht widerstehen konnte. Unter den belustigten Blicken seiner Freunde riss er sich seine Kleider vom Körper und sprang mit einem Satz ins Wasser.

Doch der Kälteschock nahm ihm fast die Luft zum Atmen. Nach der glühenden Hitze der letzten Tage kam es ihm so vor, als wäre er in ein Eisbad gesprungen. Die Kälte schmerzte ihn bis in die Knochen.

Als er sich wieder an Land zog, zitterte er unkontrollierbar. Sein Gesicht war schneeweiß, als wäre sämtliches Blut aus seinen

Adern gewichen. Mühsam kam er auf die Beine, doch nach zwei Schritten knickten seine Beine ein.

Als sie ihn in sein Zelt trugen, hatte sich die Kunde schon herumgesprochen. Soldaten mit besorgten Gesichtern drängten sich um den Eingang.

Alexander öffnete die Augen. Er war am Leben, doch sein Blick war verschwommen und seine Glieder zitterten immer noch.

Einer der Ärzte, Philipp von Arcarnania, legte ihm die Hand auf die Stirn. Sie war glühend heiß, was auf Fieber hindeutete.

Der Arzt dachte kurz nach und sagte, dass er einen Heiltrank kenne, aber niemand sicher sein könne, dass er auch in diesem Fall wirke.

Bei diesen Worten tauschten Alexanders Generäle angstvolle Blicke. Angeblich hatte Dareios ein Kopfgeld auf Alexander ausgesetzt und würde demjenigen, der ihn tötete, tausend Talente zahlen. Auch hieß es, dass sich bereits ein Mann ins Feldlager eingeschlichen habe, der ihn vergiften wolle.

Doch hatte Alexander an der Loyalität seines Arztes niemals gezweifelt. Er stützte sich auf einen Ellenbogen, streckte die Hand nach dem Becher aus und leerte ihn in einem langen Zug. Danach ließ er sich schwer atmend in die Kissen zurücksinken.

Sie warteten ab. Philipp von Arcarnania blieb die ganze Zeit an der Seite des Königs, wischte ihm den Schweiß von den Brauen, rieb seine Haut mit einer Tinktur ein, versorgte ihn mit

Nahrungsmitteln und Wein. Alexanders Offiziere beobachteten alles mit größter Aufmerksamkeit, ihre Hände lagen vorsichtshalber auf den Griffen ihrer Schwerter.

Schließlich atmete Alexander ein wenig leichter, seine Stirn kühlte sich ab, und als er die Augen öffnete, war sein Blick wieder ruhig und klar.

Er blickte zu Philipp hinüber und lächelte ihm dankbar zu. Auch die Offiziere entspannten sich und schüttelten dem Arzt nacheinander die Hand. Der König war gerettet.

Doch Dareios kam unaufhörlich näher.

■

Während der Perserkönig mit seinem Gefolge durch die babylonische Steppe zog, erreichte ihn die Kunde von Alexanders Erkrankung.

Der König erhöhte die Geschwindigkeit, setzte im Eiltempo über den Euphrat und durchquerte die syrische Wüste. Nur das Amanus-Gebirge lag noch zwischen ihm und seiner Beute.

Die Perser waren siegesgewiss und freuten sich bereits auf den Kampf. Sie hatten nicht den geringsten Zweifel, wer das Schlachtfeld als Sieger verlassen würde.

Unterdessen hatten Alexanders Späher vom Herannahen des persischen Heeres erfahren. Sie wussten jedoch nicht, wo genau es sich befand und wie seine Pläne waren.

Zunächst schickte Alexander Parmenion mit seiner Kavallerie voraus, um die Gebirgspässe nach Syrien zu blockieren und zu sichern. Doch von der persischen Armee fehlte weiterhin jede Spur.

Als Alexander bei der Stadt Issos wieder zu Parmenions Männern stieß, war die Anspannung schier unerträglich. Jeder makedonische Soldat fragte sich beklommen, wo Dareios mit seinem riesigen Heer nur stecken mochte.

Erneut ging Alexander ein Risiko ein. Er ließ die Kranken und Verwundeten bei Issos zurück und zog mit seinem Heer die schmale Küstenstraße am Amanus-Gebirge entlang – in Erwartung, dort irgendwann auf Dareios zu treffen.

Tagelang marschierten die Makedonier in Richtung Süden. Vor ihnen lagen die phönizischen Hafenstädte, die dem persischen König treu ergeben waren. Hinter ihnen die schroffen Gebirgszüge Kilikiens. Zu ihrer Rechten sahen sie das glitzernde Wasser des Mittelmeers, zu ihrer Linken, nur wenige Kilometer entfernt, erhoben sich die Gipfel des Amanus.

Doch inzwischen war es Ende Oktober geworden. Die Sommerhitze war nur noch eine Erinnerung. Der Regen prasselte auf die marschierenden Makedonier herab. Peitschende Winde zerrten an ihren Zelten, während sie schliefen.

Und nach der bislang kältesten und feuchtesten Nacht, während ein Sturm aus den Bergen heulte, überbrachten die Späher Alexander denkbar schlechte Nachrichten.

Weder befand sich der Perserkönig auf der anderen Seite der Berge, noch war er vor ihnen.

Dareios hatte seine riesige Armee in einem geheimen Manöver in westliche Richtung über die engen Gebirgspässe des Amanus geführt. Den Kranken und Verwundeten, die Alexander bei Issos zurückgelassen hatte, hatten die Perser die Hände abgehackt, dann waren sie weitergezogen. *Und jetzt waren sie direkt hinter ihnen.*

Im ersten Moment konnte Alexander es nicht glauben. In einem Akt der Verzweiflung sandte er ein paar Gefährten nach Norden, um herauszufinden, ob die Späher nicht doch eine falsche Meldung gebracht hätten. Doch als die Männer zurückkehrten, sprachen ihre betroffenen Gesichter eine deutliche Sprache.

Nur wenige Kilometer vor ihnen hatten sie ein gigantisches persisches Feldlager entdeckt. Überall auf der weiten Ebene brannten Lagerfeuer. »Die gesamte Gegend«, berichteten sie, »liegt in einem hellen Lichtschein.«

Es stimmte also.

Der Zeitpunkt hätte nicht ungünstiger sein können. Nach ihrem monatelangen Marsch hatten die Makedonier wunde Füße, waren ausgelaugt und bibberten vor Nässe und Kälte.

Und in diesem Zustand waren sie den Persern in die Falle gegangen.

7

Die Schlacht bei Issos

Die Dämmerung brach herein. Als die Sonne im Mittelmeer versank, saß Alexander auf einem Gebirgskamm des Amanus und ließ seinen Blick über das Meer schweifen.

Bisher hatte ihm das Glück zur Seite gestanden. Auch hatte es sich stets ausgezahlt, dass er das Risiko nicht scheute.

Doch jetzt schien seine Glückssträhne zu Ende zu sein. Sollten all seine Träume schon morgen Abend zerplatzen?

Manchmal spürte selbst Alexander so etwas wie Furcht, und dies war ein solcher Moment.

Was würde geschehen, wenn er morgen im Kampf fiel? Dann würde man über ihn sagen, es sei ein ehrenhafter Tod gewesen, wie er einem Helden zukomme.

Die Dichter würden seinen Namen besingen und die Zuhörer ihre Tränen wegwischen. Es wäre besser, Seite an Seite mit seinen Freunden zu sterben, als sich nach Makedonien zurückzuziehen und dort irgendwann das Siechtum eines einsamen alten Mannes zu erleben.

Alexander sank in die Knie und spürte die feuchte Erde zwischen den Fingern. Er murmelte ein Gebet an die Götter dieses fernen Landes, wer auch immer sie sein mochten. Dann blickte er zu den Sternen auf und hielt leise Zwiesprache mit dem großen Zeus, ehe er zu seinen Männern zurückkehrte.

Als Alexander sein Zelt betrat, um seine Offiziere zu instruieren, war er mit sich im Reinen und von gelassenem Selbstvertrauen erfüllt.

Dareios sei direkt hinter ihnen, bestätigte er, und würde bei nächster Gelegenheit losschlagen. Also wäre es jetzt an ihnen, etwas Überraschendes zu tun. Sie würden umkehren, um das persische Heer überraschend frontal anzugreifen.

Alexander gab zu, dass dies ein riskantes Manöver sei. Doch sei es auch »eine göttliche Fügung, die Perser in einer einzigen Schlacht besiegen zu können«.

»Habt keine Angst«, sprach er siegesgewiss. Dareios' Männer seien vom Luxus verweichlicht. Sie aber seien freie, vom Kampf gehärtete Makedonier.

»Lasst die Männer ihre Rüstungen anlegen. Bei der dritten Wache marschieren wir los. Morgen wird der Tag der Schlacht sein!«

Im Zelt breitete sich Jubel aus. Einer nach dem anderen trat vor und reichte dem jungen König die Hand.

■

Beim ersten Licht bliesen die Trompeter eine Fanfare. Als die Morgensonne über die Gipfel des Amanus spähte, marschierten die Fußtruppen bereits in Richtung Norden, woher sie gekommen waren.

Jetzt hatten sie das Meer zur Linken und die Berge zur Rechten. Und vor ihnen, jenseits der Flüsse und Bäche, wartete Dareios' Armee.

Die Makedonier marschierten den gesamten Vormittag hindurch, gefolgt von der Kavallerie. Gegen Mittag kamen die Späher mit neuen Nachrichten.

Die Perser seien nur noch gut sechs Kilometer vor ihnen, auf der anderen Seite des Pindarus. Offenbar habe der Feind sie schon entdeckt, denn die persischen Soldaten würden in aller Eile ihre Ausrüstung zusammenraffen.

Alexander gab seinen Befehlshabern ein Zeichen, worauf die Phalangiten ihre Schlachtformation einnahmen, während die Kavallerie beide Flanken besetzte. Wie schon am Granikos übernahm Parmenion die linke Flanke und überließ Alexander die rechte.

So rückten sie vor. In der Ferne konnte Alexander die leuchtenden Fahnen der Perser ausmachen. Die Späher hatten recht gehabt, was die gigantische Größe des persischen Heeres anging. Es waren Zehntausende, die sich auf der schmalen Ebene bei Issos, zwischen Bergen und Meer, zusammendrängten.

Dareios' Männer brüllten blutrünstige Schlachtrufe, die von den Makedoniern ebenso beantwortet wurden. Ihre Stimmen hallten von den Bergen wider.

Alexander gab seinem treuen Pferd Bukephalos die Sporen

und ritt an der ersten Frontlinie entlang, sodass jeder seine Ansprache hören konnte.

Der Feind, rief er, sei voller Grausamkeit und Gier und habe »einst unsere Tempel verwüstet und niedergebrannt, unsere Städte gestürmt und alle Gesetze von Göttern und Menschen gebrochen«.

Doch heute würden die Perser für ihre Verbrechen bezahlen. Die Götter hätten die Makedonier dazu bestimmt, die Befreier der Welt zu sein, und ihm einen weiteren ruhmreichen Sieg versprochen. Alles, was sie selbst tun müssten, sei, an ihrem Glauben festzuhalten – und zu kämpfen!

Die Makedonier stießen begeistert ihre Speere in die Luft, ihre Klingen blitzten im letzten Nachmittagslicht auf. Trompeten erschallten. Das »Alalalalalai!« der Soldaten ertönte, das schon so vielen Gegnern Furcht eingeflößt hatte.

Dann gingen Alexander und seine Leute zum Angriff über.

■

Mit der Wucht eines Tsunamis fielen die Makedonier über die Perser her. Blut, Matsch und Wasser spritzten auf, Schwerter und Speere hieben aufeinander ein, die Schmerzensschreie der Männer mischten sich mit dem panischen Wiehern der Pferde …

Binnen Sekunden war die Schlacht ein einziger Wirrwarr Tausender und Abertausender Soldaten auf beiden Seiten, von denen jeder Einzelne verzweifelt versuchte, am Leben zu bleiben.

Im Zentrum des Geschehens versuchte die makedonische

Phalanx die Oberhand zu gewinnen. Doch sie standen zu dicht, um ihre langen Speere zu benutzen, und so schwangen sie kurz entschlossen ihre kurzen Schwerter und »zogen die Klingen durch die Gesichter ihrer Feinde«, wie ein griechischer Historiker schrieb.

Wenn ein Perser fiel, nahm sofort der nächste seinen Platz ein, und wenn dieser starb, war ein dritter mit wildem Schreien zur Stelle.

Die Schlachtreihen wurden so sehr zusammengepresst, dass selbst die Verwundeten nicht zurückfallen konnten. Wer jedoch durch ein Missgeschick ins Stolpern geriet, der war verloren, denn sofort schlossen sich die Reihen, und der Unglückliche wurde von den Nachrückenden zu Tode getrampelt.

Auf der linken Flanke waren Parmenions Männer zurückgedrängt worden, doch auf der rechten war die Kavallerie bereits weit in die persischen Reihen vorgedrungen. Und im Zentrum bahnte sich Alexander unaufhaltsam seinen Weg durch die feindlichen Linien.

Einen Gegner nach dem anderen streckte der König nieder. Dann durchzuckte es ihn wie ein Blitz: Nur wenige Meter vor sich erblickte er eine hochgewachsene Gestalt in einem prächtigen Streitwagen, die eine goldene Krone auf dem Kopf trug und einen blitzenden Krummsäbel in der Hand hielt. Es war König Dareios.

Für einen Moment schien die Zeit stillzustehen, inmitten des Chaos öffnete sich eine Gasse, und die Blicke der beiden Könige trafen aufeinander. Durch Dareios' Augen huschte ein Anflug von Erkenntnis.

Alexander bot sich die Gelegenheit, von der er so lange geträumt hatte – von Angesicht zu Angesicht mit seinem großen Widersacher. Mann gegen Mann, Schwert gegen Schwert, wie einst Achilles gegen Hektor.

Doch im nächsten Augenblick kam ihm ein grimmiger Kerl, von dessen Säbel das Blut tropfte, in die Quere. Es war Oxathres, der Bruder des großen Königs.

Viele bezeichneten ihn als den besten Schwertkämpfer im gesamten Königreich. Jetzt galoppierte er Alexander entgegen, den Krummsäbel hoch über dem Kopf erhoben.

Doch Alexander war zu schnell für ihn. Als Oxathres seinen Säbel niedersausen ließ, wich er im letzten Moment aus und bohrte seinen Speer in die Brust des Persers.

Alexanders Freunde waren jetzt neben ihm, doch Dareios dachte gar nicht daran, sich von seinem Feind abschlachten zu lassen oder in makedonische Gefangenschaft zu geraten.

Abrupt wendete er seinen Wagen und preschte so schnell davon, dass Alexander und seine Gefährten wie angewurzelt stehen blieben. Der große König war verschwunden.

■

Auf der Ebene von Issos tobte weiter die offene Feldschlacht. Und obwohl die Makedonier in der Unterzahl waren, spürten sie doch immer mehr, dass die Kräfte ihres Gegners erlahmten.

Allmählich sprach sich auch die Flucht des persischen Königs herum, woraufhin die Perser den Mut verloren. Manche ließen ungläubig ihre Waffen fallen, andere flohen in Richtung Berge.

Schon bald galoppierten Tausende persische Reiter in wildem, ungezügeltem Galopp davon – es war ein ungeordneter Rückzug, der zu einer Massenpanik wurde.

Pferde stürzten und fielen übereinander. Ihre Reiter versuchten sich verzweifelt aus dem Gewirr der Leiber zu befreien. Sie wendeten ihre Schwerter gegen die eigenen Kameraden.

Als es dunkel wurde, lagen Tausende Perser, vom einfachen Fußsoldaten bis zum edlen Satrapen, tot auf dem Schlachtfeld. Die große persische Armee war vernichtet worden.

Alexander und seine Freunde galoppierten in diesem Moment gen Norden und jagten dem persischen König hinterher. Ihre Kleider waren mit Dreck bespritzt und ihre keuchenden Pferde völlig ausgepumpt. Die Sonne war schon hinter den Bergen versunken, als Alexander in der Dämmerung den königlichen Streitwagen erblickte, der am Rand einer Schlucht stand.

Im Wagen lagen Dareios' Bogen und sein goldener Umhang, die er offenbar in aller Eile zurückgelassen hatte. Vom König selbst fehlte jede Spur.

Resigniert gab Alexander die Verfolgung auf. Als er erneut das Schlachtfeld bei Issos erreichte, trugen seine Männer sämtliche Schätze zusammen, die ihnen in die Hände gefallen waren.

Vor Dareios' Zelt loderten die Fackeln. Als Alexander und

Hephaistion, durchnässt, verdreckt und erschöpft, einen Blick hineinwarfen, klappte ihnen buchstäblich die Kinnlade hinunter.

Die Einrichtung war vollkommen anders, als sie es von ihren eigenen Kriegszelten kannten. Es gab Kerzen, seidene Stoffbahnen, prächtige Teppiche, Sofas und andere Sitzgelegenheiten. Das ganze Zelt duftete nach Parfüm. Die Tische bogen sich förmlich von edlen Speisen und Karaffen. »Die Waschzuber, Wasserkessel und Salbenkästchen schienen alle aus purem Gold zu bestehen.«

»Alexander warf Hephaistion einen bewundernden Blick zu. »So ist es also, König zu sein«, sagte er mit ironischem Unterton.

In der Mitte dampfte es aus einer goldenen Badewanne. »Hier badet Dareios also«, murmelte der junge König und legte seine blutbefleckte Rüstung ab.

»Nein«, erwiderte Hephaistion und klopfte ihm auf die Schulter. »Hier badet Alexander.«

■

In dieser Nacht saß Alexander noch lange mit seinen Freunden zusammen. Doch trotz seiner leichten Kopfverletzung und seiner schmerzenden Glieder war er am nächsten Morgen früh auf den Beinen. Es gab viel zu tun.

Zunächst machte er eine Runde durch das Lager, sprach mit den Verwundeten und lauschte ihren Erzählungen von der gestrigen Schlacht. Für jeden hatte er ein gutes Wort übrig und die Mutigsten von ihnen bedachte er mit Geschenken aus Gold und Silber.

Die Gefallenen wurden mit allen Ehren bestattet. Drei Altäre, verkündete Alexander, würden für alle Zeit an ihren Mut erinnern: einer für Athene, einer für Herkules und einer für Zeus.

Doch stand Alexander nun eine Begegnung bevor, die er fürchtete. Dareios hatte auf seiner Flucht nämlich nicht nur sein Zelt, seine Einrichtung und seine Schätze, sondern auch seine Frau, seine Mutter und seine Kinder zurückgelassen.

In der Nacht hatten die Frauen so laut geschluchzt, dass Alexander seinen Freund Leonnatos zu ihnen geschickt hatte, um sie zu beruhigen. Er wusste, dass er selbst mit ihnen sprechen sollte, doch Gespräche mit Königinnen lagen ihm nicht allzu sehr, und so nahm er Hephaistion zur moralischen Unterstützung mit.

Als sie das Zelt betraten und Dareios' Mutter Sisygambis zwei Männer erblickte – einer groß gewachsen und attraktiv, der andere klein und gedrungen –, warf sie sich sogleich Hephaistion zu Füßen.

Erst als sie die amüsierten Blicke der beiden Männer bemerkte, begriff sie ihren Irrtum. Sie hatte den Falschen für den König gehalten.

Alexander half ihr sanft auf die Beine. »Keine Ursache«, sagte er und warf Hephaistion einen lächelnden Blick zu. »Im Grunde ist auch er Alexander.«[11]

Dann wandte er sich an Stateira, die Ehefrau des großen

11 Was mag er damit gemeint haben? Dass Hephaistion genauso mutig war wie er? Oder dass sie wie Brüder waren, die dieselben Hoffnungen und Träume teilten?

Königs, die als schönste Frau von ganz Persien galt. Er würde sie immer wie eine große Königin behandeln, sagte er und fügte hinzu, dass sie nichts zu befürchten habe.

Auch Stateiras Töchter waren von blendender Schönheit, und Alexander versprach, würdige Ehemänner für sie zu finden, so wie es auch ihr Vater getan hätte. Ihren Schmuck und ihre Diener könnten sie behalten, und wenn sie irgendeinen Wunsch hätten, bräuchten sie ihn nur zu äußern.

Die Angst der persischen Frauen verflog allmählich. Alexander war nicht im Ansatz der Dämon, den sie sich vorgestellt hatten. Er hätte nicht galanter sein können.

Dann erhaschte er einen Blick auf einen kleinen Jungen, der sich hinter seiner Mutter Stateira versteckte. Es war Dareios' Sohn Ochus, der erst sechs Jahre alt war.

Als Alexander ihn zu sich heranwinkte, rannte Ochus plötzlich auf ihn zu und versuchte, ihn in den Schwitzkasten zu nehmen. Alexander brach in Gelächter aus. »Was für ein mutiger Junge!«, rief er aus. »Und dabei ist er noch so klein!«

Er warf Hephaistion einen vielsagenden Blick zu. »Wie sehr hätte ich mir gewünscht, Dareios wäre ebenso mutig gewesen wie sein Sohn.«

■

Wenige Tage später traf ein Brief von Dareios ein.

Nachdem der große König seinen Streitwagen aufgegeben hatte, war er auf einem frischen Pferd in die Berge geflohen.

Anfang Dezember kehrte er nach Babylon zurück. Diesmal gab es keine Siegesparade und die Einwohner der Stadt waren mürrisch und wortkarg.

Innerhalb der Mauern seines Palastes diktierte er einen Brief, der für Alexander bestimmt war. Seine Diener kratzten die Worte in eine Tontafel. Trotz seiner Niederlage war sein Ton so hochmütig wie eh und je.

Die Götter, räumte er ein, hätten Alexander den Sieg bei Issos geschenkt. Doch könnten sie ihm ihre Gunst auch jederzeit wieder entziehen.

Dareios wollte seine Mutter, seine Frau und seine Kinder zurück. Im Gegenzug versprach er Alexander »so viel Geld, wie die makedonischen Schatzkammern bergen können.« Er versicherte, er sei gewillt, Alexander als gleichgestellt anzuerkennen. Das war alles.

Als Dareios' Bote Alexander den Brief aushändigte, wurde dessen Gesicht dunkel vor Zorn. Er war nicht wegen des Geldes nach Persien gekommen, und so antwortete er mit einem eigenen Brief.

»Es waren deine Vorfahren«, hieß es darin, »die die griechische Küste verheert und das Meer nach Makedonien überquert haben, um Tod und Verderben über unsere Städte zu bringen und unsere Felder zu verbrennen. Du warst es, der einen Mörder beauftragt hat, meinen Vater Philipp zu ermorden.[12] Du warst

12 Entsprach dies der Wahrheit? Wir wissen es nicht.

es, der die griechischen Städte gegen mich aufgewiegelt hat, der ein Kopfgeld auf mich aussetzte und mich ermorden wollte. Ich bin also nicht der Aggressor in diesem Krieg. Ich verteidige mich selbst und die Götter sind auf meiner Seite. Sie haben mir den Sieg geschenkt und mir ganz Asien versprochen.

Komm zu mir und bitte mich um deine Mutter, deine Frau und deine Kinder, ich werde dir deinen Wunsch gewähren. Wonach immer du fragst, du wirst es bekommen. Doch denke daran: Ich bin der Herr über Asien. Wenn du den nächsten Brief an mich richtest, dann denke daran, dass du deinem König schreibst.«

■

Während er auf Dareios' Antwort wartete, zog Alexander der Küste von Phönizien (was weitgehend dem heutigen Libanon entspricht) entgegen. Die Hafenstadt Sidon kapitulierte sofort, doch die Inselstadt Tyros leistete hartnäckigen Widerstand.

Tyros besaß einen der wichtigsten Häfen des Mittelmeers und war aufgrund seiner Lage auf einer schroffen Felseninsel nahezu uneinnehmbar. Keiner Armee war es je gelungen, seine hohen Mauern zu überwinden, und es gab keine Brücke, die Tyros mit dem Festland verbunden hätte.

Doch große Herausforderungen schreckten Alexander nicht. In den ersten Wochen des Jahres 332 v. Chr. beauftragte er seine Männer, vom Festland aus einen breiten Damm ins Meer hinein zu bauen, der es ihm ermöglichen sollte, seine Belagerungsmaschinen nahe an die Stadtmauern heranzubringen.

Doch die Einwohner von Tyros hatten etwas dagegen. Als der Damm sich nah genug an die Stadt herangeschoben hatte, benutzten sie Katapulte, um glühend heißen Schutt auf Alexanders Männer zu schleudern. Außerdem verfügten sie über lange Lanzen mit drei Zinken, die sich in die Schilde der Makedonier bohrten und diese ins Meer zogen.

Ihre am meisten gefürchtete Erfindung war sehr simpel: Die Schmiede der Stadt hatten flache Bronzeschalen angefertigt, die sie mit Sand füllten, den sie zuvor über einem Feuer geröstet hatten.

Als sich die Makedonier unmittelbar vor den Stadtmauern befanden, kippten die Verteidiger den glühenden Sand über die Brüstung. »Der Sand kroch den Makedoniern unter die Brustpanzer und Hemden«, wie der griechische Historiker Diodor berichtete, »und versengte ihre Haut durch die ungeheure Hitze.«

War der glühende Sand erst einmal unter die Rüstungen gedrungen, gab es keine Rettung mehr. Die betroffenen Männer »schrien und flehten, als würden sie gefoltert, doch niemand konnte ihnen helfen. Sie krümmten sich zusammen und starben unter entsetzlichen Qualen.«

Viele Eroberer hätten sich angesichts solcher Widerstände zurückgezogen. Doch nicht Alexander. Die Götter hatten ihn zum Herrscher bestimmt, und wenn er etwas geschworen hatte, ließ er sich nicht mehr beirren.

Er setzte die Belagerung fort, Monat um Monat. Als ein brennendes Kriegsschiff der Tyrener in den Damm krachte, ließ er diesen sogleich wiederaufbauen.

Unablässig stürmte er mit Rammböcken und Katapulten gegen die Stadtmauern an. Und schließlich gelang es den Makedoniern in der Hitze des Juli, auf der Südseite ein Loch in die Stadtmauer zu schlagen – Alexander war buchstäblich der Durchbruch gelungen.

Er stieg auf den höchsten Belagerungsturm und leitete den entscheidenden Angriff. »Er befahl den Makedoniern, ihm zu folgen«, heißt es in einer Chronik, »durchbohrte einige Widersacher mit dem Speer, tötete andere mit dem Schwert und warf wieder andere einfach über die Brüstung.«

Der Widerstand der nach monatelangem Kampf erschöpften Tyrener war schnell gebrochen. Als es Abend wurde, war die Stadt in den Händen der Makedonier.

In dieser Situation traf ein zweiter Brief von König Dareios ein. Der große König hatte sich besonnen und bot Alexander nun für die sichere Rückkehr seiner Mutter, seiner Frau und seiner Kinder die schwindelerregende Summe von zehntausend Talenten.

Doch damit nicht genug. Er war zudem bereit, Alexander das Gebiet zu überlassen, das heute die westliche Türkei ist, einschließlich der Städte Sardes, Milet, Halikarnassos und Gordium. Und um ihren Pakt zu besiegeln, versprach er Alexander seine älteste Tochter zu Frau, die den gleichen Namen wie ihre Mutter Stateira trug.

Als Alexander den Brief laut vorlas, machten seine Gefährten große Augen. Der alte General Parmenion ergriff als Erster das Wort. »An deiner Stelle würde ich das Angebot annehmen«, sagte er.

»Das würde ich auch«, entgegnete Alexander lächelnd, »wenn ich Parmenion wäre.«

Doch seine Antwort war Nein. Er sei nicht gekommen, um sich mit einem kleinen Teil des persischen Reichs zufriedenzugeben. Er wolle alles haben.

Und nun wolle er sich dem reichsten, ältesten und rätselhaftesten aller Königreiche zuwenden – Ägypten.

8

Die Stimme des Ammon

Alexander war nicht der erste Grieche, der davon träumte, Ägypten einen Besuch abzustatten. Mehr als hundert Jahre zuvor hatte sich ein junger Mann namens Herodot in seiner Heimatstadt Halikarnassos an Bord eines Schiffes begeben, um die lange Reise in Richtung Süden anzutreten.

Herodot war sehr neugierig und stets darauf aus, neue Länder kennenzulernen und Geschichten aus der Vergangenheit zu hören. Die Erlebnisse und Erkenntnisse, die er während seiner Reisen gewann, fasst er in den *Historien* zusammen – dem ersten Geschichtsbuch aller Zeiten.

Sein Ziel war es, »die Zeugnisse menschlicher Errungenschaften zu bewahren«. Und nirgends waren die Errungenschaften staunenswerter als in Ägypten.

Die Lebensader der ägyptischen Zivilisation war der Nil. Der Nil entspringt im Herzen Afrikas, zieht sich über Tausende von Kilometern durch Berge und Wüsten, bevor er in ein weitläufiges Delta mündet und sich ins Meer ergießt.

Jedes Jahr im Spätsommer schwoll der Nil an und überflutete

die ausgedörrten Äcker. Wenn sich das Wasser wieder zurückzog, hatten sich diese in fruchtbare Felder verwandelt, was bedeutete, dass die ägyptischen Bauern außerordentlich günstige Bedingungen für den Anbau ihrer Pflanzen vorfanden.

Am Ufer des Flusses wurden die Menschen reich. Sie fertigten Keramik und Edelsteine an, schufen Märkte und Städte und erdachten ein Bilderalphabet, das aus sogenannten Hieroglyphen bestand.

Um das Jahr 3000 v. Chr. schufen die ersten Pharaonen durch die Vereinigung von Unter- und Oberägypten ein mächtiges Königreich. Über zweitausend Jahre lang regierten sie eine Welt von außerordentlicher Kultur und Raffinesse.

Die Ägypter trugen Perücken und Gewänder, benutzten Parfüm und Make-up. Sie stellten Flöten und Harfen her, Spielzeug und Brettspiele. Sie schrieben mit Tinte auf Papyrusblättern und erfanden mathematische Methoden, die es immer noch gibt, wie zum Beispiel das Bruchrechnen.

Für ihre Könige, die Pharaonen, erbauten sie kolossale Gräber, die alles übertrafen, was man für möglich gehalten hätte. Die große Pyramide von Gizeh war das höchste Bauwerk der Welt und bestand aus Millionen exakt zugeschnittener Steinblöcke, die sich direkt in den Himmel erstreckten.

Im Inneren gab es Korridore und Räume, Galerien und Schatzkammern. In den geheimsten Räumen ruhten die mumifizierten Leichen der Herrscher neben Schätzen von unermesslichem Wert.

Als Herodot den Nil hinauffuhr, symbolisierten die Pyramiden nicht mehr die gegenwärtige, sondern die *verlorene* Macht Ägyptens, was etwas ganz anderes ist.

Im Jahr 525 v. Chr. war der letzte Pharao der 26. Dynastie von den Persern geschlagen worden. Von diesem Zeitpunkt an herrschte der persische König auch über Ägypten.

Die meisten Ägypter konnten sich mit der Herrschaft der Perser nur schwer abfinden. Die Priester beschuldigten die Perser sogar, den heiligen Stier von Memphis getötet zu haben, der als Verkörperung des Gottes Ptah galt – die ultimative Schmach für ein so tiefreligiöses Volk wie die Ägypter.

Als Alexander sich nach Ägypten aufmachte, hatte Dareios soeben einen Aufstand niedergeschlagen und die persische Herrschaft in Ägypten gefestigt. Als sich am Nil also die Neuigkeit herumsprach, wer die Schlacht bei Issos gewonnen hatte, löste das bei den wenigsten Bedauern aus, schon gar nicht bei den Priestern.

Doch wie würden die Ägypter Alexander empfangen?

■

Im November 332 v. Chr. erreichte Alexander das Delta, in dem sich der Nil in mehrere Mündungsarme auffächert, ehe er ins Meer fließt.

Die Feuchtgebiete waren von scharlachroten Lotusblüten übersät und die Felder voller Vögel: Reiher und Kormorane, Möwen, Seeschwalben und Ibisse.

Vom seichten Wasser aus beobachteten Krokodile die vorbeiziehenden Soldaten. Flusspferde sperrten ihre riesigen Mäuler auf.

Die einheimischen Tiere waren an den Besuchern aus Makedonien nicht sonderlich interessiert – die ägyptische Bevölkerung hingegen bereitete ihnen einen warmen Empfang. Als Alexander in die Festung Pelusium einzog, wurde er bereits vom dortigen Satrapen erwartete, der sich tief verbeugte und ihn als König begrüßte.

Danach wandte sich Alexander gen Süden und durchquerte die Felder des Deltas, das Herodot als »weites Land« bezeichnet hatte. »Alles ist flach und wässrig und sumpfig«, hatte Herodot über diese Gegend geschrieben. Nach etwa hundertfünfzig Kilometern erblickte Alexander die von der Sonne beschienenen Tempel von Heliopolis, der Stadt des Lichts.

Heliopolis war mehrere Tausend Jahre alt. Herodot zufolge waren seine Priester die gelehrtesten in ganz Ägypten, und Jahr für Jahr pilgerten unzählige Menschen zum Tempel des Sonnengottes Atum.

Hier überquerten Alexanders Männer den Nil, bevor sie am Westufer weiter flussaufwärts marschierten. Als sie an den Pyramiden vorbeizogen, klappte auch den Stumpfsinnigsten die Kinnlade herunter. Auf diesen Anblick war niemand von ihnen vorbereitet gewesen.

Alexander fragte sich, welchem Zweck diese Bauwerke wohl dienen mochten. Wie mächtig mussten die alten Ägypter gewesen sein, um sie errichten zu können?

Doch blieb ihm jetzt keine Zeit, um sie näher zu untersuchen. Er wollte so schnell wie möglich in Richtung Memphis vorankommen.

Schon seit Tagen hatte sich die Nachricht von Alexanders unmittelbar bevorstehender Ankunft herumgesprochen. Als er mit seinen Freunden in die Stadt hineinritt, standen schon jubelnde Massen Spalier.

Nach ihrem wochenlangen Marsch durch das Buschland erschien ihnen Memphis wie ein brodelnder Schmelztiegel der verschiedensten Eindrücke, Farben und Gerüche. Überall waren Menschen unterschiedlicher Hautfarbe, die sie mit unverhohlener Neugier anstarrten.

Als sich Alexander dem riesigen weißen Tempel des Schöpfergottes Ptah näherte und an der ebenso monumentalen wie erhabenen Statue von Ramses II. emporblickte, lief auch ihm ein Schauer über den Rücken.

Obwohl Alexander vom Pferd stieg, um den Priestern seine Ehre zu erweisen, ließ er keine Nervosität erkennen. Er war als König gekommen und genauso verhielt er sich auch.

Seine erste offizielle Geste war wohlüberlegt. Memphis war die Heimat des Apis-Stiers, Symbol des Gottes Ptah, der wie ein Pharao verehrt und in einem Nebengebäude des Tempels gehalten wurde. Der Atem des Stiers hatte angeblich die Fähigkeit, Krankheiten zu heilen, und die Ägypter glaubten zudem, er könne die Zukunft vorhersagen. An Feiertagen wurde der mit Girlanden und Blumen geschmückte Stier durch die Straßen geführt.

Jetzt kniete Alexander vor dem heiligen Tier. Als er die Augen zu einem Gebet schloss, nickten die Priester wohlgefällig.

Alexander war zwar nicht ägyptischer Abstammung, aber doch besser als alle Perser. Außerdem hatte er eine Armee, weshalb Widerstand ohnehin zwecklos gewesen wäre.

Ein paar Tage später verliehen sie ihm die rot-weiße Doppelkrone Ägyptens mit den Symbolen der Kobra und des Geiers. Alexander war nun Pharao von Ober- und Unterägypten, Herrscher über das Vereinigte Königreich, Erbe des Horus, Sohn des Amun, erwählt von Ra.

Er war zu diesem Zeitpunkt vierundzwanzig Jahre alt.

■

Alexander verbrachte den Winter in Memphis. Seine Soldaten brauchten eine Pause, und er wusste, dass er ein wenig Zeit darauf verwenden sollte, sein neues Königreich kennenzulernen.

Doch ihm fehlte die innere Ruhe dazu. Während seine Soldaten sich in den Tavernen der Stadt vergnügten und mit den Frauen flirteten, drängte es ihn hinaus in die Welt.

Bestimmt würde Dareios schon wieder ein neues Heer um sich scharen und Alexander würde ihm ein weiteres Mal im Kampf begegnen müssen.

Doch was kam danach? Die großen Städte Babylon, Susa und Persepolis? Der persische Thron? Die fernen Gebirgszüge im Osten? Immer weiter und immer weiter, bis ans Ende der Welt?

Und noch etwas anderes ging ihm durch den Kopf. Er hatte

seinen Freunden nie erzählt, was seine Mutter Olympias ihm in Pella ins Ohr geflüstert hatte, bevor er in den Krieg gezogen war …

Wenn er nachts keinen Schlaf fand, nagten immer wieder dieselben Fragen an ihm. Wo kam er her? Was hielt die Zukunft für ihn bereit? Wer war er eigentlich?

Vielleicht hörte Alexander nun zum ersten Mal von etwas, das seinen Freunden völlig unbekannt war – von dem Orakel des Ammon, das sich weit im Westen, nahe der libyschen Grenze befand.

■

Die Oase Siwa mit ihren sprudelnden Quellen, Palmen und Olivenbäumen lag weit abgelegen im Wüstensand. Seit langer Zeit kamen Männer und Frauen hierher, um von Ammons Stimme etwas über ihre Zukunft zu erfahren.

Wer war dieser Ammon, der Gott mit den Hörnern eines Widders? Für die Ägypter war er eine lokale Version ihres Sonnengottes Amun-Ra.

Die griechischen Kaufleute bestanden jedoch darauf, in ihm eine Inkarnation des Zeus zu sehen. Sie behaupteten sogar, dass Alexanders Held, der mächtige Herakles, einst das Orakel aufgesucht habe, um Rat von seinem göttlichen Vater einzuholen.

Der Winter ging vorüber. Von den Dünen der Sahara her blies ein warmer, staubiger Wind. Und schließlich traf Alexander eine Entscheidung.

Er würde den Nil wieder stromabwärts ziehen und nur seine engsten Gefährten mitnehmen, um anschließend das Orakel des Ammon aufzusuchen und nach seinem Schicksal zu befragen.

An einem strahlenden Morgen ritt Alexander durch Memphis und ging an Bord des Schiffes, das ihn flussabwärts bringen sollte. Als er das Delta erreichte, verbrachte er ein paar Tage damit, das sumpfige Umland zu erkunden. Und als er auf einem kleinen Boot den Mariout-See überquerte, kam ihm eine neue Idee.

Dies war der ideale Ort für einen Handelshafen, für eine Stadt mit prächtigen Straßen und schattigen Säulengängen, mit Marmortempeln und geschäftigen Märkten.

Es sollte eine griechische Stadt werden, die mit ihren Theatern und Bibliotheken Athen und Korinth Konkurrenz machen konnte. Und jeden Tag würden Schiffe Güter aus dem gesamten Königreich bringen, aus Sardes und Halikarnassos, aus Tyros und Memphis.

In dieser Nacht träumte Alexander von einem alten Mann. Er erkannte ihn sofort. Es war Homer, Autor der *Ilias*. Homer stand über ihm und sprach:

»Da liegt eine Insel im brandenden Meer,
Pharos heißt sie, an Ägyptens Küste …«

Alexander erwachte. Homer war verschwunden.

Er rief sein Pferd Bukephalos und galoppierte dem Meer entgegen. Und plötzlich sah er sie: eine kleine Insel gegenüber der

Küste, die vom Meer umtost war. Hier, erklärte er seinen Freunden, werde er seine Stadt bauen.

Voller Enthusiasmus begann Alexander, Pläne zu zeichnen und seine Befehlshaber über die Insel zu führen. Hier würde der zentrale Markt sein. Hier das Theater, dort die Hafenanlagen, da drüben der Tempel Poseidons und dort der Tempel der Isis …

Und der Name der Stadt lag auf der Hand. Alexandria sollte sie heißen.

■

Alexander und seine Freunde setzten ihren Weg zur Oase Siwa fort. Etwa dreihundert Kilometer ritten sie an der Mittelmeerküste entlang, ehe sie ihre Pferde gegen Kamele eintauschten. Dann begannen sie ihren langen Weg durch die karge Wüste Sahara.

Hier wuchsen weder Bäume, noch blühten Seerosen. Es gab keine Straßen und Städte, weder Seen noch Flüsse, sondern nichts als Dünen in all ihrer Furcht einflößenden Schönheit.

Der Sand türmte sich zu Burgen und sichelförmigen Gebilden, sie kämpften mit ihm auf diesem eigentümlichen Schlachtfeld, das ständig in glühender Sonne lag.

Sie hatten ihre Kamele mit Wasserbehältern aus Leder beladen. Doch der Schweiß lief ihnen in Strömen über das Gesicht, und so dauerte es nicht lange, bis die Wasservorräte zur Neige gingen.

Am dritten Tag zog ein Sturm auf.

Stundenlang heulte der Wind und peitschte den Sand auf. Sie hatten Sand in den Kleidern und Sand in den Stiefeln, Sand in Mund und Augen. Und als der Sturm sich endlich legte und sie sich umblicken konnten, hatten sie jegliche Orientierung verloren.

Am vierten Tag hatten sie nichts mehr zu trinken. Ihre Haut war rau und es brannte in ihren Kehlen. Und während die Hitze sie in ihrem Würgegriff hatte, drohten sie immer tiefer im Sand zu versinken.

Als ihr quälender Durst unerträglich wurde, fielen plötzlich die ersten Tropfen vom Himmel. Plötzlich schrien und juchzten sie wie übermütige kleine Jungen und versuchten, die Tropfen mit ihren offenen Mündern aufzufangen.

Das Lachen war eine Erleichterung. Alexander sah Hephaistion und Kleitos, Perdikkas und Ptolemaios an. Zeus sei mit ihnen, sagte er. Er habe es immer gewusst.

Nachdem sie ihre Lederbeutel wieder mit Wasser gefüllt hatten, ritten sie weiter. Und obwohl Alexander versuchte, sich an den Sternen zu orientieren, wussten sie nicht mehr, welche Richtung sie einschlagen sollten.

Als sie schon fast die Hoffnung verloren hatten, kam Zeus ihnen abermals zur Hilfe.

In der Ferne, in südwestlicher Richtung, sahen sie zwei schwarze Vögel am Himmel kreisen. Raben! Falls diese von der Oase her kamen, brauchten sie ihnen nur zu folgen und waren gerettet.

Also ritten sie weiter, ihre Blicke stets auf die weit entfernten schwarzen Punkte gerichtet. Die Dünen wurden allmählich flacher und gingen in weite Ebenen voller Salzablagerungen über, bis sich am Horizont plötzlich die grüne Oase Siwa abzeichnete.

Nach der Monotonie der Wüste kam ihnen Siwa nahezu unwirklich vor. Die Oase war acht Kilometer lang und fast fünf Kilometer breit, wurde von sprudelnden Süßwasserquellen versorgt und war mit verschiedensten Obstbäumen bepflanzt.

Zwischen den Bäumen wohnten Menschen in kleinen Hütten und im Zentrum der Anlage befand sich eine Festung mit dicken Steinmauern, Palastbauten und Räumen für die Wächter.

Mit sonnenverbrannter Haut, wunden Füßen und brennenden Augen führte Alexander seine Männer zum benachbarten Tempel von Ammon. Hier, am Ende der Stufen, im Allerheiligsten, würde er die Antwort auf seine Frage erhalten.

Während seine Freunde auf den Stufen warteten, trat Alexander vor die große steinerne Tür. Vor dem Eingang zum ersten der Höfe wartete der oberste Priester.

»Sei willkommen, mein Junge«, sagte er und seine Stimme hallte von den Wänden wider. »Sei willkommen, Sohn des Amun.«

Alexander warf einen raschen Blick zurück auf seine Freunde, dann war er in der Orakelstätte verschwunden.

■

Nur wenigen Besuchern von Siwa war es gestattet, direkt bis ins Innere des Heiligtums vorzudringen, zumal wenn es völlig verschwitzte Ausländer waren, die gerade aus der Wüste kamen.

Doch Alexander war kein normaler Besucher. Er war Pharao von Ägypten, Erbe des Horus, erwählt von Ra. Und während er den Hof durchquerte, hallten die Worte des Priesters durch seinen Kopf.

Sei willkommen, Sohn des Amun …

Bedeutete das wirklich …

Doch jetzt hatten sie die Orakelstätte erreicht, und Alexander war so erstaunt, dass er fast nach Luft schnappen musste.

Diese Kultstätte war mit der in Delphi nicht im Mindesten zu vergleichen und kam ihm höchst sonderbar vor.

Die Stimme des Ammon war nichts als ein riesiger, mit Juwelen verzierter Stein, der auf einem länglichen Gegenstand ruhte, der aussah wie eine Barke.

Wenn Pilger das Orakel besuchten, hoben achtzig Priester die Barke auf ihre Schultern, während ein Chor von Frauen dazu sang. Der Besucher stellte seine Frage, und die Priester bewegten sich in verschiedene Richtungen – geleitet von Ammon.

Wenn Ammon »Ja« sagte, bewegten sie sich nach vorn. Lautete die Antwort »Nein«, wichen sie zurück. Erforderte die Frage eine kompliziertere Antwort, schrieb der Oberpriester mehrere Antworten auf den Boden, worauf Ammon die Träger zur richtigen Antwort dirigierte.

Alexander hatte seine Religion immer sehr ernst genommen.

Er reiste mit seinem eigenen Wahrsager, war auf göttliche Zeichen und Omen bedacht und achtete stets die lokalen Gottheiten.

Nun trat er vor und flüsterte dem Oberpriester seine erste Frage zu.

■

Alexanders Freunde außerhalb des Heiligtums hörten nur leise Gesänge und schlurfende Schritte. Als ihnen schließlich der vertraute Gefährte entgegenkam, bombardierten sie ihn mit Fragen.

»Was ist geschehen?« – »Welche Fragen hast du gestellt?« – »Was hat das Orakel geantwortet?«

Doch Alexander schüttelte nur den Kopf. Das Rätsel des Orakels dürfe niemals enthüllt werden, erklärte er. Darum könne er ihnen nichts verraten.

Doch natürlich entging ihnen nicht, dass seine Augen strahlten, als wären sie von innen erleuchtet.

Wenige Tage später nahmen sie Abschied von Siwa. Diesmal ritten sie in der Wüste genau in östliche Richtung und erblickten achtzehn Tage später die weißen Tempel von Memphis.

Hier brachte Alexander dem Zeus ein großzügiges Opfer dar und dankte ihm für seine Führung. Seine Männer stolzierten mit ihren schimmernden Rüstungen durch die Stadt und abends gab es Spiele und Konzerte.

Da Alexanders Freunde dem Drang nicht widerstehen konnten, mit ihrem Besuch beim Orakel des Ammon zu prahlen, machten unter den Soldaten bald die wildesten Gerüchte über den König die Runde.

Es hieß, Alexander habe das Orakel gefragt, ob er wirklich zum Herrscher der Welt ausersehen sei.

Einem anderen Gerücht zufolge habe Alexander wissen wollen, ob er genug getan habe, um die Mörder seines Vaters zu bestrafen. Der obere Priester habe das verneint, weil eine angemessene Strafe unmöglich sei. Alexander habe die Mörder von Philipp bestraft. Doch sein *wahrer* Vater brauche nicht gerächt werden, weil niemand *Zeus* töten könne.

Als die Soldaten dies hörten, machten sie große Augen.

Konnte das wirklich wahr sein? Alexander … der Sohn des Zeus?

Dann wäre es natürlich kein Wunder, dass Alexander nie eine Schlacht verloren hatte. Als Sohn des Zeus war er unbesiegbar, bis er einst bereit sein würde, seinem Vater auf dem Olymp Gesellschaft zu leisten.

Aber entsprach dies wirklich der Wahrheit?

Niemand wusste es – weder Perdikkas noch Kleitos, weder Ptolemaios noch Hephaistion. Nur Alexander kannte die ganze Wahrheit, sprach jedoch mit niemandem darüber.

Seit er aus Siwa zurückkehrt war, fühlte er sich wie neu geboren. Als wäre er zu einer endgültigen Überzeugung gelangt. Als hätte er dort die Bestätigung für etwas erhalten, das er sich bisher nur erhofft hatte.

Er hatte sich schon immer als Nachfahren legendärer Krieger

wie Achilles und Herakles betrachtet. Doch jetzt hatte er eine Gewissheit, die weit darüber hinausging.

Der Regen. Die Raben. Die Worte seiner Mutter bei seinem Abschied von Pella. Die Begrüßung des Oberpriesters in Siwa. Und vor allem das Urteil des Orakels.

Dies alles zählte er zusammen.

Monate später ließ er in Ägypten neue Silbermünzen herstellen. Sie zeigten Alexander mit seinen dichten Locken, den Kopf leicht zurückgelegt, aus dem die Hörner eines Widders wuchsen. Es waren die Hörner Ammons – das Zeichen seiner Göttlichkeit.

Doch als die ersten dieser Münzen auf dem Markt von Memphis den Besitzer wechselten, war Alexander schon unterwegs in Richtung Norden. Er hatte noch einen Job zu erledigen.

Hunderte Kilometer entfernt wartete Dareios auf ihn. Und beide wussten, dass ihr entscheidender Zweikampf bevorstand.

9

Blutmond

In Ägypten hielt der Frühling Einzug. Die Feuchtgebiete entlang des Nils waren mit blutroten Lotusblüten übersät.

An den Ufern des großen Flusses hörte man stampfende Schritte und rumpelnde Wagen. Die Soldaten Makedoniens zogen gen Norden, der schicksalhaften Begegnung entgegen.

Brücken waren errichtet, Straßen ausgebessert, Vorräte verladen und Waffen geschärft worden. Allen war klar, dass die nächste Konfrontation mit dem persischen König über die Zukunft ganz Asiens entscheiden würde.

Alexanders Armee durchquerte die Wüste Sinai, ehe sie die Küste entlang Richtung Tyros marschierte. Dort ruhten sie ein wenig aus, opferten Herakles und vergnügten sich mit Spielen und Musikwettbewerben.

Alexander wartete unablässig auf Nachrichten aus dem Osten. Hephaistion vertraute er an, dass sie in Tyros bleiben und sich erholen würden, bis Dareios zum Kampf bereit sei.

Warum? Alexander wollte eine längere Auseinandersetzung unter allen Umständen vermeiden. Er hatte vielmehr im Sinn, sich mit einer einzigen Schlacht zum Herrscher über ganz Asien zu machen.

Dann erschien ein Bote mit einer endgültigen Mitteilung des persischen Königs.

Falls Alexander ihm seine Mutter und die übrigen Gefangenen aushändigte, würde er ihm dreißigtausend Talente zahlen, was nahezu einer Milliarde Euro entsprach. Und erneut bot er Alexander seine Tochter zur Frau an.

Darüber hinaus würde ihm Dareios sämtliche Gebiete westlich des Euphrat überlassen, also die heutige Türkei, Syrien, Libanon, Israel, Palästina, Jordanien und Ägypten.

Als Parmenion diese Worte des Boten hörte, warf er Alexander einen fragenden Blick zu. Dieses Angebot musste er einfach annehmen.

Doch Alexander schüttelte den Kopf. Er sei kein gewöhnlicher Sterblicher; warum solle er sich also mit Gebieten zufriedengeben, die er längst erobert hatte. Er war Alexander, Sohn des Zeus-Ammon.

Die Erde habe nur eine Sonne, also solle ihre Bevölkerung auch nur unter einem einzigen König leben.

Der Bote solle Dareios also Folgendes mitteilen: Wenn er weiterhin in Frieden leben wolle, dann müsse er Alexander als König anerkennen. Falls er jedoch selbst die Vorherrschaft anstrebe, solle er ihm von Angesicht zu Angesicht gegenübertreten und eine Schlacht durch den Willen der Götter entscheiden lassen.

■

Dareios war nicht überrascht, als er Alexanders Antwort erhielt. Im ganzen Reich trommelte er seine Truppen zusammen, und seit Wochen strömten die Männer bereits vor den Stadtmauern von Babylon zusammen.

Diesmal wollte Dareios nichts dem Zufall überlassen. Er würde die größte Armee zusammenziehen, die die Welt je gesehen hatte, einschließlich Zehntausender Reiter aus den wilden Gebieten des Ostens, aus Baktrien und Sogdien.[13]

Die baktrische Kavallerie preschte durch die Tore von Babylon: dunkeläugige, schwarzhaarige Männer mit erbarmungslosen Blicken und scharfen Krummsäbeln. Ihr Satrap war Dareios' entfernter Cousin Bessos.

Die beiden Männer waren nie Freunde gewesen. Bessos regierte das entlegene Land im Osten wie ein eigenes kleines Königreich. Er war ebenso stolz wie grausam, und hinter vorgehaltener Hand raunten die Leute sich zu, dass er es auf Dareios' Thron abgesehen habe.

Doch Dareios blieb in dieser Situation keine andere Wahl. Nachdem er in Issos so viele Soldaten verloren hatte, brauchte er die baktrische Kavallerie, also auch Bessos.

Als alles bereit war, erschallten die Trompeten, und ein weiteres Mal setzte sich die Armee des Großkönigs in Bewegung. Doch diesmal war der Einsatz höher als je zuvor.

---

13 Diese Gebiete entsprechen im Großen und Ganzen den heutigen Ländern Afghanistan und Usbekistan.

Dareios wusste, dass es nur zwei Möglichkeiten gab. Entweder er würde als Triumphator nach Babylon zurückkehren oder er würde gar nicht zurückkehren.

■

Es war Mitte Juli des Jahres 331 v. Chr. Als das erste Sonnenlicht das Meer bei Tyros aufglitzern ließ, erteilte Alexander den Marschbefehl.

Während sie Kurs auf das heutige Syrien hielten, schickte er Hephaistion mit seinen Männern voraus, um die Überquerung des Euphrat vorzubereiten. Doch als sie den Fluss erreichten, erblickten sie am anderen Ufer bereits ein persisches Feldlager.

Und zum ersten Mal schienen die Perser von ruhigem Selbstvertrauen erfüllt zu sein. Während Hephaistions Ingenieure mithilfe von Booten und Flößen behelfsmäßige Brücken errichteten, machten sie keine Anstalten, um dies zu verhindern.

Als Alexander mit dem Rest seiner Armee den Fluss erreichte, waren die Perser verschwunden. Doch als die Makedonier begannen, den Fluss zu überqueren, sahen sie am Horizont schwarze Rauchwolken aufsteigen.

Die Perser steckten alle Felder in Brand, die sich südöstlich des Euphrat befanden, und hinterließen nichts als eine schwelende, verkohlte Einöde. Falls sich die Perser weiter in den Süden zurückzogen, würde es für die Makedonier unmöglich sein, genug Nahrung für den Vormarsch zu finden. Schon bald würden ihre Vorräte zur Neige gehen und sie hungern müssen.

Ihnen blieb also nur eine Möglichkeit: Sie mussten die Straße nehmen, die gen Norden in Richtung des armenischen Vorgebirges führte. Dort mussten sie nach rechts abbiegen und den Tigris überqueren. Und irgendwo auf dieser Strecke würde der persische König auf sie warten.

Es war eine Falle, ohne Zweifel. Doch wenn Alexander seinen Showdown haben wollte, dann gab es jetzt kein Zurück mehr.

So wandten sich die Makedonier, nachdem sie den Euphrat überquert hatten, gen Norden. Tagelang marschierten sie bei flirrender Hitze, doch von Dareios fehlte jede Spur. Keine Kavallerie am Horizont, kein Trommeln in der Ferne, nichts dergleichen.

Die Anspannung wuchs von Tag zu Tag. Durch verlassene Felder stapfend blickten die Makedonier wachsam in alle Richtungen. Nichts.

Dann nahmen Alexanders Späher ein paar persische Reiter gefangen, die behaupteten, Dareios habe in der Nähe des Tigris eine riesige Armee zusammengezogen.

Die Makedonier erhöhten ihre Geschwindigkeit und schickten erneut ihre Späher voraus, doch als diese vom Tigris zurückkehrten, erklärten sie, dort niemanden gesehen zu haben.

Alexander war zunehmend frustriert. Er wusste, dass Dareios ihn an der Nase herumführte und immer tiefer in sein Reich hineinlockte, um ihm dann den tödlichen Schlag zu versetzen.

Doch zur Umkehr war es inzwischen zu spät. Nun gut, dann würden sie eben den Tigris überqueren.

Was einfacher gesagt als getan war. Obwohl die Makedonier

eine relativ seichte Stelle gefunden hatten, reichte ihnen das schnell fließende Wasser bis zu den Hüften und drohte sie davonzureißen.

Alexander musste schnell handeln. Er ließ die Pferde eine Barriere bilden und wies seine Männer an, sich gegenseitig einzuhaken, um eine menschliche Kette zu bilden. Langsam und vorsichtig brachten sie auf diese Weise alles über den Fluss: Männer, Waffen, Vorräte, Belagerungsmaschinen …

Als sie das andere Ufer erreichten, waren die Makedonier klatschnass und völlig erschöpft. Den gesamten nächsten Tag ließ Alexander sie ausruhen.

Doch in der darauffolgenden Nacht geschah etwas, das sie zutiefst verunsicherte.

Es war Vollmond, doch während die Makedonier ihn betrachteten, wurde er immer trüber und dunkler. Ein tiefroter Fleck breitete sich in seiner Mitte aus – wie eine Blutlache, die immer größer wurde.

Alexander hörte, wie seine Leute nach Luft schnappten und sich eine ängstliche Unruhe breitmachte. Wie er selbst waren auch seine Soldaten zutiefst abergläubisch. Jede seltsame Erscheinung deuteten sie als Omen und sie fürchteten den Zorn der Götter.

Jetzt waren ihre Stimmen schrill vor Panik. Die Götter hatten sich wegen ihrer Gier und ihrer Unmäßigkeit gegen sie gewandt. Deshalb hatten sie die Felder verbrannt, die Flüsse anschwellen lassen und den Mond verdunkelt.

Der blutige Fleck war eine Warnung. Die Makedonier würden bitter dafür bezahlen, einem Mann zu folgen, der sich anmaßte, sich als Sohn des Zeus zu betrachten.

Glücklicherweise hatte Alexander ein paar Hellseher aus Ägypten in seinem Gefolge. Weise Männer, die in der Lage waren, den Mond und die Sterne zu deuten. Alexander rief sie sofort in sein Zelt.

Kurz darauf bat er auch seine Generäle hinzu. Als sie das Zelt betraten, sahen sie, dass sich die Hellseher mit ernsten Gesichtern um Alexander geschart hatten.

Sie hatten ihr Urteil gesprochen: Es handele sich um ein großartiges Omen. Am Himmel trügen Sonne und Mond einen Zweikampf aus. Die Sonne stehe für Griechenland, der Mond für Persien. Die Verdunkelung des Mondes kündige die persische Niederlage an und der tiefrote Fleck sei persisches Blut.

Alexander solle seinen Männern sagen, dass sie nichts zu befürchten hätten. Alles würde sich zum Guten wenden und die Götter würden ihnen den Sieg schenken.

Die makedonischen Generäle stießen einen Jubelschrei aus. Lachend vor Erleichterung klopfte Alexander ihnen auf den Rücken und schüttelte ihre Hände.

Die Astrologen hatten ihm genau das vorhergesagt, was er hören wollte.

■

Am Tag nach der Mondverdunklung setzte Alexander seine

Truppen wieder in Bewegung. Nun war es an der Zeit, die Prophezeiung des Blutmonds zu erfüllen.

Drei Tage lang marschierten sie auf der persischen Königsstraße nach Osten. Es war Ende September und das Weideland mit rotem Klatschmohn übersät.

In der Morgendämmerung des vierten Tages näherten sich die Späher, umgeben von einer Staubwolke. Auf der nächsten Ebene hatten sie Tausende Reiter erblickt.

Alexander ließ sein Heer anhalten. In aller Eile wurde eine Palisadenumzäunung errichtet, und so blieben sie für weitere vier Tage an diesem Ort, beteten zu ihren Göttern, schliffen ihre Schwerter und bereiteten sich mental auf den Kampf vor.

Die Luft war wie elektrisiert. Alexanders Offiziere sprachen ihren Soldaten Mut zu, weil sie deren wachsende Furcht spürten.

Im Laufe des 29. September nahmen die Makedonier ihre Schlachtformation ein. An ihrer Spitze ritt Alexander, dessen Brustpanzer im roten Abendlicht aufflammte.

Ein paar Kilometer weiter östlich erklommen sie einen Bergrücken. Alexander ließ seinen Blick über die weite Ebene von Gaugamela[14] schweifen. Und zum ersten Mal wurde ihm die wirkliche Größe der persischen Armee bewusst.

Er blickte auf Zehntausende Männer hinab, die aus jedem Winkel des Persischen Reichs rekrutiert worden waren, darun-

14 Historiker haben lange darüber diskutiert, wo Gaugamela genau lag. In jedem Fall muss es irgendwo zwischen Mossul und Kirkuk im heutigen Irak gewesen sein.

ter Reiter aus Baktrien, berittene Bogenschützen aus Skythien, Bergbewohner aus Indien, ferner Sogdier, Arachoten, Arianer, Parther, Hycranier, Tapurianer, Meder, Uxianer, Armenier und Babylonier …

Alexander war sofort klar, dass es die größte und prächtigste Armee war, mit der er es je zu tun bekommen hatte. Die gegnerische Streitmacht war mindestens doppelt so groß wie seine eigene.[15]

Und als er beobachtete, wie die Reiter die feindlichen Linien entlangritten und die Streitwagen im Abendlicht aufblitzten, verschlug es auch ihm für einen Moment die Sprache. Selbst er hatte noch nie ein so gigantisches Heer gesehen.

Mit heiserer Stimme rief er ein weiteres Mal seine Generäle zusammen, und dieses eine Mal schien er ein wenig unschlüssig zu sein. Was sollte er tun? Sofort angreifen, wie er es geplant hatte, oder erst einmal abwarten?

Und wieder war es Parmenion, der für Vorsicht plädierte. Lasst uns abwarten, hier oben ein Lager aufschlagen und Späher nach unten schicken, um die Lage zu sondieren. Wir müssen sichergehen, dass sie uns keine Fallen gestellt haben, und dürfen nur angreifen, wenn der Sieg gewiss ist.«

---

15 Wir wissen nicht genau, wie groß die persische Armee wirklich war. Griechische Historiker waren der Ansicht, dass Dareios eine Million Soldaten befehligte, doch sind die Zahlen antiker Geschichtsschreiber meist übertrieben. Heute geht man davon aus, dass etwa 100.000 Perser ungefähr 50.000 Makedoniern gegenübergestanden haben, was zum damaligen Zeitpunkt eine gewaltige Truppenstärke war.

Alexander nickte bedächtig. Diesmal hatte Parmenion recht. Es war keine Schmach, Vorsicht walten zu lassen.

■

Am nächsten Morgen ritt Alexander selbst ins Tal, um das Schlachtfeld zu inspizieren. Er sah, dass die Perser den Untergrund eingeebnet hatten, damit ihre Streitwagen besser durchkamen. Außerdem hatten sie Holzpflöcke in den Boden gerammt, um die makedonische Kavallerie aufzuhalten.

Der Sieg würde ihnen keinesfalls in den Schoß fallen, doch zumindest wusste er jetzt, was Dareios im Schilde führte.

Auf der anderen Seite des Schlachtfelds lächelte der Großkönig zufrieden. Für ihn lief bisher alles nach Plan.

Der makedonische Grünschnabel hatte den Euphrat überquert, wie Dareios es vorausgesehen hatte. Und natürlich hatte Dareios auch geahnt, dass Alexander die Nordroute nehmen und direkt aufs Schlachtfeld zumarschieren würde.

Diesmal konnten die Makedonier keinen Überraschungsangriff starten. Die persischen Pferde waren gesattelt, die Schwerter der Soldaten geschliffen. Die Wächter waren auf dem Posten und die Lagerfeuer waren mit ausreichend Holz versorgt, sodass sie die ganze Nacht brennen würden.

Als Dareios mit seinen Generälen und Gefolgsleuten noch einmal das Lager abschritt, wirkte er Furcht einflößender, imposanter und selbstbewusster als je zuvor. Er erhob seine Stimme und hielt eine Ansprache an seine Soldaten. Er sagte den Männern, in ihrer Brust lodere ein heiliges Feuer, in dessen weißen Flammen der Feind zu Asche werden würde. Durch seine Ungeduld sei ihm der junge König in die Falle gegangen und in wenigen Stunden solle er den Preis dafür bezahlen.

■

Über dem makedonischen Feldlager verging das Licht. Alexander kniete vor seinem Zelt.

Nie war er so besorgt gewesen wie jetzt. Seine Gedanken gingen wirr durcheinander und er spürte ein Ziehen im Bauch.

Zum ersten Mal in seinem Leben wandte er sich an Phobos, den griechischen Gott der Furcht. *Bitte nimm die Last von meinen Truppen und erfülle die Perser mit Angst*, betete er.

Er betete auch zu seinem Vater Zeus und zu Athene, deren Schild ihm Stärke verlieh. Schließlich stand er auf und rief seine Generäle zusammen.

Morgen, sagte er mit ernster Stimme, werde sich die Zukunft von ganz Asien entscheiden. Sie sollten ihr Bestes geben, seinen Befehlen gehorchen und jederzeit schnell und entschlossen handeln. Mochten die Begleitumstände auch schwierig sein, so habe er dennoch keinen Zweifel, dass die Götter ihnen den Sieg schenken würden.

Als die Besprechung vorbei war, bat Parmenion seinen König um ein Wort unter vier Augen. Er habe nachgedacht, erklärte er Alexander. Warum nicht gleich heute Nacht angreifen? In der Dunkelheit würde sich die persische Überzahl nicht so bemerkbar machen und sie selbst konnten den Überraschungseffekt nutzen.

Alexander schüttelte den Kopf. Nein. Er würde den größten Kampf seines Lebens doch nicht wie ein Dieb im Dunkeln führen. »Ein Alexander stiehlt seine Siege nicht«, fügte er hinzu.

Die Nacht brach herein. Die Flammen der Lagerfeuer schlugen hoch. Die Gespräche erstarben und wurden zu einem Murmeln. Manche beteten, andere schliefen bereits. Wieder andere verloren sich in Gedanken.

Im Königszelt lag Alexander wach und starrte ins Dunkel. Sein ganzes Leben hatte ihn genau zu diesem Punkt geführt.

Seine Gedanken rasten, Bilder jagten durch seinen Kopf. Der Palast in Pella. Aristoteles in den Wäldern von Mieza. Seine Spaziergänge mit Hephaistion. Der Tag, an dem er Bukephalos gezähmt hatte. Der vergehende Atem seines Vaters Philipp vor der Arena. Die letzten Worte seiner Mutter. Der Schild der Athene, der Gordische Knoten, die ägyptischen Pyramiden, die Stimme des Ammon …

Langsam verblassten die Bilder. Und als das erste Morgenlicht über den Bergen aufschimmerte, schlief er ein.

10

Die Ebene von Gaugamela

Vor Alexanders Zelt warteten seine Befehlshaber angespannt auf letzte Anweisungen. Aus dem feindlichen Lager waren das Klirren des Zaumzeugs, gebellte Befehle und das Klirren der Schwerter, die an Schleifsteinen geschärft wurden, zu hören. Die Perser trafen ihre letzten Vorbereitungen.

Als die Ebene in ein rötliches Morgenlicht getaucht wurde, drang aus Alexanders Zelt weder ein Laut noch war irgendeine Bewegung darin zu spüren. Die makedonischen Offiziere sahen sich ungläubig an. Wie konnte er nur an einem solchen Tag verschlafen haben?

Minuten vergingen. Sie warteten immer noch. Die Soldaten waren alle auf den Beinen und es wurde bereits warm. Doch nur Alexander konnte den Befehl geben, sich auf die Schlacht vorzubereiten.

Schließlich nickte Parmenion den jüngeren Offizieren zu. Sie sollten ihren Männern das Frühstück austeilen. Er würde die Entscheidung dem König gegenüber verantworten.

Die Zeit schritt fort. Das Frühstück war vorbei. Die Späher

berichteten von großer Aktivität im persischen Lager. Alexander regte sich nach wie vor nicht.

Einige fingen an zu murren. Normalerweise war der König als Erster auf den Beinen. Hatte er den Mumm verloren? Fürchtete er den Kampf?

Wieder war es Parmenion, der eine Entscheidung traf. Sie konnten nicht länger warten und mussten sich unverzüglich auf die Schlacht vorbereiten. Er würde den König wecken.

Er drückte sich an den Leibwächtern vorbei, betrat das Zelt und rief Alexanders Namen, erst leise, dann ein wenig lauter. Schließlich schüttelte er ihn an den Schultern, worauf Alexander zwinkernd die Augen öffnete.

»Es ist heller Tag«, sagte Parmenion. »Der Feind hat sich schon zur Schlacht formiert, doch unsere Männer haben noch nicht mal ihre Rüstungen angelegt. Sie warten auf deinen Befehl.«

Er sah Alexander erstaunt an. »Was ist los mit dir? Wie kannst du nur schlafen, als hätten wir schon gewonnen?«

Alexander lächelte. »Das sollte dich nicht überraschen«, entgegnete er. »Als Dareios seine Felder verbrannte und unsere Nahrungsmittel zerstörte, da hab ich mir Sorgen gemacht. Doch jetzt, da er zum Kampf bereit ist, was sollte ich da fürchten?«

Er streckte sich, stand auf und klopfte Parmenion auf die Schulter. »Die Jagd ist vorbei«, erklärte er fröhlich. »Genauso habe ich es gewollt. Meine Gebete sind erhört worden.«

Er grinste. »Sag den Trompetern, sie sollen zur Schlacht blasen.«

▪

Auf der gegenüberliegenden Seite der Ebene hatte Dareios eine schlaflose Nacht verbracht. Doch als er seine goldene Rüstung anlegte und auf seinen Triumphwagen stieg, war der große König von stolzer Kampfeslust erfüllt. Kein persischer König zuvor, nicht einmal der Reichsgründer Kyros der Große, hatte eine solch mächtige Armee in den Krieg geführt.

Er war umgeben von seinen Angehörigen, seinen Leibwächtern und Söldnern. Zu seiner Rechten standen die Truppen aus Syrien, Babylonien und die Soldaten von den Küsten des Kaspischen Meeres. Zu seiner Linken hatten Tausende und Abertausende Reiter aus den wilden Gebieten des Ostens Aufstellung genommen, die unerschrockenen und erbarmungslosen Baktrer und Sogdier.

Weiter hinten hatte die mit Speeren und Schilden bewaffnete persische Infanterie ihre Reihen geschlossen. Vorne reihten sich zweihundert Streitwagen aneinander, flankiert von schwerer Kavallerie und fünfzehn indischen Elefanten.

An alles war gedacht worden. Diesmal trugen Dareios' Männer lange Lanzen, um den makedonischen Speeren etwas entgegenzusetzen. Sogar die Flanken der Pferde waren mit Eisenplatten geschützt.

Die Streitwagen waren mit eisernen Lanzen und hervorstehenden Schwertern bestückt, ihre Räder waren mit messerscharfen Sicheln ausgestattet, um die Fußgelenke und die Sehnen der Makedonier zu verletzen.

Als Dareios die feindliche Armee herannahen sah, kräuselte er verächtlich die Lippen. Was für ein lächerliches Gesindel diese Makedonier doch waren. Gegen die persischen Streitwagen würden sie nicht die geringste Chance haben!

Auf seinem gewaltigen, prächtigen Streitwagen überragte er alle anderen Krieger im Umkreis. Er streckte seine Arme dem Himmel entgegen und rief: »Heute wird sich die Zukunft unseres Reiches entscheiden – die Zukunft des größten Königreichs, das die Welt je gesehen hat. Darum bitte ich Euch, Ihr Götter unseres Landes, ich bitte Euch beim ewigen Feuer, das uns auf den Altären voranschreitet, bei der leuchtenden Sonne über unserem mächtigen Königreich, bei der unsterblichen Erinnerung an Kyros, unseren großen Vorfahren – schenkt uns den Sieg! Bringt uns Ehre! Bewahrt Persien und seine Bewohner vor dem Abgrund der Schande!«

Ein Furcht einflößender Schrei aus Tausenden von Kehlen schallte über die Ebene von Gaugamela. Dareios nahm seinen Helm und setzte seine Truppen in Bewegung.

■

Auf der anderen Seite des Schlachtfelds war Alexander fast bereit.

In seinem Zelt legten seine Diener letzte Hand an seine schimmernde Rüstung. Er trug ein eng anliegendes Hemd aus feinstem sizilianischem Leinen, darüber einen Brustschutz aus einem dickeren Stoff, der ihm bei Issos in die Hände gefallen war.

Sein Brustpanzer bestand aus poliertem Stahl, der mit funkelnden Edelsteinen gesäumt war. Den prächtigen gewebten Umhang hatten ihm die Einwohner von Rhodos geschenkt.

Ein Diener reichte ihm sein Schwert, ein Geschenk des Königs von Zypern. In seiner Hand fühlte es sich fast federleicht an.

Alexander trat ins helle Morgenlicht. Die Sonne stand bereits hoch am Himmel. Es würde ein heißer Tag werden.

Er strich sich die Haare zurück und setzte seinen Helm auf. Der Schmied Theophilos hatte ihn so sorgfältig gefertigt, »dass er glänzte wie poliertes Silber«, wie ein Chronist vermerkte.

Ein Knecht führte sein Pferd heran, doch nicht Bukephalos. Den sparte sich Alexander für die eigentliche Schlacht auf.

Mit hocherhobenem Kopf und ruhigem Blick ritt er an der ersten Linie seiner Soldaten entlang. In ihrem Jubel löste sich die Anspannung ein wenig.

Wie üblich würde Alexander die rechte Flanke des makedonischen Heeres befehligen, das vor allem aus schwerer Kavallerie bestand. Sein alter Freund Kleitos leitete die royale Eliteeinheit, während Parmenions Sohn Philotas die übrigen acht Einheiten befehligte.

Auf die Kavallerie folgten die Schildträger. Dahinter, im Zentrum der Gefechtsanordnung, die makedonischen Fußsoldaten unter ihrem schroffen General Cratus. Die linke Flanke wurde von Reitern und Bogenschützen der griechischen Verbündeten dominiert, die unter dem Befehl Parmenions standen.

Alexander ergriff die Zügel. Stille breitete sich aus.

Sie hätten nichts zu befürchten, rief er seinen Männern zu. Zweimal hätten sie die Perser bereits besiegt; sie müssten dies nur noch ein weiteres Mal tun.

Es war fast Mittag und die Sonne stand im Zenit.

Jetzt führte ein Knecht Bukephalos heran. Alexander schwang sich auf den Sattel und streichelte die Mähne seines geliebten Pferdes.

Er hob seine rechte Hand und rief: »Ich bin der Sohn des Zeus, Beherrscher der olympischen Götter. Und jetzt, da ich ihn am meisten brauche, wird mich mein allmächtiger Vater zum Sieg führen.«

Ein lauter Jubelschrei lief durch die Reihen. Und plötzlich zeigten immer mehr Soldaten in den Himmel.

Hoch über ihnen am leuchtend blauen Himmel zog ein Adler seine Kreise, Symbol des makedonischen Herrschers – geschickt als Antwort des Zeus an seinen irdischen Sohn.

Lächelnd sah Alexander zu ihm auf, bezaubert wie ein kleiner Junge. Dann ließ er die Fanfare blasen.

■

Feiner Staub trieb über die Ebene. Nach einem langen Sommer war die Erde hart und ausgetrocknet. Die Mittagssonne brannte herunter.

Als die makedonischen Pferde vorwärtspreschten, verspürte Alexander eine vertraute Aufregung, eine eigentümliche

Mischung aus Furcht und Freude. Und als er die Reihe seiner Freunde entlangblickte, empfand er noch etwas anderes: Liebe und Stolz.

Seit gut zwanzig Jahren hatte er von unsterblichem Ruhm geträumt, und jetzt sollte sich sein Schicksal entscheiden. Für diesen Moment hatte er gelebt, für die Gelegenheit, sich in die Geschichtsbücher einzutragen …

Bukephalos galoppierte über die staubige Ebene. Die persische Frontlinie kam immer näher. Das Geschrei der Feinde drang an Alexanders Ohr und im nächsten Moment sah er den Hass in ihren Gesichtern.

Seine Freunde brüllten ihre Schlachtgesänge. Doch er wusste, dass er einen kühlen Kopf bewahren musste, jetzt keinen strategischen Fehler machen durfte.

Plötzlich schrie er den Reitern einen Befehl zu und preschte nach rechts. Speere und Pfeile flogen ihnen entgegen, doch Alexander ließ sich nicht beirren und entfernte sich weiter vom Zentrum der persischen Schlachtreihen.

Und wie erwartet folgte der Feind ihren Bewegungen. Die baktrischen Reiter ließen sich von ihm auf die Seite locken, wodurch die gesamte persische Anordnung auseinandergezogen wurde. Zwischen den Baktrern und dem Zentrum der persischen Streitmacht entstand somit eine kleine Lücke, wie Alexander es geplant hatte.

Aus dem Augenwinkel heraus sah Alexander eine neue Bewegung in der Mitte der persischen Schlachtordnung. Dareios trieb seine Streitwagen nach vorne und ließ sie der makedonischen Phalanx entgegenrasen.

Selbst für erfahrene Soldaten waren die persischen Streitwagen mit ihren messerscharfen Sicheln an den Rädern der reine Horror. Doch Alexander hatte seine Männer so gut wie möglich auf diesen Moment vorbereitet und nun folgten sie seinen Anweisungen in jedem Detail.

Als die persischen Streitwagen schon ziemlich nahe waren, ging ein Regen makedonischer Speere auf sie herab. Einer nach dem anderen traf die Wagenlenker und ließ diese von ihren Fahrzeugen stürzen.

Die übrigen Streitwagen jagten weiter. Im letzten Moment teilte sich die makedonische Infanterie in zwei Hälften, wobei jede Hälfte ihre Schilde miteinander verband und ihre Speere senkte.

Die persischen Sichelwagen brausten in die breite Lücke hinein, die sich aufgetan hatte, und konnten beim Feind keinen Schaden anrichten. Die Makedonier schlossen daraufhin die Lücke wieder und richteten ihre Speere auf die persischen Wagenlenker, die in eine tödliche Falle geraten waren.

Die Sichelwagen stellten keine Gefahr mehr da. Blieb nur noch Dareios …

■

Über dem Schlachtfeld hing eine riesige Staubwolke, die den Soldaten die Luft zum Atmen nahm und in ihren Augen brannte.

Alexander hatte sein Pferd herumgerissen, ritt jetzt nicht mehr nach rechts, sondern stieß mit einem Teil seiner Kavallerie in die Lücke, die mitten in der Frontlinie der Perser entstanden war.

»Alalalalalai! Alalalalalai!«

Durch den Dunst erspähte Alexander die groß gewachsene, stolze Gestalt des persischen Königs auf seinem Wagen. Er gab Bukephalos die Sporen und rief seinen Männern zu, ihm zu folgen.

Alles war jetzt ein einziges Chaos. Schreie gellten durch das Getümmel, Soldaten stolperten über ihre toten Kameraden, brüllten ihre Angst und Panik heraus.

Dareios auf seinem prächtigen Streitwagen beschwor seine Männer, nicht nachzulassen, und zog seinen Krummsäbel.

Die ersten makedonischen Reiter preschten mitten in die feindlichen Reihen hinein. Die Perser waren geschockt, und allmählich, Meter für Meter, wurde ihre Verteidigung löchriger.

Die Luft war von Stöhnen und Schreien erfüllt. Die unerfahrensten der persischen Soldaten ließen ihre Waffen fallen und nahmen Reißaus.

Mit aller Kraft schleuderte Alexander seinen Speer auf den Rivalen. Die Spitze verfehlte Dareios' Schulter um Haaresbreite und bohrte sich in die Brust eines anderen Wagenlenkers.

Inmitten des Chaos rief jemand, der persische König sei gefallen, woraufhin immer mehr Perser die Flucht ergriffen.

Alexander bahnte sich mit dem Schwert seinen Weg. Ein

Perser sank neben ihm zu Boden, dann ein zweiter. Durch den Dunst sah er Dareios seinen Krummsäbel schwingen.

Immer mehr persische Soldaten suchten das Weite, während Dareios' Durchhalteparolen immer schriller und verzweifelter klangen. Tausende Perser flohen inzwischen vom Schlachtfeld, auf dem nun ein Massaker stattfand.

Alexander war Dareios wieder so nah wie schon bei Issos. Diesmal blieb der Perserkönig an seinem Platz, während seine Männer um ihr Leben liefen.

In seinem prächtigen Streitwagen schien Dareios zu Stein erstarrt. All seine Hoffnungen waren zerstoben.

Er war so siegesgewiss gewesen. Hatte Alexander eine Falle gestellt. Hatte das Schlachtfeld ausgewählt. Und jetzt ließen ihn seine Soldaten schmählich im Stich, flohen vor den Schwertern der Makedonier.

Für einen Moment trafen sich die Blicke der beiden Könige und Alexander sah nichts in Dareios' Augen als eine völlige Leere.

Dann riss dieser seinen Streitwagen herum und ergriff ebenfalls die Flucht.

▪

Gaugamela sollte zum Wendepunkt der Weltgeschichte werden. Innerhalb weniger Stunden hatte Alexander auf unbekanntem Terrain eine Armee vernichtet, die weitaus größer war als seine eigene. Die Macht des größten Reichs auf Erden war gebrochen.

Nach all den Strapazen, Entbehrungen und Zweifeln hatte er sein Ziel erreicht. In einer einzigen Schlacht hatte er alles riskiert – und gewonnen.

Viele Details dieses historischen Kampfes sind heute Spekulation, doch haben vermutlich Zehntausende persischer Soldaten auf dem Schlachtfeld von Gaugamela ihr Leben gelassen, während die meisten sich fliehend in Sicherheit bringen konnten.

Die Verluste auf makedonischer Seite waren erstaunlich gering. Manche von Alexanders Gefährten wie sein alter Freund Perdikkas wurden verwundet. Hephaistion war von einem Speer im Arm getroffen wurden.

Doch unter Alexanders Soldaten hatten nur wenige Hundert ihr Leben verloren – ein bemerkenswerter Erfolg, welcher der perfekten Taktik Alexanders zu verdanken war.

Auch die Makedonier selbst konnten ihr Glück kaum fassen – vor allem, wenn sie bedachten, dass sie zahlenmäßig bei Weitem unterlegen gewesen waren.

Manche Historiker hielten später den makedonischen Angriff auf das Zentrum der persischen Armee für den entscheidenden Moment.

Andere argumentierten, nicht Alexander habe die Schlacht gewonnen, sondern Dareios habe sie verloren, weil seine Soldaten die Nerven verloren und ihren König im Stich gelassen hatten.

Für den geschlagenen Dareios spielten die Gründe eine untergeordnete Rolle. Alles, was zählte, war seine vernichtende Niederlage, die unumkehrbar war. Und obwohl er selbst einmal mehr überlebt hatte, wusste er, dass er am Ende war.

Stundenlang jagte ihm Alexander auf dem Schlachtfeld hinterher, doch Dareios war verschwunden.

Für eine Weile, formulierte ein antiker Geschichtsschreiber, »irrten die Makedonier wie Blinde über das Schlachtfeld und kamen nur zusammen, wenn sie eine vertraute Stimme oder ein Signal hörten. Manchmal drang das Knallen von Zügeln eines Wagenlenkers an ihre Ohren – die einzige Spur des fliehenden Königs.«

Doch niemand erhaschte auch nur einen kurzen Blick auf Dareios, und so gab auch Alexander schließlich die Verfolgung auf.

Am nächsten Morgen, während seine Männer sich ausruhten, ritt er in Richtung Süden zur hundert Kilometer entfernten Stadt Arbela. Dort berichteten die Einheimischen, Dareios gesehen zu haben. Doch welche Richtung er danach eingeschlagen hatte, konnten sie nicht sagen.

Alexander runzelte die Stirn. Falls Dareios sich nach Osten gewandt hatte, durfte er ihn nicht entkommen lassen, sondern musste ihn erreichen, bevor er die Möglichkeit hatte, einen Widerstand zu organisieren.

Aber darum konnte er sich auch später noch kümmern. Dank des Sieges von Gaugamela lagen ihm sämtliche Schätze Persiens und Babyloniens zu Füßen. Er brauchte sie sich nur noch zu nehmen.

Städte und Schlösser, Tempel und Schatzhäuser, Paläste und Gärten: Dies alles gehörte jetzt ihm. Es war an der Zeit, die Früchte seines Sieges zu ernten und auf dem Thron Asiens Platz zu nehmen.

Am nächsten Tag wandte sich Alexander gen Süden und zog den Städten der Flammen entgegen.

TEIL 3

DAS ENDE DER WELT

11

Die Städte der Flammen

Zwei Tage lang marschierten sie in Richtung Süden. Obwohl es Herbst war, hielt die drückende Hitze an.

Die Luft war bleiern und schwer, und mit jedem Atemzug stieg den Makedoniern ein metallischer Geruch in die Nase. In der Ferne erblickten sie eine Rauchfahne.

Am dritten Tag gelangten sie zu einem breiten Spalt in der Erde, als hätte ein wütender Gott dort seine Faust niedersausen lassen. Dicker schwarzer Qualm stieg aus dem Spalt an die Oberfläche.

Als Alexander und Hephaistion näher heranritten, erblickten sie in der Tiefe ein rötlich loderndes Feuer. Kleine ölige Bäche ergossen sich aus den Ritzen, von tanzenden Flammen umgeben.

Die Einheimischen bezeichneten die Flammen in der Tiefe als das Ewige Feuer von Baba Gurgur. Es hieß, dass es seit Anbeginn der Zeiten brannte und niemals erlöschen würde.

Menschen kamen von weit her, um die heiligen Flammen zu ehren. Feuer bedeutete Wahrheit und Reinheit. Feuer war das Licht des Herrn der Weisheit.

Jahrhunderte zuvor hatte der Priester und Philosoph Zarathustra gelehrt, das Leben sei ein Kampf zwischen Gut und Böse, zwischen Licht und Finsternis. Und überall im Persischen Reich gab es Tempel, deren Flamen von den sogenannten *Magis* Tag und Nacht bewacht wurden.

Trotz der vernichtenden persischen Niederlage von Gaugamela glaubten die Magi-Priester immer noch daran, dass Alexander letztlich geschlagen werden würde. Für sie war er ein bösartiger, verfluchter Ketzer, ein Abgesandter der Finsternis.

Doch auch in Alexander brannte ein Feuer, das sich aus Abenteuerlust und Ruhmeswillen speiste. Und bald würde er jeden persischen Priester das Fürchten lehren.

▪

Alexander ließ das Ewige Feuer von Baba Gurgur hinter sich und ritt den Hängenden Gärten von Babylon entgegen, die im heutigen Irak lagen.

Von den Flüssen Euphrat und Tigris bewässert, handelte es sich um eine aufwendige, von Tausenden von Sklaven gepflegte Gartenanlage voller exotischer Pflanzen.

Babylon selbst hatte eine große Vergangenheit. Vor Hunderten von Jahren hatten die Akkader, Sumerer, Babylonier und Assyrer – Namen, die Alexanders Männern wenig sagten – hier ihre Reiche errichtet.

Manchmal erblickten sie antike Monumente oder ramponierte Statuen längst vergessener Könige und fragten sich, wer einst hier geherrscht haben mochte. Welche Schlachten waren hier geschlagen worden? Welche Völker hatten hier ihre Feinde vernichtet?

Drei lange Wochen dauerte der Marsch an. Schließlich erblickte Alexander in der Ferne über einer riesigen Steinmauer, die sich bis zum Horizont erstreckte, eine gewaltige Wolke aus Staub und Rauch.

Die brodelnde Metropole Babylon, die König Dareios vor ein paar Wochen verlassen hatte, war die bevölkerungsreichste Stadt der Welt.

Und wie auch die Ägypter blickten die Babylonier zwar auf eine stolze Geschichte zurück, doch waren sie lange von den Persern unterdrückt worden, und so war Alexander bereits prophezeit worden, dass ihn die dortige Bevölkerung mit offenen Armen empfangen würde.

Als die Makedonier die Stadt erreichten, wurden sie überall angestarrt. Doch waren dies keine Soldaten, sondern die Einwohner von Babylon, die einen Blick auf den jungen Fremden werfen wollten, der die Perser geschlagen hatte.

Die beiden Flügel des monumentalen blauen Ischtar-Tors schwangen auf, und der Statthalter von Babylon ritt ihm entgegen, um seinen neuen Herrn zu begrüßen. Er hatte auch Geschenke mitgebracht: Rinder und Pferde, gezähmte Löwen und fauchende Leoparden in Käfigen. In seinem Gefolge befanden sich Tänzerinnen und Musiker, Weise und Priester.

Als Alexander in die Stadt einzog, waren die Straßen mit

Blumen bestreut. Jubel brandete ihm von allen Seiten entgegen. Silberne Altäre verströmten einen Duft von Weihrauch, süßlich und kräftig zugleich.

Für einen jungen Mann aus Makedonien war dies ein berauschender Moment. Die größte Stadt der Welt lag ihm zu Füßen.

Babylon, schrieb ein Historiker viele Jahre später, war »ein schier überirdischer und magischer Ort. Ein Schmelztiegel ohnegleichen, auf den Straßen tausend verschiedene Zungen, die Luft erfüllt vom Brüllen exotischer Tiere und dem Flügelschlag seltsamer Vögel, Gold und Purpur vom Ende der Welt.«

In den Elendsvierteln der Stadt, in den Häusern, deren hohe Mauern fensterlos waren, um die Hitze fernzuhalten, lebten und schwitzten Tausende und Abertausende Menschen: Diebe und Bettler, Wahrsager und Straßentänzerinnen. Doch Babylon war auch eine prächtige und elegante Stadt mit Palästen und Sternwarten, Heiligtümern und Schatzhäusern.

Die Stadtmauern waren in drei Ringen angeordnet und erstreckten sich über zwanzig Kilometer. In die Mauern eingelassen waren insgesamt acht Stadttore. Die heilige und pyramidengleiche Zikkurat[16] erstreckte sich sieben Stockwerke hoch in den Himmel, ähnlich dem Turm von Babel, von dem in der Bibel erzählt wird.

Doch am atemberaubendsten waren die Terrassen der so-

---

16 Ein Tempel mit verschiedenen Etagen, die nach oben hin immer schmaler wurden, also eine Art gestufte Pyramide

genannten Hängenden Gärten mit ihren Obstbäumen und ihrer Blumenpracht, die König Nebukadnezar einst hatte errichten lassen, um seine Gemahlin zu erfreuen. Den Makedoniern schien es so, als hätten die Babylonier einen Garten am Himmel befestigt.

Nichts in ihrer Heimat, nicht einmal Athen oder Korinth, ließ sich mit so einer Pracht vergleichen.

Und dies alles gehörte nun Alexander.

Die Makedonier genossen ihre wohlverdiente Ruhe. In den Tavernen stießen die Soldaten mit würzigem Wein auf ihre Erfolge an – die Wirte und die Taschendiebe konnten ihr Glück kaum fassen.

Im Palast schmiedete Alexander bereits Zukunftspläne. Die Eroberung Babylons mit seinen Truhen voller Gold und Silber hatte ihn reich gemacht. Doch der Krieg war noch nicht vorbei.

Weiter im Osten befanden sich persische Städte mit eigenen Garnisonen und Reichtümern. Und an irgendeinem dieser Orte befand sich Dareios und sann auf Rache.

Ende November drängte es Alexander zum Aufbruch. Seine Soldaten leerten die letzten Weinbecher, wankten aus den Tavernen und küssten ihre Liebsten zum Abschied.

Zwei Wochen lang marschierten sie in östliche Richtung. In der Ferne sahen sie die schneebedeckten Gipfel des Zagros-Gebirges, an dem das persische Kernland endete.

Selbst im Winter konnte man der Sonne nicht entfliehen. Es war so heiß, wie der Geschichtsschreiber Strabon bemerkte, »dass selbst die Schlangen und Eidechsen in der Mittagszeit nicht die Straße überqueren konnten, weil sie sich ansonsten den Bauch verbrannt hätten«. Wer ein heißes Bad nehmen wollte, stellte einfach einen mit Wasser gefüllten Behälter nach draußen, und schon kurz darauf hatte das Wasser die richtige Temperatur.

Nach zwanzig Tagen voller Staub und Schweiß erreichten sie das altehrwürdige Susa. Auch hier ergab sich der Statthalter sofort und erwartete Alexander mit Geschenken in Gestalt von Rennkamelen und Elefanten.

Susa war kleiner als Babylon, aber kaum weniger spektakulär. Die Paläste waren mit ionischem Gold und baktrischem Silber, mit äthiopischen Teppichen und indischem Ebenholz dekoriert.

In den Schatzkammern fanden sie Tausende Silbermünzen sowie Silberbarren im Wert von vierzigtausend Talenten. Hinzu kamen bestickte Stoffe im Wert von fünftausend Talenten, die bereits zweihundert Jahre überdauert und doch nichts von ihrer Farbenpracht verloren hatten.

Während Alexanders Männer die Schatzkisten auf ihre Wagen verluden, durchquerte er den prunkvollen Thronsaal. Doch als er auf dem großen goldenen Thron des Dareios Platz genommen hatte, berührten seine Füße nicht einmal den Boden. Ein Diener musste einen kleinen Tisch bringen, den er als Fußschemel benutzte.

In diesem Moment brach einer der persischen Sklaven in Tränen aus. Dies sei Dareios' liebster Esstisch, erklärte er, und es schmerze ihn, dass er nun so respektlos behandelt werde.

Alexander legte die Stirn in Falten. Der Sklave hatte recht. Er sollte die Götter nicht mit so arrogantem Verhalten provozieren.

Doch als er den Tisch gerade entfernen lassen wollte, betrat Parmenions Sohn Philotas den Saal und sagte: »Lass gut sein, Alexander. Ich kann mir kein besseres Vorzeichen denken, als den Esstisch deines Feindes unter deinen Füßen zu sehen.«

■

Alexander hielt sich nicht lange in Susa auf. Er hatte noch Hunderte von Kilometern vor sich, und je mehr Zeit verstrich, desto größer war die Wahrscheinlichkeit, dass Dareios eine neue Armee gegen ihn formieren konnte.

Mitte Dezember verabschiedete er sich von Dareios' Mutter und Dareios' Töchtern, die ihn seit der Schlacht von Issos begleitet hatten. Sie würden gemeinsam mit einer makedonischen Garnison in Susa bleiben. Doch die übrigen Männer brachen mit Alexander ins Herz Persiens auf.

Für die Makedonier war diese steinige, zerklüftete Landschaft unbekanntes Terrain. Sie waren zu kampferprobt, um sich zu fürchten, aber auch zu erfahren, um nicht auf der Hut zu sein. Schließlich waren sie dreitausend Kilometer von ihrer Heimat entfernt.

Nach ein paar Tagen hielt Alexander eine Besprechung ab. Angesichts des vor ihnen aufragenden Zagros-Gebirges hatte er sich entschlossen, seine Truppen zu teilen.

Parmenion würde die Versorgungseinheit und die schwere

Infanterie auf dem langen Weg nach Süden anführen, während Alexander mit der Kavallerie und den leichteren Truppen dem Engpass zustrebte, der auch als Persisches Tor bekannt ist. Diese Route führte auf direktem Weg durch das Zagros-Gebirge.

Am nächsten Morgen begann für Alexander und seine Männer die Klettertour. Anfangs schlängelte sich der Weg durch einen dichten Eichenwald, ehe er sich in einen schmalen, unwegsamen Pfad voller Schlaglöcher verwandelte.

Die Temperaturen sanken und schon bald bedeckten erste Schneeflocken den Boden. Die Makedonier zitterten vor Kälte.

Am vierten Tag, nachdem sie sich von Parmenion getrennt hatten, gelangten sie zu einer engen Schlucht mit steil aufragenden schroffen Wänden. Die einheimischen Gebirgsführer erklärten, dass sie das Persische Tor erreicht hätten.

Sie machten eine kurze Pause, um ein wenig Luft zu schöpfen, dann wagten sie sich in die Schlucht vor.

Sekunden später donnerte der erste Felsbrocken an ihnen vorbei, gefolgt von weiteren. Eine Lawine von kleineren und größeren Steinen ging auf sie nieder.

Während die Männer panisch versuchten, den Feind auszumachen, verfluchte sich Alexander für seine Dummheit. Wie leichtgläubig er gewesen war, in eine derart offensichtliche Falle zu tappen!

Als die unsichtbaren Angreifer immer mehr Steine auf sie herabregnen ließen, begriff Alexander, dass sie keine andere Wahl hatten, als sich zurückzuziehen.

Sie hoben ihre Schilde über den Kopf, um sich zu schützen, und zogen sich in den Wald zurück. Die Schlucht war mit den zerschmetterten Leichen ihrer Kameraden übersät – von oben sahen ihre verdrehten Körper wie weggeworfene Puppen aus.

Alexander fragte die Gebirgsführer konsterniert, ob es noch einen anderen Weg gebe, doch er hatte die negative Antwort bereits befürchtet.

Plötzlich meldete sich eine weitere Stimme zu Wort.

Es gebe schon einen anderen Weg, erklärte der Mann, einen schmalen Ziegenpfad, der sich zwischen den Bäumen hindurchwinde. Er führe unmittelbar an der Schlucht vorbei und ende oben an den Klippen, wo sich das Lager der Perser befinde.

»Woher weißt du das?«, fragte Alexander erstaunt.

Der Mann sagte, er sei Schafhirte und schon oft mit seiner Herde hier gewesen. Doch der Weg sei äußerst beschwerlich und für Soldaten in ihren Rüstungen kaum zu meistern.

Alexander lächelte. »Nimm mich beim Wort«, entgegnete er. »Meine Männer und ich folgen dir, wo immer du uns hinführst.«

■

Erneut ging es bergauf. Sie waren leicht bewaffnet und hatten Proviant für drei Tage. Während sie sich zwischen den Bäumen hinaufkämpften, ermahnte sie Alexander ein ums andere Mal, keine Geräusche zu machen.

Der Weg war so steil, wie der Hirte gesagt hatte. Sobald sie die letzten Bäume hinter sich gelassen hatten, führte er unmittelbar an der Felswand entlang. Der kleinste Fehltritt konnte den Männern zum Verhängnis werden. Still und leise setzte der Schneefall ein.

Als sie fast oben waren, führte der Pfad durch so dichtes Unterholz, dass sie sich mit ihren Schwertern den Weg bahnen mussten.

Die Nacht brach herein, heftige Böen peitschten ihnen den Schnee ins Gesicht. Durch den aufziehenden Sturm hörten sie seltsame Geräusche, die klangen wie das Heulen unterirdischer Ungeheuer.

Eine Zeit lang fühlten sie sich wie in einem Albtraum aus Schnee und Gestein, in dem nichts als Schrecken und Finsternis herrschten. Dann hatten sie das Persische Tor plötzlich hinter sich gelassen.

Sie stolperten ins Freie, der Morgen graute und direkt vor ihnen war das persische Lager.

Wie ein Gewittersturm fegten sie über den Feind hinweg. Als die persischen Wachen Alarm schlugen, waren sie mit gezückten Schwertern schon mitten unter ihnen.

Nur einer Handvoll Perser gelang die Flucht, die anderen wurden an Ort und Stelle getötet. Alexander hatte einen weiteren Sieg errungen.

■

Sie erholten sich ein wenig und reinigten ihre Schwerter, dann setzten sie ihren Weg fort.

Mit wunden Füßen und schmerzenden Beinen stapften sie durch den Januarschnee. Schließlich entfernte sich der Pfad vom Persischen Tor und neigte sich bergab.

In der Ferne, weit unter ihnen, erstreckte sich die riesige Ebene von Fars. Dies war die historische Heimat von Dareios' Leuten. Am Horizont konnten sie eine Stadt mit Säulen und Tempeln ausmachen, deren farbige Dächer in der Wintersonne glänzten.

Es handelte sich um Persepolis, was »Stadt der Perser« bedeutet. Erbaut hatte sie Dareios I. im sechsten Jahrhundert v. Chr. als repräsentative Hauptstadt des Perserreichs, doch für die Griechen war diese Stadt das Herz der Finsternis.

Alexander rief seine Offiziere zusammen. Sie sollten sehr vorsichtig sein, mahnte er, denn vor ihnen liege »die am meisten verhasste Stadt der Welt«.

Kein Feind trat ihnen entgegen. Ihr Ruf eilte ihnen voraus, und so hatte die Garnison längst die Stadt verlassen.

Durch die hohen Tore ritten sie in eine stille Stadt. Auf den Straßen war niemand zu sehen, die Stimmung unter den Makedoniern war äußerst angespannt.

Selbst nach persischen Maßstäben war Persepolis eine Stadt, die Besuchern den Atem verschlug. Fast jedes Gebäude schien eine erbarmungslose Macht zu demonstrieren, von den Höfen des riesigen Palastbezirks mit seinen gewaltigen Treppenaufgängen über das Tor des Xerxes bis zur Halle der einhundert Säulen.

Und dann war da noch die Schatzkammer. Alexander schnappte ungläubig nach Luft.

Hier waren mehr Reichtümer gehortet, als er es sich je hätte vorstellen können. Nicht nur Zehntausende von Talenten, sondern Silber- und Goldbarren im Wert von sage und schreibe 120.000 Talenten, die darauf warteten, zu Münzen geprägt zu werden.

Doch während Alexander all diese Reichtümer in Augenschein nahm, hallten von draußen zornige Schreie herein.

Vor dem Palast liefen Alexanders Männer Amok. Vier lange Jahre waren sie von zu Hause fort und jetzt wollten sie ihre Belohnung haben.

Sie stürmten von Haus zu Haus und terrorisierten deren Bewohner. Sie rissen Münzen und Edelsteine an sich, Kleider und Einrichtungsgegenstände und türmten sie auf der Straße zu großen Haufen.

»Sie zerfetzten königliche Gewänder, während sie alles an sich rafften, und schlugen mit ihren Äxten wertvolle Vasen entzwei«, wie ein römischer Geschichtsschreiber berichtete. »Nichts blieb unbeschadet. Statuen wurden zerstückelt und die einzelnen Teile fortgeschafft.«

In ihrer besinnungslosen Gier schienen die Makedonier den Verstand verloren zu haben. Manche zogen sogar ihr Schwert, um sich ihre Kriegsbeute mit Gewalt zu sichern.

Erst nach Stunden gelang es Alexanders Offizieren allmählich, die Situation zu beruhigen. Kurz darauf verschaffte sich Alexander einen Überblick über die verursachten Schäden.

Unter den zerrissenen Gewändern und zerbrochenen Vasen

fand sich auch eine große Statue von Xerxes, dem großen persischen König, der den persischen Feldzug gegen die Griechen angeführt hatte. Seit über einem Jahrhundert lernte jedes griechische Kind, Xerxes' Namen zu hassen.

Nun lag er im Dreck, buchstäblich vom Sockel geholt.

Lange Zeit betrachtete Alexander die Bruchstücke der Statue. Dann schüttelte er den Kopf und zog weiter.

■

Die Makedonier blieben noch für mehrere Wochen in Persepolis. Der Schnee taute. Wilde Blumen schossen überall aus dem Boden. Der Frühling hielt wieder Einzug auf der großen persischen Ebene.

Als die Sonne am Abend hinter den Gipfeln des Zagros versank, aßen Alexander und seine Freunde auf der Palastterrasse zu Abend. Der Wein floss in Strömen, die Musiker spielten, die Stimmung wurde immer ausgelassener.

Unter den Gästen befand sich auch eine Tänzerin namens Thaïs, eine hübsche und temperamentvolle junge Frau. Als Freundin von Ptolemaios hatte die gebürtige Athenerin die makedonische Armee begleitet. Wie alle anderen hatte auch sie schon viel getrunken.

Jetzt erhob sie ihren Becher und brachte einen Toast auf Alexander aus, der sie auf dem langen Weg bis in den Palast des persischen Königs geführt hatte. Doch vielleicht, fügte sie augenzwinkernd hinzu, brauche es eine Frau, um ihren gemeinsamen

Auftrag zu vollenden. Würde er es ihr überlassen, den Palast des Xerxes in Asche zu verwandeln und ihre geliebte Heimatstadt Athen zu rächen, die so unter dem Perserkönig gelitten hatte?

Die übrigen Gäste hämmerten zustimmend auf die Tische. Recht hatte sie. Und Alexander sollte die Racheaktion anführen.

Seinen Weinbecher in der Hand, erhob sich Alexander mühsam von seinem Platz. Er schaute in die lachenden Gesichter. »Nun gut«, sagte er. »Warum nehmen wir nicht Rache für die Griechen und brennen diese Stadt bis auf den Grund nieder!«

Alle sprangen jubelnd auf. Alexander setzte sich einen Blumenkranz auf den Kopf und griff sich eine Fackel.

Die Musik setzte wieder ein und Alexander und seine Freunde formierten sich zu einer Prozession. Mit schwankenden Tanzschritten und Fackeln in den Händen bahnten sie sich ihren Weg durch den Palast.

Als Alexander den oberen Absatz der großen Freitreppe erreicht hatte, schleuderte er seine Fackel in die Halle der einhundert Säulen. Thaïs kicherte übermütig und schleuderte ihre Fackel hinterher.

Dann schlossen sich auch die Übrigen an. Eine Fackel nach der anderen flog unter dröhnendem Gelächter der Makedonier in die große Halle.

Am Ende der Halle stieg bereits Rauch auf und am Fuße der Säulen züngelten die ersten Flammen. Alexanders Freunde trugen Tische und Stühle herbei und warfen auch sie ins Feuer.

Hinter sich hörten sie das Trampeln schwerer Stiefel. Beim

Anblick des Feuers waren auch die normalen Soldaten herbeigeeilt und halfen nun, das Feuer weiter anzufachen.

Die Flammen schlugen jetzt bis zur Decke empor, aus der sich schon bald die ersten Elemente lösten und krachend zu Boden stürzten.

Thaïs kreischte vor Lachen, doch das Lächeln auf Alexanders Lippen erstarb.

Als der Morgen graute, brannte der Palast von Persepolis immer noch. In einer einzigen Nacht hatten Alexander und seine Freunde das zerstört, was vor über hundert Jahren geschaffen worden war.

Alexander stand allein vor den Überresten des Palasts und sah zu, wie seine Männer Wasser heranschleppten, um die letzten Flammen zu löschen. Sein Gesicht war blass und verschlossen, als bereue er seine Tat.

Als das Feuer vollständig erloschen war, wandte er sich ab und ging schweigend davon.

12

Auf der großen Straße nach Osten

Die Straße war so alt, dass niemand wusste, wer sie gebaut hatte.

Sie begann nahe der Sommerresidenz der persischen Könige in Ekbatana, in einem Land mit saftigen Wiesen und sanft geschwungenen Hügeln. Über Hunderte von Kilometern wand sich die Straße in östliche Richtung, teils eine komfortable breite Fernstraße, doch manchmal auch nur ein Trampelpfad an einem Fluss oder ein Ziegenpfad im Schatten der Berge.

Die Leute nannten sie die Große Chorasan-Straße – die Straße zur aufgehenden Sonne.

Sie zog sich am Ufer des Kaspischen Meeres entlang, vorbei an den Festungen von Rhagae und Hekatompylos, bis zu den weiten Ebenen von Chorasan.

Vor langer Zeit, so sagten die persischen Dichter, hätten ihre Vorfahren diese grenzenlose Steppe bewohnt. Hier, unter den schneebedeckten Bergen und der ewigen Sonne, hatten sie das Reiten, Kämpfen und Erobern gelernt.

Und weiter schlängelte sich die Große Chorasan-Straße, bis sie die weiten Steppen in Baktrien erreichte, die Heimat des

Priesters und Philosophen Zarathustra, sowie den Fluss Oxus. Jenseits dieses Flusses lebten die Reiternomadenvölker der Sogdier und der Skythen.

Seit Jahrhunderten hatten die persischen Könige versucht, sich diese Völker zu unterwerfen, waren jedoch stets daran gescheitert. »Wer sie einmal angegriffen hat, entkommt ihnen nicht«, schrieb Herodot, »und wenn sie nicht gefunden werden wollen, dringt niemand zu ihnen vor.«

Alexander wollte so weit vordringen – bis ans Ende der Welt.

■

Es war Mitte Mai des Jahres 330 v. Chr., als Alexander das zerstörte Persepolis verließ. Vier Jahre zuvor hatte er den Hellespont überquert, doch war es ihm nie in den Sinn gekommen, einfach umzukehren und den Heimweg anzutreten.

Vor allem musste er Dareios finden, den Perserkönig, der auf der Flucht, doch weiterhin lebendig war.

Solange Alexander nicht ein für alle Mal mit ihm fertigwurde, war Dareios eine ständige Gefahr. Jederzeit konnte er neuen Widerstand gegen ihn organisieren. Doch wo steckte er bloß?

Während die Wochen verstrichen, machte das Gerücht die Runde, der große König habe sich nach der Niederlage von Gaugemala in seine Sommerresidenz nach Ekbatana geflüchtet, in Begleitung seines Cousins Bessos und der anderen Satrapen aus dem Osten.

Mit der enormen Geschwindigkeit, für die er berühmt war,

zog Alexander nordwärts. Frisch erholt nach ihrem Aufenthalt in Persepolis, brachten seine Männer in nur drei Wochen fast achthundert Kilometer hinter sich.

Doch als sie drei Tagesmärsche von Ekbatana entfernt waren, erreichten sie schlechte Nachrichten. Einem persischen Höfling zufolge hatte Dareios schon vor mehreren Tagen die Stadt verlassen und war auf der Großen Chorasan-Straße in Richtung Osten unterwegs.

Die Jagd war eröffnet.

Alexander bat Parmenion, in Ekbatana zu bleiben, um ihre reiche Kriegsbeute zu bewachen, und legte in zehn Tagen fast vierhundert Kilometer zurück. Viele seiner Pferde brachen erschöpft zusammen, und manche seiner Männer fielen so weit zurück, dass er sie auf der Straße zurücklassen musste.

Am elften Tag schleppten sich seine Männer mit wunden Füßen in die Festung Rhagae, doch wieder waren die Nachrichten frustrierend.

Schon vor Tagen, hieß es, seien Dareios und Bessos zum Kaspischen Tor aufgebrochen, einem Gebirgspass, der achtzig Kilometer weiter östlich lag. Von dort aus wollten sie die baktrische Steppe erreichen.

Alexander nahm seine Männer in Augenschein. Ihre Blicke waren tot vor Erschöpfung, ihre Füße von Blasen und blutenden Wunden bedeckt. Selbst seine alten Freunde Hephaistion, Perdikkas, Kleitos und Ptolemaios schienen zu ausgelaugt, um sich noch ein Lächeln abringen zu können.

Fünf Tage lang ließ er sie ausruhen, ehe er die Verfolgung wieder aufnahm. Zwar waren sie ziemlich ausgehungert und hatten nur wenig Wasser, doch echte Makedonier ließen sich davon nicht aufhalten.

Als sie das Kaspische Tor erreichten, hatten Dareios' Männer diesen Engpass schon überwunden und die andere Seite erreicht.

Mit zusammengebissenen Zähnen setzten die Makedonier ihren Weg fort. Dann fiel ihnen auf der Straße ein persischer Deserteur in die Hände, der sensationelle Neuigkeiten überbrachte: Dareios' Gefolge sei miteinander in Streit geraten. Seine Söldner hätten sich mit den Baktrern überworfen, die so weit wie möglich nach Osten reiten wollten. Und Dareios' Cousin Bessos könne seine eigenen Ambitionen auf die Königskrone kaum verbergen und würde nur auf eine passende Gelegenheit warten, sich Dareios vom Hals zu schaffen.

Diese Nachricht besorgte Alexander zutiefst. Er musste Dareios finden, ehe es zu spät war. »Unser Glück liegt einzig in seiner Person, und Geschwindigkeit wird uns den großen Preis gewähren.«

Er sammelte seine engsten Freunde um sich und schlug sämtliche Warnungen in den Wind. In gestrecktem Galopp jagten sie die Große Chorasan-Straße entlang.

Zwei Tage und Nächte ritten sie am Stück und ruhten nur in der Nachmittagshitze ein wenig aus. Weitere Deserteure berichteten, dass der Streit unter den Persern eskaliert sei.

Bessos habe inzwischen das Kommando übernommen. Die

Söldner seien in die Berge geflohen. Dareios sei in goldene Ketten gelegt und in einen Wagen gesperrt worden – ein Gefangener der baktrischen Kriegsherren.

Der Mann hatte seinen Bericht kaum beendet, als Alexander und seine Freunde ihren Pferden schon wieder die Sporen gaben. Sie ritten die ganze Nacht, und endlich, im ersten Schimmer der Morgendämmerung, erblickten sie in der Ferne ein paar Wagen.

Als sie diese erreichten, mussten sie jedoch feststellen, dass sie verlassen waren. Bessos war geflohen und hatte die Versorgungskarren einfach stehen lassen. Von Dareios fehlte jede Spur.

Während seine Kameraden immer noch den verlassenen Konvoi anstarrten, war Polystratus in einiger Entfernung neben einem alten ramponierten Karren in die Hocke gegangen. Er hatte quälenden Durst und glaubte, dort eine Quelle entdeckt zu haben.

Und tatsächlich füllte er seinen Helm im nächsten Moment mit Wasser. Als er ihn an die Lippen hob, hörte er neben sich ein Geräusch.

Polystratus stand auf und schlug die staubige Plane zur Seite.

Unter einem Haufen alter Decken lag ein blutverschmierter Mann mit bleichem Gesicht.

Es war Dareios.

■

Polystratus erkannte sofort, dass er einen Sterbenden vor sich hatte. Tödlich verletzt vom Schwert seines Cousins, hatte er bereits sehr viel Blut verloren.

Polystratus gab Dareios aus seinem Helm zu trinken. Mühsam begann Dareios zu sprechen.

»Sag Alexander«, flüsterte er, »dass Gott ihn belohnen möge für die Güte, die er meiner Mutter, meiner Frau und meinen Kindern erwiesen hat … als Zeichen meiner Dankbarkeit reiche ich ihm meine rechte Hand …«

Mit letzter Kraft streckte er seine Finger nach Polystratus' Hand aus. Ein letzter Seufzer, dann war es vorbei.

Für einen Moment verharrte Polystratus schweigend neben dem toten König. Dann hörte er die Hufe von Bukephalos trappeln.

Als Alexander den Leichnam seines Erzfeinds erblickte, nahm er seinen eigenen Umhang ab und hüllte Dareios darin ein. Sanft zog er den königlichen Siegelring von dessen Finger und hob seine Stimme, damit alle ihn hören konnten:

»Wir werden Dareios nach Persepolis bringen und neben seinen Ahnen ehrenvoll begraben. Und seiner Familie werden wir stets die Achtung entgegenbringen, die der trauernden Familie eines ermordeten Königs zukommt.«

Alexander ließ seinen Blick schweifen, seine Stimme klang bewegt. Der lange Kampf zwischen den Griechen und den Persern war beendet. Er war Dareios' Thronfolger. Er, Alexander von Makedonien, war nun König von Persien.

Doch seine Arbeit war noch nicht erledigt. Er musste Dareios' Söldner, die nach Hyrkanien, dem »Land der Wölfe« am Kaspischen Meer, geflohen waren, unter Kontrolle bringen.

Und er durfte Bessos und seine Getreuen nicht entkommen lassen, die in Richtung des östlichen Kernlands unterwegs waren. Kein wahrer König durfte ihren Verrat ungesühnt lassen.

Alexander betrachtete den Leichnam des Dareios, der ein würdiger Gegner und ehrenhafter Mann gewesen war. Er hätte Besseres verdient gehabt, als sein Leben in Ketten auf einem Karren zu beenden.

■

Es war Juli und die sengende Sonne stand hoch am Himmel. Für die Makedonier war die Kühle der hyrkanischen Berge eine willkommene Erleichterung.

Dies war ein grünes, wildes Land mit spektakulären Ausblicken auf das Kaspische Meer. Alexander und seine Männer schlugen sich durch dichte Eichen- und Buchenwälder, in denen sich Banditen versteckten und des Nachts die Wölfe heulten.

Dareios' ehemalige Söldner leisteten glücklicherweise nur wenig Widerstand. Sie wussten, dass jede Auseinandersetzung zwecklos gewesen wäre, fügten sich in das Unausweichliche und knieten vor Alexander nieder.

Falls die Makedonier allerdings geglaubt hatten, damit aller Sorgen ledig zu sein, irrten sie sich gewaltig. Denn der einheimische Stamm der Mardier lag im Unterholz bereits auf der Lauer, und manchmal hörte man es knacken, wenn sie sich bewegten.

Dann gingen sie plötzlich zum Angriff über. Die Mardier waren erfahrene Jäger, und bevor Alexanders Männer zu ihren

Waffen greifen konnten, pfiffen schon die mardischen Pfeile zwischen den Bäumen hindurch.

Voller Wut befahl Alexander seinen Männern, die Verstecke der Rebellen ausfindig zu machen. Doch als diese den Wald durchforsteten, griffen die Mardier zu einem Mittel, das Alexander den Angstschweiß auf die Stirn trieb.

Sie hatten Bukephalos entführt.

Granikos, Issos, Gaugamela … der Gedanke, sein treues Pferd, das ihn durch so viele Schlachten getragen hatte, zu verlieren, war mehr, als er ertragen konnte.

Übersetzer verbreiteten die Botschaft, dass jede Stadt in der Umgebung dem Erdboden gleichgemacht würde, wenn Bukephalos nicht unversehrt zurückkehrte. Ansonsten würde jeder Baum gefällt, jeder Mann, jede Frau und jedes Kind ein makedonisches Schwert zu spüren bekommen.

Als die ersten Dorfbewohner begannen, Alexander um Gnade anzuflehen, machte dieser eine Bewegung in der Ferne aus. Mit einem Stoßseufzer der Erleichterung sah Alexander, wie mehrere Männer einen schwarzen Hengst mit einem sternförmigen weißen Fleck auf dem Kopf heranführten.

Mit Tränen in den Augen strich er Bukephalos über die Mähne. Nie wieder, flüsterte er ihm ins Ohr, würden sie voneinander getrennt werden.

Mit einer sanften Bewegung drehte er den Kopf seines Pferdes vom Schatten ins Licht. Und für einen Augenblick schmolzen die letzten Jahre dahin und der Sohn des Zeus war wieder ein Junge.

■

Dann nahm Alexanders Reise eine unerwartete Wendung.

Nachdem er Bukephalos wiederhatte, führte er seine Männer an die bewaldeten Ufer des Kaspischen Meeres, das in Wahrheit kein Meer, sondern der größte See der Welt ist. Eine üppige und fruchtbare Landschaft voller Blumen und Feigenbäume, Flüsse und Wasserfälle.

Doch als die Makedonier im seichten Wasser planschten, trat plötzlich einer seiner Leibwächter an Alexanders Seite. Die Späher hätten etwa dreihundert wilde Reiter erspäht, berichtete er mit einem seltsamen Blitzen in den Augen.

Als die Reiter näher kamen, machte Alexander große Augen. Und im makedonischen Lager machte ein einziges Wort die Runde:

Amazonen.[17]

Jedes griechische Kind kannte die Erzählungen von diesen kriegerischen Frauen, die stärker und mutiger waren als jeder Mann. Die Legende sagte, dass sie sowohl Alexanders Helden Herakles als auch Theseus begegnet waren.

---

17 Heutige Historiker sind sich weitgehend einig, dass die Begegnung Alexanders mit den Amazonen eher eine Sage als historische Realität ist. Allerdings gibt es Hinweise auf kämpfende Frauen während der Antike in dieser Gegend. Zum Beispiel sind Archäologen auf Begräbnisstätten aus dem Umfeld der skythischen Kultur gestoßen, in denen sie neben den Gebeinen von Frauen Waffen als Grabbeigabe fanden.

Vor den Toren Trojas hatte Achilles mit der Königin der Amazonen namens Penthesilea gekämpft, die sich als Mann verkleidet hatte. Als er der sterbenden Penthesilea den Helm abnahm, verliebte er sich auf der Stelle in sie und bedauerte seine Tat.

Jetzt ließ sich eine der Amazonen vom Pferd gleiten und kam Alexander mit dem Speer in der Hand entgegen. In ihrem stolzen Gesicht war nicht die kleinste Spur von Angst zu erkennen.

Sie heiße Thalestris, sagte sie. Sie habe von Alexanders Taten gehört und sei gekommen, um ihn zu sehen.

»Da kein Mann Größeres vollbracht« habe als er und sie selbst »allen Frauen an Kraft und Mut überlegen« sei, schlug sie vor, unverzüglich mit ihm Hochzeit zu feiern.

Für einen Moment war Alexander sprachlos. Stotternd vor Verlegenheit schlug er ihr schließlich vor, sich ihm gemeinsam mit ihren Kriegerinnen anzuschließen.

Thalestris runzelte die Stirn. Trotz ihrer Abenteuerlust sei sie nicht gekommen, um an einer endlosen Expedition teilzunehmen, sondern um eine Dynastie von Helden zu gründen.

Bei diesen Worten lief Alexanders Gesicht rot an, während seine Freunde versuchten, ihr Lachen zu unterdrücken. Die Perser zu besiegen war das eine, aber die Amazonen spielten offenbar in einer anderen Liga.

Thalestris blieb zwei Wochen lang bei ihnen. Jeden Tag ging sie mit Alexander zusammen auf die Jagd, und am Ende nahmen sie als gute Freunde voneinander Abschied.

Doch er hegte keinerlei Absicht, seinen Eroberungszug gegen ein Leben an ihrer Seite einzutauschen. So mutig und schön sie auch war, sein Ziel lag im Osten.

Es war an der Zeit, sich Bessos vorzuknöpfen und Rache zu nehmen.

■

Im Spätsommer marschierten die Makedonier auf der Großen Chorasan-Straße nach Osten. Doch während Alexander seine Zeit mit der Amazonenkönigin vertrödelt hatte, war Bessos nicht untätig geblieben.

In Rekordzeit hatte er die Bergpässe überquert, das baktrische Kernland erreicht und sich selbst die juwelenbesetzte persische Krone aufgesetzt.

Als Königsnamen hatte er Ataxerxes V. gewählt und geschworen, das Persische Reich mit Feuer und Schwert zurückzuerobern. Eines Tages, so versprach er, werde er nach Westen ziehen und die Makedonier für immer aus dem Reich vertreiben.

Für Alexander war das eine Drohung, die er nicht ignorieren konnte. Dass Bessos ihn offen herausforderte, stellte ihn außerdem vor ein zweites ernstes Problem.

Auch wenn er sich gegen seinen neuen Rivalen durchsetzte, würde er das Persische Reich nicht einfach als Makedonier regieren können. Die Perser selbst würden nur einen Herrscher anerkennen, der ihre Traditionen achtete. Er musste, mit anderen Worten, einer von ihnen werden.

In gewisser Weise entwickelte sich Alexander ohnehin in diese Richtung. Griechenland war mehr als dreitausend Kilometer entfernt, und Alexander entfernte sich nicht nur räumlich, sondern in vielerlei Hinsicht immer mehr von seiner Heimat.

Vielen persischen Adeligen hatte er vergeben und eine enge Freundschaft zu einem jungen persischen Diener namens Bagoas[18] entwickelt.

Um die Ordnung in seinem neuen Reich aufrechtzuerhalten, hatte er einheimische Satrapen, Schatzmeister und Steuereintreiber eingesetzt, die Persisch sprachen und wussten, was sie taten.

Jetzt befahl er seiner Armee, Aufstellung zu nehmen. Vor der alten Festung von Hecatompylos, der Stadt der hundert Straßen, stand er auf einer behelfsmäßigen Bühne und sprach zu seinen Soldaten.

Unter seiner Führung, sagte er, hätten sie keine einzige Schlacht verloren. Dreimal hätten sie die Perser geschlagen. Eine Provinz nach der anderen sei ihnen in die Hände gefallen.

Wie seine Männer träume auch er von »Ruhe und Frieden, fröhlichen Kindern, Ehefrauen und Eltern«. Doch sobald sie sich zurückzögen, wäre Bessos mit seinen wilden Horden aus dem Osten sofort zur Stelle.

»Wollen wir einem Mann wie ihm wirklich den Thron über-

18 Nicht zu verwechseln mit dem Großwesir Bagoas, der Dareios hatte vergiften wollen.

lassen?«, fuhr er fort. »Stellt euch nur vor, dieser Mann würde die griechischen Städte am Hellespont verwüsten. Welche Reue würdet ihr empfinden, wenn Bessos euch derart um die Früchte eurer Siege bringen würde?«

Alexander sah von einem zum anderen. Seine Stimme war fest und entschlossen, als er seine Männer fragte, ob sie ihm noch einmal folgen würden.

Für einen Moment herrschte absolute Stille. Dann rief einer nach dem anderen, bis die ganze Menge skandierte: »Führe uns, Alexander, wohin du willst!«

▪

Doch so einfach war es natürlich nicht.

Denn Alexander hatte noch eine andere Entscheidung getroffen. Von nun an würde er sich wie ein persischer Herrscher verhalten, nicht wie ein griechischer Abenteurer.

Zum ersten Mal legte er den weißen Umhang und die violette Schärpe der persischen Könige an. Über den Brauen spannte sich das persische Diadem – ein violettes Stirnband.

Seine Gefährten stattete er mit persischen Kopfbedeckungen und violett gesäumten Umhängen aus. In seinem Gefolge gab es immer mehr persische Diener, und persische Tänzerinnen unterhielten seine Freunde.

Alexander erklärte seinen Männern, dass es sich um die Errungenschaften ihrer Siege handele, doch insbesondere die alten Wegbegleiter seines Vaters waren der Meinung, dass vor allem die persischen Gewänder nur Argwohn und Streit unter den Soldaten weckten.

Die Makedonier begannen zu murren, wie ein Chronist berichtete. Sie waren Alexander nicht den ganzen Weg über gefolgt, »um sich nun die Lebensweise ihrer Feinde anzueignen«. Sie alle waren zum Hass gegen die Perser erzogen worden. Alexanders Vater, König Philipp, beschwerten sie sich, hätte niemals die »minderwertigen Sitten und Gebräuche« eroberter Länder übernommen.

Alexander ignorierte diesen Unmut zunächst und wies seine Befehlshaber an, Geld unter den Soldaten zu verteilen, um sie zu beruhigen und sich ihre Loyalität zu sichern.

So marschierten sie auf der Großen Chorasan-Straße immer weiter gen Osten und durchquerten dabei die trostlose Steppe des nordöstlichen Iran.

Im Laufe des Augusts legten sie weitere sechshundert Kilometer zurück und hatten immer noch einen weiten Weg vor sich. Sie befanden sich nun in einer anderen Welt: Der Himmel wirkte höher, die weite Landschaft mit ihren Flüssen und Bergen karger als je zuvor.

Nahe der östlichen Grenze des heutigen Iran teilte sich die Straße, und Alexander stand vor einer schicksalhaften Entscheidung. Der direkte Weg nach Baktrien führte in nordöstliche Richtung, durch die glühend heiße Wüste des heutigen Turkmenistan – selbst für einen erfahrenen Abenteurer keine sehr verlockende Aussicht.

Der andere Weg wand sich in südöstliche Richtung, mitten ins Herz des heutigen Afghanistan. Von dort aus ging es weiter durch die fruchtbaren Täler der Provinz Helmand sowie über den schneebedeckten Gebirgspass des Hindukusch, um Baktrien von der anderen Seite zu erreichen.

Alexander entschied sich für diese zweite Route durchs wilde Hochgebirge des heutigen Afghanistan.

Dies war ein Land der Räuber und Banditen. Es gab keine Städte, nur steinerne Festungen und halb verlassene Dörfer. Jeder Schritt durch das unwegsame Gelände war mühevoll. Der Wind peitschte den Sand in die Gesichter der Männer. Lebensmittel waren knapp und die lokalen Stammesführer alles andere als freundlich gesinnt.

Als es Herbst wurde, erreichten sie die Festung Phrada. Mit Ausblick auf den gewaltigen Hindukusch konnten sich Alexanders Männer ausruhen, ihre Feldflaschen füllen und ein wenig schlafen.

Eines Abends, als Alexander im Bad saß und spürte, wie der Schmerz in seinen Muskeln etwas nachließ, sagte einer seiner Diener, dass ein junger Mann darum bitte, ihn sprechen zu dürfen. Sein Name war Cebalinus, und was er zu sagen hatte, ließ das Blut aus Alexanders Gesicht weichen.

In den letzten Wochen, berichtete Cebalinus, sei die Unzufriedenheit unter den jungen Makedoniern immer größer geworden. Ein Leibwächter Alexanders habe andere zu einem Mordanschlag auf den König angestiftet.

Er, Cebalinus, habe dies direkt von seinem Bruder erfahren und auch Philotas, den Sohn Parmenions, davon in Kenntnis gesetzt. Doch Philotas habe nichts unternommen.

Warum nicht? Für Cebalinus und Alexander gab es nur eine Erklärung: *Philotas wusste bereits von dem Komplott und wollte, dass es erfolgreich war.*

Für Alexander war diese Erkenntnis ein schwerer Schlag. Er befand sich auf feindlichem Territorium, Tausende Kilometer von seiner Heimat entfernt, und nun hatte sich einer seiner engsten Vertrauten gegen ihn gewandt.

Natürlich war ihm bewusst, dass einige Makedonier unzufrieden mit seinen Entscheidungen waren. Auch waren ihm schon Gerüchte zu Ohren gekommen, dass Philotas als junger Befehlshaber der Kavallerie eifersüchtig auf ihn sei, doch hatte er ihnen keinen Glauben geschenkt.

Niemals hätte er sich vorstellen können, dass seine Männer ihm nach dem Leben trachteten oder der Sohn seines obersten Generals ein Attentat auf ihn gutheißen würde.

Plötzlich wurde ihm noch etwas anderes klar.

War es denkbar, fragte er sich, dass Philotas solch eine weitreichende Entscheidung ohne die Zustimmung seines Vaters traf? Bestimmt nicht. *Also musste auch Parmenion selbst in die Pläne eingeweiht sein.*

Mit dieser Erkenntnis brach Alexanders Welt entzwei.

13

Wege in Asien

In Alexanders Kopf drehte sich alles. Philotas? *Parmenion?* Konnte das wirklich wahr sein?

Er wusste, dass er die Ruhe bewahren musste. Außerdem durfte er Philotas gegenüber nicht zu erkennen geben, dass er von den Anschlagsplänen erfahren hatte.

Glücklicherweise war Alexander ein guter Schauspieler. Als sie am Abend beim Essen saßen, ließ er sich nichts anmerken und unterhielt sich angeregt mit Philotas, als sei nichts geschehen.

Wenig später bat er seine ältesten Freunde Hephaistion, Perdikkas und Ptolemaios, nach dem Essen an seiner Seite zu bleiben. Zu ihnen gesellten sich außerdem sein Leibwächter Leonnatos, Kleitos sowie Krateros, der Befehlshaber der Infanterie, der bei den Soldaten äußerst beliebt war.

Als die Kerzen fast heruntergebrannt waren, enthüllte Alexander vor ihnen, was er über das geplante Attentat erfahren hatte.

Zunächst schwiegen alle betreten. Dann ergriff Krateros das Wort.

Er sei nicht überrascht. Schon in Ägypten habe Philotas Alexander kritisiert. Und wenn er betrunken sei, rede er ständig darüber, dass er und sein Vater die wirkliche Arbeit leisteten und Alexander nur ein kleiner Junge sei, dessen Herrschaft von ihnen abhinge.

Die anderen nickten zustimmend. Keiner von ihnen mochte Philotas. Sie alle betrachteten ihn als Großmaul und Unruhestifter.

Dies sei nicht die rechte Zeit, um Mitleid zu zeigen, sagte Krateros freiheraus. »Schütze dich selbst vor den Feinden in den eigenen Reihen. Schaff sie dir vom Hals, dann habe auch ich keine Befürchtungen mehr.«

Die Entscheidung war gefallen. Zur zweiten Nachtwache wurde Philotas von seinem Lager gezerrt.

Am nächsten Morgen rief Alexander seine gesamte Armee zusammen. Er sagte, dass einer von ihnen ihm nach dem Leben trachte, und überließ es Cebalinus, die Einzelheiten zu berichten. Danach wurde Philotas, in einen schmutzigen Umhang gehüllt, zu ihm geführt.

Philotas stritt alles ab, doch es war offensichtlich, dass ihm die Soldaten nicht glaubten. Unter keinen Umständen würden sie mit einem einfachen Offizier gemeinsame Sache gegen den König machen. An diesem Nachmittag wurde Philotas gesteinigt. Die übliche Todesstrafe, die auf Hochverrat stand.

■

Parmenion hielt immer noch mit mehreren Tausend Soldaten in der persischen Sommerresidenz Ekbatana die Stellung.

Sechs Jahre lang war der erfahrene General ein Muster an Loyalität gewesen. Jetzt kurzen Prozess mit ihm zu machen, würde das gesamte makedonische Heer schockieren. Doch blieb Alexander eine andere Wahl?

Selbst wenn Parmenion nichts von dem Komplott gewusst hatte, würde er sich für den Tod seines Sohnes rächen wollen, was einen brutalen Machtkampf in der makedonischen Armee zur Folge hätte.

Würden die Soldaten ihrem jungen König oder ihrem grauhaarigen General folgen? Selbst Alexander konnte sich da nicht sicher sein.

Er rief einen der ältesten Freunde Parmenions zu sich, einen Soldaten namens Polydamas, und schickte ihn als Boten mit einer eiligen Nachricht für Parmenion sowie weiteren Briefen für die dortigen Offiziere nach Ekbatana.

Polydamas ritt, so schnell er konnte, und erreichte schon nach elf Tagen das eintausendfünfhundert Kilometer entfernte Ziel.

Es war früher Morgen, als er in Ekbatana eintraf und Parmenion im Kreise seiner Offiziere im Palastgarten vorfand. Die beiden Männer umarmten sich zur Begrüßung, dann verteilte Polydamas die Briefe.

Parmenion war vom Inhalt des Schreibens, das an ihn gerichtet war, so gefangen, dass er nicht bemerkte, wie die anderen ihre Schwerter zogen. Als er begriff, was vor sich ging, war es bereits zu spät. Im nächsten Moment lag er in seinem eigenen Blut, sein Schreiben immer noch mit einer Hand umklammernd.

Erst in diesem Moment wurde Polydamas klar, das Alexander ihn benutzt hatte, um die Hinrichtung seines eigenen Freundes zu veranlassen.

Für Alexander war damit fürs Erste alles geregelt. Nach Philotas' Tod hatte er die Kavallerie zwischen seinen Freunden Hephaistion und Kleitos aufgeteilt. Und statt Parmenion verließ er sich mehr und mehr auf den freimütigen Krateros. Doch etwas war anders als zuvor. Selbst Alexanders Freunde empfanden von diesem Moment an ein latentes Misstrauen ihm gegenüber.

Jeder von ihnen wusste, dass Parmenions Schicksal auch das ihre werden konnte. Und eines Tages, obwohl dies niemand auszusprechen wagte, würde vielleicht auch Alexanders Leben auf diese Weise beendet werden.

■

Die Makedonier verließen Phrada Ende September des Jahres 330 v. Chr., dreißigtausend Soldaten marschierten durch die weiten Täler der Provinz Helmand gen Osten.

Nach zwei Monaten erreichten sie das Kastell des heutigen Kandahar. Hier stationierte Alexander viertausend Soldaten, um eine Stadt mit dem Namen Alexandria in Arachosia zu gründen.

Alexander selbst zog es in die höchsten Berge, die er je gesehen hatte. Ihre Gipfel leuchteten weiß im Herbstlicht.

Dies war das Rückgrat des Hindukusch, des »Hindu-Mörders«,

der seinen Namen der Tatsache verdankt, dass einst viele persische Sklavenhändler ihre indischen Gefangenen bei der Überquerung des Gebirges verloren hatten.

Im November trotteten Tausende Makedonier durch das Vorgebirge. Am frühen Morgen war der Boden mit glitzerndem Tau benetzt, nachts zitterten sie in ihren Zelten.

Und während sie immer höher hinaufstiegen, begann es zu schneien.

Unverdrossen marschierten sie weiter. Zeitweise war der Schneefall so dicht, dass sie weder Bäume noch Pflanzen noch Tiere erkannten. Die Vögel waren verstummt. Es gab nur noch diese unheilvolle, alles einhüllende Stille.

Sie waren hungrig, erschöpft und durchgefroren. Meistens war der Himmel so bewölkt, dass die Konturen verschwammen und sie jede Orientierung verloren. Und wenn die Sonne plötzlich durch die Wolken brach, war es so gleißend hell, dass manche der Männer aufschrien, weil sie schneeblind geworden waren.

Sie stapften weiter, mit Erfrierungen an den tauben Füßen. Manch einer stolperte mitten in eine Schneewehe und ward nicht mehr gesehen. Andere rutschten aus und stürzten in den Tod.

Die Moral der Männer war am Boden. Doch sie durften nicht stehen bleiben, weil das den sicheren Tod bedeutet hätte.

Hin und wieder kamen sie durch Bergdörfer, wenngleich diese im Nebel kaum zu erkennen waren. Wäre nicht der nach Holz riechende Rauch gewesen, der aus den Schornsteinen der kuppelförmigen Dächer stieg, hätten die Männer sie kaum wahrgenommen.

Die Tortur schien kein Ende zu nehmen, da wurde der Pfad allmählich breiter und sie erreichten endlich die Bergregion in der Gegend der heutigen Stadt Kabul.

Hier, in den Ruinen des Kastells von Kapisa, machten sie halt. Nach dem Elend der letzten Wochen hielt es Alexander für das Beste, hier das Winterlager aufzuschlagen und erst weiterzuziehen, wenn der Schnee geschmolzen war.

Die Makedonier verbrachten die folgenden Wochen mit Boxen und Ringen, zerstreuten sich mit Würfelspielen und erzählten sich Geschichten.

Doch auch hier kam Alexander nicht zur Ruhe. Während seine Männer nach Abwechslung suchten, entschied er, aus dem Kastell eine weitere Garnisonsstadt zu machen, die Alexandria am Kaukasus[19] heißen sollte.

■

In den Bergen hielt der Frühling nur zögerlich Einzug. Die Vögel kehrten zurück, wilde Tulpen blühten und die Makedonier bereiteten sich auf ihren Aufbruch vor.

Eine Woche lang kletterten sie bergauf. Einen solchen Aus-

---

19 Diese Idee mag ein wenig seltsam erscheinen, weil der Kaukasus über dreitausend Meter vom ägyptischen Alexandria entfernt liegt. Doch die Griechen kannten den Hindukusch bereits als »Caucasus Indicus« – den indischen Kaukasus. Heute heißt die Stadt Bagram und liegt im Osten Afghanistans.

blick hatten sie noch nie gehabt. Die Gipfel erglühten im roten Feuer des Morgenlichts, und sie hatten das Gefühl, sich wie Götter auf dem Dach der Welt zu befinden, von dem jede Schöpfung ausging.

Schließlich ging es wieder bergab und sie stolperten einem tiefen, felsigen Tal entgegen. Es war ein schrecklich langsamer, gefährlicher Abstieg, vor allem für die Pferde. Ihre Vorräte waren fast erschöpft, und als sie das Tal erreichten, hungerten die Soldaten bereits.

Doch eines Morgens Anfang Juni ging es nicht mehr weiter bergab. Sie hatten es geschafft.

Alexander blieb stehen und warf einen Blick zurück auf die im Sonnenlicht rötlich glühenden Berge. Dann setzten er und seine Leute ihren Weg fort, hinein nach Baktrien.

■

In Baktrien kamen sie sehr viel besser voran. Fruchtbare Felder wechselten mit befestigten Dörfern, dazwischen erstreckten sich graue, sandige Ebenen.

Doch wo war Bessos?

Dieser hatte die Nerven verloren, als er hörte, dass Alexander ihm auf den Fersen war. Panisch war er in Richtung Norden geflohen, hatte den Oxus überquert und befand sich nun in der entlegensten persischen Provinz überhaupt, in Sogdien.

Und dass Alexander ihm weiter folgen würde, daran bestand nicht der geringste Zweifel.

Es waren noch achtzig Kilometer bis zum Oxus, der Untergrund war steinig, die Hitze unerträglich, und einmal mehr gingen die Wasservorräte zur Neige.

In ihrer Verzweiflung tranken sie sämtlichen Wein und schließlich das restliche Öl, das sie hatten. Innerhalb kürzester Zeit waren sie so ausgelaugt, dass sie sich kaum noch auf den Beinen halten konnten und der Reihe nach umsanken.

Zwei ältere Soldaten stießen während ihrer Suche auf das Rinnsal eines ausgetrockneten Flusses. Mühsam gelang es ihnen, ihre Wasserbeutel zu füllen. Als ihnen Alexander, »der vor Durst fast zu ersticken drohte«, auf dem Rückweg entgegenkam, füllte einer der Männer seinen Helm mit Wasser und reichte ihn dem König.

Alexander setzte den Helm an seine Lippen – und hielt inne. Für wen dieses Wasser bestimmt sei, fragte er mit heiserer Stimme.

Die beiden Männer schauten sich an. Für ihre Söhne in der Kompanie, antworteten sie.

Ohne auch nur einen Tropfen zu trinken, gab Alexander den Helm zurück. »Ich kann das Wasser nicht mit jedem teilen, und ich bringe es nicht übers Herz, es allein zu trinken. Geht und gebt es euren Söhnen.«

Als sich diese Kunde unter den Soldaten verbreitete, wuchs die Zustimmung und Bewunderung für Alexander wieder, denn dies war tatsächlich die Geste eines großen Königs.

Als am Abend die Sonne hinter dem Horizont versank, erblickten sie in der Ferne das trübe gelbliche Wasser des Oxus. Endlich!

In dieser Nacht schliefen sie am Flussufer. Alexander lag wach und grübelte.

Bessos hatte jedes Boot in der gesamten Umgebung verbrennen lassen. Es gab nicht genug Bäume, um Flöße zu bauen, und das Flussbett war zu sandig, um darin Pfeiler für eine Brücke befestigen zu können.

Stundenlang grübelte Alexander darüber nach, wie er seine Männer auf die andere Seite des Flusses bringen könnte.

Dann sah er sich plötzlich selbst in einer anderen Zeit, in einem anderen Land. Sein jüngeres Ich befahl seinen Leuten, ihre Zelte mit Stroh zu füllen – so hatten sie einst die Donau überquert und waren durch die Getreidefelder gerobbt, um die Geten anzugreifen.

Fast hätte er laut aufgelacht. Das war die Lösung, natürlich!

Am nächsten Morgen begannen die Makedonier, ihre Zelte auszustopfen. Fünf Tage später waren sie alle am anderen Ufer und Alexander marschierte in Sogdien ein.

■

Für die Makedonier war dies ein völlig unbekanntes Gebiet. Selbst Herodot hatte fast nichts über die Sogdier geschrieben, dieses mysteriöse Volk, das im heutigen Usbekistan und Tadschikistan lebte, den zentralasiatischen Republiken nördlich des Oxus.

Für die Perser war dies die letzte Grenze überhaupt, eine Art Schutzwall gegen die wilden Reiter der asiatischen Steppen. Doch die Oasen Sogdiens hatten sich zu belebten Marktplätzen entwickelt, in denen mit Pferden, Fellen, Edelsteinen und Seide gehandelt wurde, weshalb auch chinesische Karawanen über die Pässe des Ostens hierher gelangten.

Was den Makedoniern allerdings völlig unbekannt war. Für sie war Sogdien nur ein weiteres unwirtliches Land voller Gefahren mit eigentümlichen Bewohnern und seltsamen Göttern.

Doch sobald sie den Oxus überquert hatten, brachten Späher die erlösende Nachricht. Sie hatten Bessos aufgespürt!

Seit er sich selbst zum König erklärt hatte, verhielt sich Bessos wie ein Narr, hielt ein großes Bankett nach dem anderen ab und belehrte seine Gefolgsleute betrunken, was Dareios alles falsch gemacht habe.

Alexander, höhnte er, sei drauf und dran, in die nächste Falle zu tappen. Bis der den Oxus überqueren würde, hätte er selbst eine riesige Armee gegen ihn auf die Beine gestellt. Und die Makedonier seien ohnehin alle Zwerge, die ihm kaum bis zur Schulter reichten.

Anfangs brüllten Bessos' Gefolgsleute vor Lachen. Doch je näher Alexander kam, desto mehr blieb ihnen ihr Lachen im Hals stecken. Mit diesem jungen Makedonier war offensichtlich nicht zu spaßen und Bessos schien allmählich seinen Verstand zu verlieren.

Nachdem Bessos ihnen mit dem Weinbecher in der Hand mal

wieder eine Predigt über die Wichtigkeit von Loyalität hielt, platzte ihnen endgültig der Kragen.

Im nächsten Moment waren die Sogdier über ihm, rissen ihm sein Diadem vom Kopf und zerfetzten sein königliches Gewand. Dann legten sie ihn in Ketten, warfen ihn auf den Rücken eines Pferdes und ließen Alexander eine Nachricht zukommen.

Wenige Tage später ritt Alexander mit seinen Befehlshabern zum verabredeten Treffpunkt. Dort, unter der Wüstensonne, wartete der sogdische Heerführer Spitamenes auf sie.

Neben ihm eine schluchzende, splitternackte Gestalt, die in Ketten war und einen hölzernen Ring um den Hals trug. Es war Bessos.

»Welcher Irrsinn hat dich dazu gebracht, deinen König zu betrügen und zu ermorden, der so gut zu dir war?«, fragte Alexander kühl.

Es gab keine Gnade. Bessos wurde auf traditionelle persische Art gefoltert.

Man schnitt ihm die Nase und die Ohren ab – die übliche Strafe für einen Verräter wie ihn. Dann wurde er an ein Kreuz genagelt, worauf Alexanders Bogenschützen ihn als Zielscheibe benutzten.

Schließlich wurde er für die Rückreise ins persische Kernland auf einen Wagen geworfen. Alexander ordnete an, dass Bessos am Leben bleiben sollte, bis sie den Ort erreichten, an dem er selbst Dareios ermordet hatte.

■

Mit der Gefangennahme Bessos' wäre Alexanders Odyssee im Grunde beendet gewesen. Doch selbst nach fünf Jahren des Kampfes war sein Abenteuerdurst immer noch nicht gestillt.

Auch brannte er vor Neugier auf das Land, das sich noch weiter im Osten befand. Er wollte einfach weitergehen, bis ans Ende der Welt.

So setzten die Makedonier ihren Weg fort, auch wenn es niemanden mehr zu jagen galt. Sie erreichten den Sommerpalast von Samarkand und stießen an der Nordgrenze Sogdiens schließlich zum von Insekten bevölkerten Fluss Jaxartes vor.

Hier gab Alexander die Gründung einer weiteren Stadt bekannt, um den Außenposten seines neuen Reichs zu markieren, und natürlich sollte auch diese Stadt seinen Namen tragen: Alexandria Eschate.[20]

Aber die Sogdier waren ein stolzes Volk, das sich nicht jedem Herrn unterwarf. Für sie waren die Makedonier unwillkommene Eindringlinge, die ihr Essen stahlen und ihr Getreide niedertrampelten.

Spitamenes rief die übrigen Stammesfürsten zu einem gemeinsamen Aufstand zusammen. Und nur wenige Wochen später starteten sie einen Überraschungsangriff.

Alexander brütete noch über den Plänen für seine neue Stadt,

---

20 Dieser Name bedeutet so viel wie »das entfernteste Alexandria«. Wie viele andere seiner Gründungen existiert diese Stadt bis auf den heutigen Tag als Chudschand in Tadschikistan

als makedonische Garnisonen von heftigen Gefechten berichteten und ihn anflehten, ihnen sofort zu Hilfe zu kommen.

Es waren aufreibende und zermürbende Kämpfe. Während sie eine sogdische Festung belagerten, wurde ein Freund Alexanders durch einen Pfeil verwundet, während der König selbst von einem schweren Stein am Hinterkopf getroffen wurde.

»Für einen Moment«, schreibt ein antiker Historiker, »wurde ihm schwarz vor Augen und er brach bewusstlos zusammen. Seine Soldaten weinten um ihn, als wäre er tot.«

Doch Alexander mobilisierte die letzten Kräfte, kam mühsam auf die Beine und bestand darauf, den entscheidenden Angriff selbst zu leiten. Doch rief ihm dieser Vorfall in Erinnerung, dass selbst der Sohn des Zeus nur ein Mensch war.

Ende August waren sieben sogdische Städte gefallen, aber Spitamenes und seine Verbündeten befanden sich immer noch auf freiem Fuß. Die Makedonier brauchten dringend eine Ruhepause, doch aus dem Norden kamen alarmierende Nachrichten.

Am gegenüberliegenden Ufer des Jaxartes hatten Späher erst Hunderte, dann Tausende bewaffnete Reiter gesehen: Es waren Soldaten des Reiternomadenvolks der Skythen, die aus der großen asiatischen Steppe kamen.

Für die Makedonier, die nur wenig über die Skythen wussten, waren sie der furchteinflößendste Feind seit Langem. Unbeugsam und unerschrocken verbrachten sie angeblich fast ihr ganzes Leben auf dem Rücken ihrer Pferde, trugen goldenen Schmuck und tätowierten ihre Körper mit Tinte.

Waren die skythischen Bogenschützen wirklich unbesiegbar? Vielleicht nicht, doch den Makedoniern lag wenig daran, dies herauszufinden.

Erschöpft ritt Alexander zum Ufer des Jaxartes. Seine Kopfwunde war nicht vollständig verheilt, er hatte seine Stimme verloren und war vom Fieber geschwächt. Alles schien gegen ihn zu sein: die Fliegen, die Hitze, die Sonne, die Skythen …

Bei seiner Ankunft flogen ihm sofort die Pfeile entgegen. Von der anderen Seite des Flusses dröhnten wilde, spöttische Stimmen zu ihm herüber.

Schweiß lief ihm über den Nacken. Alexander wies seine Offiziere an, sich auf die Überquerung des Flusses vorzubereiten. Dann ließ er die Wahrsager ein Opfer bringen und befragte sie zu den Omen.

Doch diese verhießen nichts Gutes. Würden sie den Fluss überqueren, erklärte der oberste Wahrsager mit blassem Gesicht, liefen sie Gefahr, die Schlacht zu verlieren. Außerdem sei der König selbst in höchster Gefahr.

»Nun gut«, lenkte Alexander ein. »Wir warten diese Nacht ab und denken noch einmal nach.«

In dieser Nacht fand er keinen Schlaf, sondern betrachtete die Lage von allen Seiten, während die Schreie der Skythen durch die Finsternis hallten.

Doch als die Sonne am nächsten Morgen aufging, war Alexander schon auf den Beinen und in voller Rüstung. Zur Verblüffung seiner Soldaten schien er wie neu geboren, ein Abbild von

Gesundheit und Stärke. Und als er den Befehl zur Überquerung des Flusses gab, erklang zustimmender Jubel von allen Seiten.

Schon bald feuerten die Makedonier ihre Munition mit Steinschleudern, Belagerungsmaschinen und Katapulten ab und trieben die Skythen am anderen Ufer zurück. Unterdessen überquerten Hunderte von Flößen, auf denen die Makedonier dicht an dicht standen, den Jaxartes.

Auf dem ersten Floß war der König selbst, sein Gesicht leuchtete vor Begeisterung. Und sobald sie übergesetzt hatten, hob er sein Schwert und ging als Erster zum Angriff über.

Es war eine harte, schweißtreibende Angelegenheit in sengender Hitze. Die Skythen waren unerschrockene Gegner, und Alexander musste seine Kavallerie von einer auf die andere Seite treiben, um die Nomaden daran zu hindern, sie einzukreisen.

Doch je weiter der Nachmittag fortschritt und je mehr Leichen sich auftürmten, desto mehr erlahmte ihr Widerstand. Auch sie waren vermutlich noch nie auf einen besser ausgebildeten Gegner getroffen.

Und als das Sonnenlicht schwand, kehrten die letzten Nomaden um und brachten sich in Sicherheit.

Es war einer von Alexanders größten Siegen. Er hatte nicht nur die Skythen besiegt, sondern auch der Hitze, seiner Krankheit sowie seinen Wahrsagern getrotzt.

Doch als er Bukephalos mit letzter Kraft die Sporen gab, rutschte er vom Sattel, zu Tode erschöpft und mit schweißbedeckter Stirn.

An diesem Abend musste er von seinen Männern ins Zelt getragen werden. Und dort blieb er für die nächsten Tage, von heftigem Fieber geschüttelt.

Aber er blieb am Leben. Schließlich war er der Sohn des Zeus.

14

Roxana

In Samarkand war die Nacht hereingebrochen. Die Kerzen waren heruntergebrannt und Alexander ließ mehr Wein kommen.

Nach monatelangem Kampf war der makedonische König froh darüber, ein wenig ausruhen zu können. Es war der Herbst des Jahres 328 v. Chr. Alexander und seine Truppen befanden sich nun schon das zweite Jahr nördlich des Oxus, und die Sogdier waren noch immer nicht besiegt.

Alexander hatte sich nicht vorstellen können, dass dieser Krieg so lange dauern würde. Dareios war seit zwei Jahren tot und Bessos seit gut einem Jahr.

Doch Spitamenes und seine Rebellen ließen einfach nicht locker, und obwohl die Makedonier den ganzen Sommer in den sogdischen Bergen verbracht hatten, hielten die Kämpfe unvermindert an.

Als Alexander den Weinbecher an die Lippen setzte, blickte er über den Tisch hinweg seine Offiziere an. Auf ihren Gesichtern tanzte das Kerzenlicht.

Hephaistion, sein Befehlshaber der Kavallerie und engster

Freund. Der freimütige Krateros, auf den stets Verlass war. Seine alten Mitschüler Perdikkas und Ptolemaios. Seine Leibwächter Leonnatos und Lysimachos.

Und Alexander direkt gegenüber der störrische Kleitos, Bruder seines ehemaligen Kindermädchens Lanike, der ihm in der Schlacht von Granikos das Leben gerettet hatte.

Nach den langen Kämpfen des Sommers waren sie alle erschöpft, und insbesondere Kleitos war sehr empfindlich in letzter Zeit.

Alexander hatte ihn gerade zum Gouverneur von Baktrien ernannt, was diesen jedoch wenig erfreut hatte. Für Kleitos war Baktrien eine Provinz voller Hinterwäldler, die weit unter seiner Würde lag.

Schallendes Gelächter riss Alexander aus seinen Gedanken. Seine Leibwächter machten sich über einen älteren Offizier lustig, den es bei einem Scharmützel mit den Sogdiern ziemlich übel erwischt hatte.

Weitere Frotzeleien folgten. Einige von Alexanders betrunkenen Freunden schlugen grölend auf die Tische.

Da erhob Kleitos plötzlich die Stimme.

Sie hätten nicht den geringsten Grund, sich über einen älteren Soldaten zu amüsieren, wies er sie zurecht. Was wüssten sie schon über den Krieg? Alles, was sie erreicht hatten, sei Philipp zu verdanken, nicht Alexander.

Alexander warf ihm einen finsteren Blick zu, doch Kleitos war nicht zu bremsen.

Er höre immer nur den Namen Alexander, fuhr er mürrisch fort, doch Philipp habe viel größere Schlachten gewonnen – in Chaeronea zum Beispiel, wo sie die Griechen besiegt hatten. Das sei Philipps Sieg gewesen, nicht Alexanders.

Alexander habe doch nie etwas aus eigener Kraft geschafft. All seine Siege habe er »durch das Blut anderer« errungen.

Im Raum war es totenstill geworden, nur Kleitos sprach unvermindert weiter, seine Stimme lauter als je zuvor.

Er hob seine rechte Hand. Wäre diese Hand nicht gewesen, rief er, wäre Alexander am Granikos getötet worden. So viel dazu, der Sohn Gottes zu sein!

Mit glasigen Augen starrte er Alexander an. »Du kannst die Taten deines Vaters doch nur verleugnen und dich als Sohn des Zeus bezeichnen«, sagte er mit schwerer Zunge, »weil ich verletzt wurde und die Makedonier ihr Blut für dich geben. Sonst wärst du längst tot.«

Bei diesen Worten sprang Alexander auf. In seinen Augen loderte die Wut. Wie Kleitos es wagen könne, so mit ihm zu reden?

Auch Kleitos stand jetzt, sein Gesicht rot vor Zorn. »Wenn jemand für dich sterben soll, dann bin ich der Erste. Aber wenn du die Kriegsbeute verteilst, gibst du sie den Menschen, die das Ansehen deines Vaters in den Schmutz ziehen. Dein Vater war jedenfalls ein richtiger Mann. Du hast doch immer nur gegen Frauen gekämpft. Kein Wunder, dass du so scharf auf die persischen Kleider bist!«

Das war zu viel für Alexander. Er sah sich hektisch nach seinem Schwert um, und als er es nicht sah, schleuderte er einen Apfel auf Kleitos. Dann rief er nach den Wachen, doch diese setzten sich nur langsam in Bewegung.

Er schrie einen Trompeter an, Alarm zu blasen, aber der Mann war vor Schreck wie erstarrt. In seiner Wut schlug ihm Alexander ins Gesicht.

In diesem Moment waren Perdikkas und Leonnatos bei ihm, schlangen ihre Arme um Alexander und hielten ihn zurück. Ptolemaios zerrte Kleitos aus der Tür und in den Hof hinaus.

Alexander hatte blutunterlaufene Augen und keuchte schwer. Doch als Kleitos' Stimme von draußen schwächer wurde und schließlich erstarb, lockerten die Freunde des Königs ihren Griff.

Für einen Moment standen alle schweigend da und schüttelten die Köpfe. Dann waren draußen plötzlich schnelle Schritte zu hören, gefolgt von Kleitos' provozierender Stimme: »Hier bin ich, Alexander!« Kleitos stand in der offenen Tür.

Daraufhin verlor dieser endgültig die Beherrschung. So schnell, dass niemand ihn daran hindern konnte, griff er nach dem Speer eines Wächters und rammte ihn Kleitos in die Brust.

Als Kleitos auf dem Boden aufschlug, war er bereits tot.

Es folgte eine gespenstische Stille. Niemand sprach ein Wort. Unter Kleitos' Leichnam breitete sich eine Blutlache aus.

Alexanders Gesicht war aschfahl. Zunächst schien er wie gelähmt. Dann riss er den Speer aus der Brust des Toten und richtete ihn auf seine eigene Kehle.

Seine Freunde waren blitzschnell bei ihm und wanden ihm den Speer aus den Händen. Als sie ihn in sein Schlafzimmer führten, brach er in Tränen aus und schluchzte voller Zorn und Reue.

Den ganzen nächsten Tag blieb Alexander in seinem Zimmer. Immer wieder hörte man ihn verzweifelt die Namen Kleitos und Lanike rufen.

Als er sich ein wenig beruhigt zu haben schien, brachte man ihm etwas zu essen. Doch er rührte es nicht an, sondern lag im Bett und starrte ins Leere.

Schließlich war es Hephaistion, der ihn zum Reden brachte. Alexander hatte quälende Gewissensbisse, vor allem Lanike gegenüber, die er wie eine Mutter geliebt hatte.

»Kleitos war ihr Bruder und ihr einziger Trost«, sagte er bitter. »Und ich habe ihn am Esstisch getötet! Was wird jetzt aus der armen Frau werden?«

Nach drei Tagen nahm er etwas zu sich. Um sein Gewissen zu entlasten, versicherten ihm die Freunde, dass er bis aufs Blut provoziert worden war.

Alexander bestand darauf, dass Kleitos mit allen Ehrenbezeugungen begraben werden sollte. Die Makedonier setzten ihren Feldzug fort und der Vorfall wurde nie wieder erwähnt.

Doch in all den Jahren, die folgen sollten, schien der Geist des toten Kleitos Alexander zu begleiten und ihn an seine verlorene Unschuld zu erinnern.

■

Wochen vergingen. Der zähe und blutige Kampf gegen die Sogdier zog sich in die Länge.

Als der erste Schnee den Winter ankündigte, fielen Alexander immer mehr Städte in die Hände. Spitamenes verlor an Unterstützung. Seine Verbündeten verwickelten sich in interne Streitigkeiten und seine Frau war des Lebens auf der Flucht überdrüssig.

Eines Tages bat sie ihn sogar, aufzugeben und auf Alexanders Milde zu hoffen, doch er lehnte ab.

Unglücklicherweise war er sich wohl nicht darüber im Klaren, zu welchen Mitteln seine Frau greifen würde. Eines Nachts ritt sie heimlich in Alexanders Lager und präsentierte ihm ein makabres Geschenk – den Kopf ihres Mannes, den sie ihm abgeschlagen hatte, während er schlief.

Einem antiken Historiker zufolge hatte Alexander sie sofort aus dem Lager werfen lassen. »Er wollte nicht, dass der zivilisierte Charakter seiner Leute durch solch barbarische Sitten besudelt wurde.«

Zumindest war Spitamenes kein Problem mehr für ihn. Andererseits war der Aufstand der Sogdier damit nicht beendet.

Zu Beginn des Jahres 327 v. Chr., fast zwei Jahre nachdem die Makedonier den Oxus überquert hatten, steckten sie immer noch in den zerklüfteten Tälern des heutigen Usbekistan fest. Ihre Laune war im Keller, das Wetter war feucht und bitterkalt.

Doch mit dem Frühling wurden auch die Nachrichten besser. Alexanders Späher hatten die letzten Rebellen in einem Unterschlupf in den Bergen aufgespürt, dem sogenannten sogdischen Felsen.

Als Alexander das darunterliegende Tal erreichte, bot er den Rebellen einen Deal an. Wenn sie sich freiwillig ergaben, sollten sie unbeschadet nach Hause zurückkehren dürfen, und die Provinz hätte endlich ihren Frieden.

Zu seinem Zorn wiesen sie sein Angebot höhnisch zurück. Sie hätten genug Vorräte für eine lange Belagerung, außerdem sei ihr steil aufragender Felsen niemals von irgendeinem Feind eingenommen worden.

Als Alexanders Bote sie warnte, dass ihnen die totale Vernichtung drohe, lachten sie ihm ins Gesicht. Alexanders Männer müssten schon Flügel haben, um sie zu besiegen, entgegnete sie gelassen.

Unten im Tal verlor Alexander die Geduld. Er befahl seinen Offizieren, dreihundert Männer zusammenzuziehen, und zwar solche, die sich in den Bergen auskannten und klettern konnten.

Am Abend erhielt jeder dieser Männer ein Seil und einen Satz Heringe aus Eisen, mit denen sonst die Zelte befestigt wurden. Dem Ersten, der es bis hinauf auf den Felsen schaffen würde, versprach Alexander zwölf Talente als Belohnung, den anderen eine etwas geringere Summe.

»Nichts in der Natur ist so hoch«, sagte er, »dass man es nicht mit Mut bezwingen kann.«

Die Dunkelheit brach herein. Von den Sternen beschienen, nahmen die makedonischen Kletterer die Felswand in Angriff.

Sorgsam hämmerten sie die Eisenkeile in die Spalten, zogen sich an den Seilen nach oben und halfen einander.

Es war ein enorm schwieriger und gefährlicher Aufstieg. Hin und wieder verlor einer von ihnen den Halt und stürzte schreiend in den Tod.

Die anderen machten mit erfrorenen Zehen und klappernden Zähnen weiter. Ihre Fingernägel brachen und hinterließen blutige Wunden. Als die Sonne über die Berggipfel spähte, zog sich der erste Makedonier auf das Plateau und schwenkte ein Leinentuch, um Alexander zu signalisieren, dass er es geschafft habe.

Schon bald drang schwarzer Rauch aus der Höhle der Rebellen. Alexander rief hämisch zu ihnen nach oben, dass seine geflügelten Soldaten gekommen seien, um sie auszuräuchern. Sie würden nur überleben, wenn sie sich auf der Stelle ergaben.

Die Sogdier trauten ihren Ohren nicht, krochen aber einer nach dem anderen aus ihrem Versteck. Als sie die Makedonier mit gezückten Schwertern über sich auf dem Plateau sahen, verließ sie aller Mut. Wie sollten sie Soldaten bezwingen, die fliegen konnten?

Für Alexander war es ein weiterer süßer Triumph.

■

Einige Wochen später war Alexander zu einem Bankett eingeladen. Sein Gastgeber war der sogdische Stammesfürst Oxyartes, der auf seinen neuen Herrn einen guten Eindruck machen wollte.

Als der Abend schon fortgeschritten war, klatschte Oxyartes in die Hände, worauf dreißig junge Frauen, eine schöner als die andere, hereinkamen und begannen, für den König zu tanzen. Besonders eine von ihnen erweckte Alexanders Aufmerksamkeit.

Sie war dunkelhaarig und feingliedrig und von einer unvergleichlichen Anmut. Und obwohl Alexander für Romantik nicht viel übrighatte und seine Freunde ihn aufzogen, dass ihm Soldaten und Schlachten lieber waren als Frauen und Tanz, konnte er seinen Blick nicht von ihr abwenden.

Nach ein paar Minuten beugte er sich zu Oxyartes und fragte ihn, wer diese außerordentliche Schönheit sei.

Der Stammesfürst lächelte stolz. Das sei seine Tochter Roxana. Ihr Name bedeute »die Strahlende«, was perfekt zu ihr passe.

Alexander lehnte sich zurück und starrte sie schweigend an. *Roxana!* Sie war die schönste Frau, die er je gesehen hatte.

Er war wie verzaubert. Dann wandte er sich wieder Oxyartes zu und sagte mit ruhiger Stimme, dass er sie heiraten wolle.

Der sogdische Stammesführer war ebenso verblüfft wie die Offiziere am anderen Ende des Tisches.

Alexander und Roxane hatten noch kein Wort miteinander gewechselt, ja sie sprachen nicht einmal dieselbe Sprache. Doch der Entschluss des Königs stand fest.

In seinen neunundzwanzig Lebensjahren hatte er noch keine Frau gesehen, die ihr gleichgekommen wäre. Ein großer König brauchte eine perfekte Braut – und Roxana war perfekt.

Alexander rief nach einem Laib Brot. Mit einer entschlossenen Bewegung hob er sein Schwert und schnitt den Laib in zwei Hälften. Die eine Hälfte reichte er Oxyartes, die andere behielt er selbst. Für die Sogdier gab es keine heiligere Verlobungsgeste.

Damit war die Sache besiegelt. Wenige Tage später wurden Alexander und Roxana verheiratet.

Was Roxana dachte oder empfand, ist nicht bekannt. Sie war ein ruhiges, in sich gekehrtes Mädchen, das ihre Gefühle für sich behielt.

Alexander schien sie wirklich zu lieben. Aber liebte sie ihn auch? Vielleicht.

Während die Makedonier dem Königspaar zujubelten, tauschten manche von ihnen verstohlene Blicke oder schüttelten leise den Kopf.

Alexander hätte jede Frau haben können. Eine Prinzessin aus Epirus, eine adelige Griechin, eine Generalstochter aus Makedonien – all das hätte wunderbar gepasst.

Aber die Tochter eines sogdischen Stammesfürsten aus dem wilden Osten? Viele Soldaten nahmen dies als Zeichen, dass Alexander der Realitätssinn abhandengekommen war.

■

Kurz nach der Hochzeit gab Alexander für seine Freunde und die älteren Offiziere ein weiteres Festmahl. Wieder floss der Wein in Strömen und das Lachen hallte von den Wänden wider.

Doch trotz der lachenden Gesichter hatte sich eine gewisse Unzufriedenheit eingeschlichen. Es war nicht leicht, diese zu erkennen, doch die Atmosphäre hatte sich unmerklich gewandelt. Sieben Jahre war es nun her, dass Alexander den Hellespont überquert hatte. Tausende der ursprünglichen Truppen waren inzwischen heimgekehrt und durch persische, baktrische und sogdische Soldaten ersetzt worden, die andere Sprachen sprachen und andere Götter anbeteten.

Und bis ins Private hatten sich die Dinge geändert. Alexander trug inzwischen persische Kleider und umgab sich mit persischen Höflingen. Und jetzt hatte er auch noch eine Frau aus dem Osten, die Verwandte und eigene Diener mitgebracht hatte.

Für Alexander war dies alles kluge Politik. Er hatte das riesige asiatische Reich erobert, also war es nur vernünftig, asiatische Soldaten zu rekrutieren, sich eine asiatische Frau zu nehmen und asiatische Diener in Anspruch zu nehmen.

Doch nicht allen makedonischen Veteranen gefiel dies. Manche murrten, Alexander habe sich Philotas, Parmenion und Kleitos vom Hals geschafft, weil sie ihren alten Werten treu geblieben waren und sich geweigert hatten, vor Alexander zu katzbuckeln, wie es seine neuen persischen Freunde taten.

Der Abend zog sich dahin. Als das Essen beendet war, ließ Alexander den großen goldenen Weinbecher von Hand zu Hand gehen, damit jeder daraus trinken konnte – das traditionelle Zeichen für das Aufheben der Tafel.

Beginnend mit Hephaistion, erhob sich jeder Gast, hob den

Becher dem Altar am Ende des Saales entgegen und nahm einen tiefen Schluck – wie es die Makedonier stets getan hatten.

Doch diesmal taten Hephaistion und die Übrigen etwas anderes. Nachdem sie getrunken hatten, wandten sie sich dem König zu, verneigten sich und küssten ihre Hände in seine Richtung. Dann traten sie auf ihn zu und tauschten Küsse mit ihm.

Mit diesem als *Proskynese* bekannten Ritual ehrten die Perser ihre Könige. In Babylon, Persepolis oder Susa wäre dies als Geste des Respekts vollkommen normal gewesen.

Doch viele der älteren Soldaten empfanden dies als unerhörtes Benehmen. Nur Sklaven verneigten sich vor ihrem Herrn. Nur Kinder warfen ihren Eltern Kusshände zu. Aber frei geborene Makedonier dem König? Undenkbar!

Und für einen der Gäste war dies einfach zu viel.

Kallisthenes von Olyinth begleitete Alexanders Asienfeldzug als offizieller Geschichtsschreiber. Auch ihm waren die persischen Bräuche suspekt, und so »vergaß« er vorsätzlich, sich zu verneigen und seine Hand in Alexanders Richtung zu küssen, als die Reihe an ihm war.

Von einem seiner Leibwächter darauf hingewiesen, warnte Alexander Kallisthenes, dass es ihm nicht gestattet sei, einfach so vor den König zu treten. Kallisthenes zuckte die Schultern. »Sei es drum«, entgegnete er achselzuckend, »dann entgeht mir eben dieser Kuss.«

Alexanders Augen blitzten ihn wütend an. Wie konnte dieser Schreiber es wagen, ihn so herauszufordern?

■

Einige Tage später gab Kallisthenes dem König erneut Anlass zur Verärgerung. Während eines weiteren Abendessens schlug einer von Alexanders Freunden vor, dass sie ihn wie einen lebenden Gott behandeln sollten – wie die Perser stets ihre großen Könige behandelt hatten.

Doch wieder erhob Kallisthenes Einspruch. Kein wahrer Grieche, sagte er, sollte seine Traditionen aufgeben. »Ich schäme mich nicht meines Heimatlands, und ich hege auch keinen Wunsch, mich von Menschen, deren Land wir erobert haben, belehren zu lassen, wie ich meinen König zu ehren habe.«

Alexander lauschte mit mühsam beherrschtem Zorn. Wie konnte er die Griechen und die Perser miteinander versöhnen, wenn seine Männer die Sitten des neuen Reichs verachteten?

Doch Kallisthenes' Worte blieben nicht ohne Wirkung. Als sich einer der Perser an diesem Abend auf den Bauch legte, um Alexander zu ehren, brach Alexanders Leibwächter Leonnatos in schallendes Gelächter aus.

Alexander ließ sich nichts anmerken, doch seine Augen waren so hart und kalt wie Eis.

■

Einige Wochen vergingen. Doch eines Morgens sprach sich im Lager herum, dass Kallisthenes festgenommen worden war. Es hieß, er habe die jungen Pagen Alexanders gegen den König aufgestachelt. Die Pagen entstammten alle makedonischen Adelsfamilien, bewachten Alexanders Schlafzimmer, kümmerten sich um seine Pferde und begleiteten ihn auf der Jagd.

Insgeheim hatte Kallisthenes sie davon überzeugt, dass Alexander ein Verräter sei, der die makedonischen Traditionen missachte. Er hatte sie sogar dazu gedrängt, den König zu ermorden, ehe sie sich selbst in unterwürfige persische Sklaven verwandelten.

So sagten zumindest die Offiziere. Doch entsprach das der Wahrheit?

Hatte Kallisthenes in seiner Verzweiflung wirklich ein Mordkomplott geschmiedet, um die alten Traditionen zu wahren? Oder war seine Festnahme nur Alexanders Rache für Kallisthenes' öffentlichen Widerspruch?

Niemand konnte sich ganz sicher sein, doch das Ergebnis blieb dasselbe.

Zuerst wurde Kallisthenes auf der Streckbank gefoltert und anschließend gehängt.

Es war eine skrupellose Ermahnung, dass am Hof des neuen Großkönigs selbst ein Kuss eine Frage von Leben und Tod war.

15

Reise ins Dunkel

Im Frühjahr 327 v. Chr. erreichte ein fremdartiger Mann Alexanders Lager. Er hatte einen dunklen Teint, trug reich verzierte, farbenfrohe Kleider und sprach mit seltsamem Akzent. Als er zu reden begann, beugte sich ihm Alexander mit wachsender Faszination entgegen.

Der Fremde überbrachte eine Botschaft aus der fernen, am Ufer des Indus gelegenen Stadt Taxila. Ihr Herrscher, König Ambhi, brauche dringend Unterstützung im Kampf gegen seine Nachbarn und wolle König Alexander ein Angebot machen.

Falls die Makedonier ihm zu Hilfe kämen, hätte kein indischer Rivale auch nur die geringste Chance gegen sie. Mit seiner Hilfe könne Alexander König von Indien und somit zum unumschränkten Herrscher der Welt werden.

Nachdem der Bote seine Rede beendet hat, lehnte sich Alexander zurück und schien plötzlich tief in Gedanken zu sein. Doch in seinen Augen lag ein eigentümlicher Glanz.

Für die Makedonier war Indien ein fernes Land voller Rätsel und Legenden. Sie wussten nur, dass es sich irgendwo jenseits des

Persischen Reichs befand – ein Land, das reich an Gold und Perlen, Seide und Gewürzen war und um dessen Vorherrschaft zahllose Könige kämpften.

Doch Alexander ging es nicht um Gold, sondern um Ruhm, und Indien würde seinen vielen Eroberungen buchstäblich die Krone aufsetzen. Es hatte noch nie zu Persien gehört, und wenn es ihm gelang, Indien zu erobern, würde er sich zum König aller Könige machen, zum größten Herrscher aller Zeiten.

Und was noch wichtiger war: Alexander würde etwas erreichen, von dem nicht einmal die großen mythischen Helden geträumt hatten. Selbst dem mächtigen Herakles, den es angeblich nach Indien gezogen hatte, war eine Eroberung verwehrt geblieben.

Für Alexander wäre es das größte Abenteuer von allen. Die Eroberung Indiens würde ihm unsterblichen Ruhm verleihen. Die Eroberung Indiens würde seinen Namen für alle Zeit unvergesslich machen.

Und was lag jenseits von Indien? Das Ende der Welt? Der riesige Ozean, der die ganze Welt umfloss. Wie konnte er das jemals wissen, wenn er nicht selbst so weit ins Unbekannte vorstieß?

Erneut beugte sich Alexander vor und nun lächelte er.

»Ja«, sagte er. »In Ordnung. Ich werde es tun.«

■

Um die Sommersonnenwende verließen die Makedonier ihr baktrisches Lager und marschierten den Bergen entgegen.

Zuvor hatte Alexander seine Armee verstärkt, die nun aus etwa fünfzigtausend Soldaten bestand. Es waren weniger Makedonier darunter als zuvor. Um seine Kavallerie zu verstärken, hatte er Tausende sogdische Reiter rekrutiert. Auch für die Elite der Schildträger hatte er sich etwas Neues ausgedacht. Sie bekamen glänzende neue Rüstungen und einen neuen Titel: die Silberschilde.

So marschierten sie gen Süden, die Sonne war warm, der Himmel blau und die Stimmung entspannt. Beim Gedanken an Indien spürten selbst die gleichgültigsten Soldaten einen Anflug von Vorfreude. Indien! Welche Wunder und Mysterien erwarteten sie dort? Ein einziger griechischer Abenteurer, der Geograf Skylax aus Karyanda, hatte Indien jemals mit eigenen Augen gesehen. Und dies war schon mindestens hundert Jahre her.

Manche Soldaten sprachen von Elefanten und Nashörnern, Krokodilen und Papageien. Andere hatten Geschichten von Pygmäen und Einhörnern gehört. Wieder andere behaupteten steif und fest, Indien werde von riesigen Ameisen bevölkert, die nach Gold gruben, oder vom Zwergengeschlecht der Monopaden, die auf dem Rücken lagen und sich mit ihrem einzigen gigantischen Fuß vor der Sonne schützten.

Auf den Höhen des Hindukusch wandten sich die Makedonier nach Osten und betraten das Gebiet des heutigen Pakistan. Es war ein unbekanntes, zerklüftetes Territorium, ein Land gewaltiger Berge und tiefer Täler, dessen Stämme ihnen feindlich gesinnt waren.

Als die Makedonier zum Tal hinabstiegen, durch das der Swat floss, war ihnen klar, dass sie sich jeden Meter ihres Weges würden erkämpfen müssen. Doch Alexander hatte nichts anderes erwartet. Kein Ruhm ohne Gefahren.

Die in den Bergen lebenden Stämme waren erstaunlich zähe Gegner. Beim ersten Anzeichen von Gefahr zogen sie sich in ihre hoch gelegenen Festungen zurück, und als der Sommer zu Ende ging, waren die Makedonier nicht viel weitergekommen.

Als der Winter kam, waren die Gipfel bereits von Schnee bedeckt. Und einmal mehr sah sich Alexander einer uneinnehmbaren Festung gegenüber.

Diesmal hatten die Verteidiger einen Rückzugsort in den Bergen gewählt, der als Felsen von Aornos bekannt war – mit weitem Ausblick auf das Tal des Indus. Dort oben gab es genug Proviant, eine Süßwasserquelle und Land, um Nahrungsmittel anzubauen – eine Belagerung schien also wenig aussichtsreich.

Hinzu kam, dass der Felsen des Aornos von tiefen Klüften und Schluchten umgeben war. Die Einheimischen behaupteten, dass es nicht einmal Herakles gelungen sei, den Felsen zu erobern. Für Alexander ein Grund mehr, es zu versuchen.

Und wie so oft waren die Götter auf seiner Seite. Während die makedonischen Späher die Wälder erkundeten, entdeckten sie einen runzligen alten Mann, der in einer Höhle lebte. Dieser erklärte sich einverstanden, ihnen einen geheimen Pfad zu zeigen, der zu einem Bergsattel unmittelbar unterhalb des Felsens führte.

Mit ein paar ausgewählten Silberschilden machte sich Ptolemaios auf den Weg. Auf den letzten Metern krochen sie über den Boden, um nicht entdeckt zu werden. Sobald sie auf dem Sattel ihre Basis errichtet hatten, sandte Ptolemaios das verabredete Signal nach unten, worauf Alexander mit der übrigen Armee folgte.

Wie üblich leitete Alexander den entscheidenden Angriff selbst. Im Schutze der Dunkelheit schlich er sich auf den Gipfel. In ihrer Panik sprangen viele Verteidiger in den Tod. Die anderen wurden an Ort und Stelle getötet.

Alexander hatte also dort gesiegt, wo Herakles gescheitert war. Nichts schien jetzt mehr unmöglich.

■

Als die Frühlingsblumen im Tal des Indus erblühten, stiegen die Makedonier von den Bergen hinab und erreichten die saftig grünen Felder des Punjab.

Von fünf Flüssen bewässert, war dies die Kornkammer Indiens. Mit der Fruchtbarkeit dieser Landschaft konnten es nur die babylonischen Ebenen sowie die Ufer des Nils aufnehmen. Alexanders Männer bewunderten die Obstgärten und Getreidespeicher, die Kanäle und Rinderherden, die endlosen Reis- und Kornfelder.

Nahe der heutigen pakistanischen Hauptstadt Islamabad erreichten sie ihr Ziel, die Stadt Taxila des Königs Ambhi. Zu ihrer Enttäuschung sah sie weder besonders prachtvoll aus, noch gab es Anzeichen für Einhörner.

In Wahrheit war Taxila eine flache und marode Stadt voller Lehm- und Steinbauten. Nicht mal einfüßige Zwerge gab es hier.

Wo war all das Gold, auf das Alexanders Männer gehofft hatten? Wie der Geschichtsschreiber Arrian berichtete, waren die Einwohner vornehm und groß gewachsen, sehr mutig und »schwärzer als andere Männer, ausgenommen die in Äthopien«. Doch in vielerlei Hinsicht waren sie auch nicht anders als die Perser oder die Makedonier selbst.

Ambhi bereitete seinen Gästen einen königlichen Empfang und beschenkte Alexanders Offiziere mit Kleidern und Pferden. Er war höchst erfreut über ihr Erscheinen und brannte darauf, sie im Kampf gegen seine Feinde zu erleben.

Doch bevor die Makedonier weiterzogen, wurde Alexander an etwas erinnert, was er zehn Jahre zuvor erlebt hatte, als er den Philosophen Diogenes in Korinth aufsuchte.

Denn sosehr er die Schlachten und den Krieg liebte, so hatte er doch nie das Interesse an der Philosophie verloren. Und als er hörte, dass eine Gruppe weiser Männer vor den Toren der Stadt lebte, schickte er sofort den Griechen Onesikritos aus, um der Sache auf den Grund zu gehen.

Da Onesikritos selbst ein Schüler von Diogenes gewesen war, hatte er eine gewisse Vorstellung davon, was ihn erwartete. Drei Kilometer von Taxila entfernt stieß er auf fünfzehn schmutzige, bärtige Männer, die vollkommen nackt waren und miteinander diskutierten.

Anfangs weigerten sie sich, mit ihm zu sprechen, solange er

nicht selbst die Kleider ablege. Als Onesikritos jedoch anführte, die Sonne brenne so stark, dass er sich unweigerlich die Haut verbrennen würde, lenkten sie ein.

Am selben Abend nahmen zwei der nackten Philosophen die Einladung an, mit Alexander zu Abend zu essen. Einer von ihnen bestand darauf, das Essen einzunehmen, während er auf einem Bein balancierte. Die Makedonier wunderten sich.

Der andere, der Kalanos hieß, war so angetan von ihrem Gedankenaustausch, dass er sich der Expedition anschloss. Da er die letzten siebenunddreißig Jahre nackt im Staub verbracht habe, sagte er, sei es an der Zeit, mehr von der Welt kennenzulernen.

Als die Armee sich in Marsch setzte, löcherte Alexander Kalanos bereits mit Fragen. Was das klügste Tier auf Erden sei. Was zuerst käme, der Tag oder die Nacht. Ob das Leben stärker sei als der Tod oder umgekehrt.

Und eine Frage verriet Alexanders persönliche Besessenheit mehr als alle anderen: Wie könne ein Mensch zum Gott werden?

Kalanos antwortete lächelnd: »Indem er etwas vollbringt, das einem Menschen unmöglich ist.«

■

Als die Makedonier Taxila verließen, wurde die Sommerhitze immer drückender. Eine seltsame Spannung lag in der Luft wie die Vorbotin eines aufziehenden Sturms.

Hunderte Kilometer weiter südlich lag der Fluss Hydaspes, der heute Jhelam heißt. Jenseits des Flusses erstreckte sich das Reich von König Poros, der angeblich eine der mächtigsten Armeen in Indien besaß.

Alexander hatte Poros bereits eine Nachricht zukommen lassen und ihn um ein Treffen am Fluss gebeten. Poros' Antwort kam postwendend und ließ an Deutlichkeit nichts zu wünschen übrig.

Eine Begegnung mit Alexander wäre ihm ein Vergnügen, allerdings würde er seine Armee mitbringen, und die Makedonier würden den Tag verfluchen, an dem sie indischen Grund betreten hatten.

Was keine leere Drohung war. Alexanders Späher berichteten, Poros sei eine beeindruckende Erscheinung, habe schon zahllose Feinde getötet und nie eine Schlacht verloren. Er befehlige Zehntausende Soldaten und Tausende Reiter und verfüge über Hunderte von Streitwagen. Darüber hinaus habe er mindestens hundert Elefanten, die selbst für Alexanders unerschrockene Kämpfer eine schreckliche Bedrohung darstellten.

Wie Alexander wusste auch Poros, dass Schlachten oft im Vorfeld entschieden wurden – in den Träumen und Albträumen der Soldaten. Als die Makedonier an den Hydaspes gelangten, sahen sie am anderen Ufer bereits die indische Armee in voller Schlachtordnung.

An den Flanken hatte Poros seine Kavallerie postiert. Doch die Makedonier hatten nur Augen für das Zentrum der Schlachtreihe, wo die Kriegselefanten des Königs standen.

Sie sahen kolossal und Ehrfurcht gebietend aus. Ihre Stoßzähne waren mit giftigen Lanzen verstärkt, ihre Körper durch Kettenhemden geschützt. Auf den Rücken der Tiere saßen mit Bögen und Speeren ausgestattete Krieger in offenen Käfigen.

Ein Elefant jedoch war größer als alle anderen, und in seinem Käfig stand eine beeindruckende Gestalt in einer Rüstung aus Gold und Silber, deren Blick stolz und unbeugsam war: König Poros.

Als sie die Makedonier erblickten, ließen die Elefanten einen mächtigen Trompetenstoß hören – ein animalischer Schlachtruf, der aus der Tiefe der Hölle zu kommen schien. Selbst Alexanders Offiziere schienen in diesem Moment wie erstarrt, ihre Gesichter weiß vor Angst.

Dann richteten sich ihre Blicke auf Alexander, der den Fluss in Augenschein nahm. Der Hydaspes war breiter, schlammiger und anscheinend auch tiefer, als er gedacht hatte.

Bevor sie in Taxila aufgebrochen waren, hatte Alexander leichte, transportable Flöße anfertigen lassen, die man schnell zusammenbauen konnte. Doch wie in aller Welt sollten sie damit diesen mächtigen Fluss überqueren?

Als er in den Himmel blickte, wurden seine Sorgenfalten noch tiefer.

Es begann zu regnen.

■

In Indien setzt Anfang Juni stets der Monsun ein. Das Licht wird trüber, der Wind frischt auf und der Himmel öffnet seine Schleusen.

Wassermassen stürzen vom Himmel, prasseln unbarmherzig auf Dächer und Straßen. Alles wird feucht, dampfig, durchnässt. Regen am Morgen, Regen am Mittag, Regen am Abend, Regen in der Nacht.

Alexander hatte sich in sein Zelt zurückgezogen und starrte in die Flammen. Draußen hatte sich ein Regenvorhang über das Lager gezogen.

Schließlich rief er seine Offiziere zusammen. Zunächst mussten sie Poros ablenken und zu diesem Zweck Patrouillen den Fluss entlangschicken, um eine zahlenmäßige Überlegenheit vortäuschen.

In der Zwischenzeit erkundete Alexander selbst die Umgebung und kam zu dem Schluss, dass es Selbstmord wäre, bei steigendem Pegel den Fluss zu überqueren, an dessen anderem Ufer die Kriegselefanten warteten.

Doch ein paar Kilometer flussaufwärts machte der Hydaspes eine scharfe Biegung und genau an dieser Stelle befand sich eine Insel.

Da sowohl die Insel als auch das Flussufer dicht bewaldet waren, würden die Inder ihre Truppenbewegungen nicht sehen können. Und wenn sie ihr Manöver in der Nacht ausführten, gab es eine gute Chance, sich dort über den Fluss zu schleichen und hinter der Insel in den Rücken von Poros' Armee zu gelangen.

Als Alexander zum Lager zurückkam, hatte er den Angriff bereits genau geplant. Krateros würde mit einem Drittel der Armee die Stellung halten, die Lagerfeuer anfachen und genug Lärm machen, um die Aufmerksamkeit des Feindes zu erregen.

In der Zwischenzeit würde er sich mit einem Teil der Kavallerie und den Silberschilden vom Fluss fortbewegen, als suchten sie nach Nahrung. Im Schutze der Dunkelheit würden sie in den Wald gegenüber der Insel zurückkehren, wo bereits ihre Boote und Flöße versteckt waren.

Bei Tagesanbruch würden sie den Fluss überqueren und Poros angreifen. Sobald die Elefanten in den Kampf eingebunden waren, würde auch Krateros mit seinen Männern übersetzen. So könnten sie die Inder in die Zange nehmen und vollständig vernichten.

So war Alexanders Plan. Was konnte da noch schiefgehen?

▪

Es war tiefe Nacht, und Alexander kauerte sich zwischen den Bäumen zusammen.

Um ihn her griffen seine Männer schweigend zu ihren Waffen. Am Ufer lagen ihre Boote bereit. Auf der anderen Seite war alles dunkel. Die indischen Wachen hatten nichts bemerkt.

Alles verlief nach Plan. Zumindest fast alles.

Der Sturm war kurz vor Mitternacht losgebrochen, Donner grollte über den weiten Feldern des Punjab. Das Prasseln der Tropfen war so laut, dass die Makedonier die Befehle ihrer Vorgesetzten nicht verstanden.

Sie hatten schon vor einer Stunde übersetzen wollen. Doch

noch immer drängten sie sich, bis auf die Haut durchnässt, unter den Bäumen zusammen. Als am Himmel die Blitze zuckten, konnten viele von ihnen gar nicht hinsehen, da sie dies für ein schlechtes Omen hielten.

Alexander wusste es besser. Das Gewitter sei tatsächlich ein Zeichen von Zeus, sagte er seinen Freunden, um die Inder in diesem entscheidenden Moment zu blenden.

Schließlich ließ der Regen ein wenig nach. Doch sie hatten wertvolle Stunden verloren und bald würde der Morgen grauen.

Alexander legte den Kopf in den Nacken. Der Himmel war immer noch pechschwarz und die Sterne verbargen sich hinter den Wolken. Der Wind blies weiterhin so heftig, dass die Inder sie unmöglich hören konnten.

So eine Chance würde sich vielleicht nicht noch einmal bieten. Jetzt oder nie.

Wie immer setzte sich Alexander an die Spitze des Heeres. Behutsam führte er Bukephalos auf das erste Floß und gab das Signal zum Ablegen.

Wenige Minuten später erreichten sie das andere Ufer. Als Alexander an Land ging, bemerkte er, dass es die falsche Stelle war.

Sie befanden sich nicht am Südufer, sondern auf der Insel.

Im Chaos des Sturms hatten viele Boote offenbar die Orientierung verloren, doch jetzt gab es kein Zurück mehr.

Alexander preschte mit Bukephalos durch den Wald, und abermals waren die Götter mit ihm. Denn plötzlich entdeckte er eine Furt, die eine stabile Verbindung zum anderen Flussufer darstellte.

Ein weiteres Mal trieb Alexander sein Pferd an, hinein ins dunkle kalte Wasser, das ihm bald bis zur Hüfte reichte. Mit Mühe hielt er im Sattel die Balance, während Bukephalos unbeirrbar einen Huf vor den anderen setzte, weiter und immer weiter, bis sie plötzlich nach oben stiegen und im nächsten Moment festen Boden unter den Füßen hatten.

Als Alexander sich umblickte, machte sein Herz vor Freude einen Sprung. Er sah Hunderte von Männern, die es ihm gleichtaten und die Furt überquerten. Reiter und Pferde klettern die Uferböschung hinauf, Fußsoldaten wateten durch die Finsternis, ihre Waffen über den Kopf gestreckt, vertrauensvoll ihrem König folgend.

Und Poros ahnte immer noch nichts …

Alexander spähte in den Himmel und sprach ein stilles Gebet zu seinem Vater. Dann griff er zu seinem Speer und wandte sich mit leuchtendem Gesicht seinen Truppen zu.

Jetzt ging es gegen Poros, gegen die Elefanten, einem neuen Sieg entgegen!

16

Abschied von Bukephalos

Am Südufer des Hydaspes herrschte ein einziges Chaos.

Je mehr Makedonier das sichere Ufer erreichten, desto lauter schrien Alexanders Generäle ihre Befehle durch den Sturm. Berittene Bogenschützen nach vorn! Kavallerie nach rechts! Silberschilde neben die Kavallerie!

Die Morgensonne tauchte alles in ein fahles graues Licht. In der Ferne sah Alexander die Umrisse der indischen Armee, die endlich auf die Makedonier aufmerksam geworden war.

Er beugte sich vor und tätschelte Bukephalos den Hals. Sie hatten so vieles zusammen erlebt, und Alexander wusste, dass die Jahre nicht spurlos an ihm vorübergegangen waren. Bukephalos hatte es nie an Mut gefehlt, doch war er inzwischen ein wenig langsamer geworden.

Wenn die Schlacht vorbei ist, dann darfst du dich ausruhen, flüsterte Alexander.

Doch jetzt gab er seinem Hengst die Sporen. Die ersten Inder kamen auf sie zu. Die Schlachtrufe der Reiter und Wagenlenker hallten durch den Morgen, und Alexander spürte das vertraute

Prickeln in seinem Körper, wie immer, wenn eine Schlacht begann.

Die ersten Pfeile pfiffen in Richtung der Inder durch die Luft. Alexanders berittene Bogenschützen waren wie ein Schwarm von Hornissen, die ein ums andere Mal zustachen.

Die feindlichen Streitwagen brausten ihnen entgegen. Die Reiter an Alexanders Seite erhöhten das Tempo und sangen ihre eigenen Kriegslieder.

Dann prallten sie aufeinander. Mit einem wilden Schrei stieß Alexander seinen Speer in die Brust eines Wagenlenkers. Der Mann taumelte zurück und brach zusammen, während seine Pferde führerlos weiterpreschten.

Blutgeruch erfüllte die Luft. Immer wieder regnete es Pfeile. Die indischen Streitwagen kämpften mit dem Schlamm, die indischen Reiter wurden von der makedonischen Kavallerie auseinandergetrieben.

Ein weiterer Streitwagen rauschte an Alexander vorbei und plötzlich geriet Bukephalos ins Stolpern. Alexander blickte nach unten und sah eine klaffende Wunde in der Flanke des Pferdes. Ein Pfeil? Ein Speer?

Doch er hatte jetzt keine Zeit, darüber nachzudenken. Der erste indische Ansturm war abgewehrt worden, doch rückten bereits weitere Kräfte nach, während sich die makedonischen Reiter auf die zweite Angriffswelle vorbereiteten und sich neu formierten.

Alexander beugte sich rasch vor, strich über Bukephalos' Mähne und flüsterte ihm etwas Ermutigendes ins Ohr. Dann richtete er sich auf und kniff die Augen zusammen.

In der Ferne hörte er das Dröhnen der Kriegstrommeln und erkannte die Umrisse mächtiger dunkler Tiere, unter deren Füßen die Erde erbebte.

Die Elefanten kamen.

▪

Im Morgengrauen hatte Poros erfahren, dass sein Gegner Alexander den Fluss überschritten hatte und sein Angriff unmittelbar bevorstand.

Da Krateros unmittelbar auf der anderen Seite des Flusses war, befand sich der indische König in einer heiklen Position. Sein erster Impuls war es gewesen, seinen Sohn mit den Streitwagen loszuschicken, um Alexander ins Wasser zurückzutreiben.

Doch nun waren die indischen Streitwagen in alle Richtungen versprengt und Poros' Sohn lag mit dem Gesicht im Schlamm am Boden, einen makedonischen Speer im Rücken.

Mit heiserer Stimme befahl Poros seinen Generälen, Schlachtformation einzunehmen. Die Elefanten würden ihnen den Weg weisen: eine Reihe von zweihundert Tieren in regemäßigem Abstand, deren Reiter mit Pfeil und Bogen sowie mit Speeren bewaffnet waren.

Dahinter kam die Infanterie, während die Kavallerie die Flanken kontrollierte. Ihnen voraus ging eine kleine Gruppe von

Indern, die die Statue eines Kriegers[21] wie eine Reliquie vor sich hertrugen.

Poros kletterte auf seinen Elefanten, den größten von allen. Der indische König trug einen goldenen Brustpanzer und war mit einem großen Vorrat an Speeren und Wurfspießen ausgestattet. Seinen Soldaten erschien er wie der prachtvolle und unüberwindliche Gott des Krieges.

Dann setzten sich die Elefanten unter dem lauten Schlagen der Trommeln in Bewegung.

Auch die erfahrensten makedonischen Soldaten schienen für einen Moment wie vom Donner gerührt zu sein. »Sie sahen aus wie Türme«, schrieb ein antiker Geschichtsschreiber, »die aus der Mauer bewaffneter Männer herausragten.«

Doch Alexander zwinkerte nicht einmal. »Endlich eine Herausforderung für meinen Mut!«, rief er. »Untiere und Krieger zusammen!«

In den letzten Momenten, bevor die Inder zum Angriff übergingen, gab er seinen Generälen letzte Anweisungen. Er würde einen Großteil der Kavallerie nach rechts führen, um die indischen Reiter zu binden. Gleichzeitig sollte General Koinos mit der verbliebenen makedonischen Kavallerie nach links vorrücken und den Feind in einer bogenförmigen Bewegung von hinten angreifen.

---

21 Die Griechen behaupteten später, der Krieger sei Herakles gewesen, der Held aller Helden, der während seiner Reisen auch Indien besucht haben soll. Dies klingt allerdings ziemlich unwahrscheinlich. Ob es wahr ist, werden wir nie erfahren.

Dabei sei es von entscheidender Bedeutung, dass Leonnatos und die Silberschilde die Elefanten beschäftigten. »Unsere Speere sind lang und stabil«, sagte Alexander. »Und sie sind die besten Waffen, die wir gegen diese Elefanten und ihre Reiter einsetzen können. Werft die Reiter herunter und stecht die Tiere.«

Die Elefanten trompeteten.

Dumm, dumm, dumm, dröhnten die Trommeln

»Alalalalalai! Alalalalalai!«, schrien die Makedonier.

Und mit einem letzten gemurmelten Gebet an den großen Zeus, einem grimmigen Blick zu seinen Freunden und einem geflüsterten Wort an Bukephalos startete Alexander die Attacke.

■

Als griechische Historiker Jahre später die Schlacht am Hydaspes beschrieben, klang es, als seien die Gefechte anmutig, erhaben und elegant gewesen – fast wie ein Ballett: Alexander habe die rechte Flanke beherrscht, und Koinos sei dem Feind von hinten in den Rücken gefallen, während die unaufhaltsamen Silberschilde sich im Zentrum ihren Weg gebahnt hätten. Im Nu seien die Inder vor der schlagkräftigsten und klügsten Militärmaschine der damaligen Zeit in die Knie gegangen.

Doch so war es ganz und gar nicht. Wie bei allen Schlachten Alexanders war das Ganze ein blutiges Gemetzel voller Angst, Panik und Verzweiflung. Ein wahr gewordener Albtraum, erfüllt von Schluchzen und Stöhnen sowie von den Schmerzensschreien der Verwundeten und Sterbenden.

Wahr ist jedoch auch, dass die Makedonier nach all den Jahren des Kampfes extrem gut organisiert waren. Nie hatte es Poros mit einer feindlichen Armee zu tun gehabt, deren Soldaten so penibel die Befehle ihrer Vorgesetzten ausführten.

Und schon bald wurde klar, dass Alexanders Taktik auch diesmal funktionierte. Während die indische Kavallerie von der makedonischen völlig zerstört wurde, trieben die Silberschilde mit ihren langen Speeren die Elefanten zurück und töteten ihre Reiter.

Doch natürlich gab es auch schwere Verluste.

»Einige der Makedonier wurden mitsamt ihrer Rüstung von den Elefanten totgetrampelt und verendeten mit zerborstenen Knochen und Gliedern«, schrieb ein Chronist. »Andere wurden von den Stoßzähnen in die Höhe gehoben und zu Boden geschleudert und starben eines grausamen Todes. Wieder andere wurden von den Stoßzähnen vollkommen durchbohrt und waren sofort tot.«

Alexander hatte gewusst, dass sie sich gegen die Elefanten etwas Besonderes einfallen lassen mussten. Eine Gruppe der Silberschilde war mit kurzen Äxten ausgestattet, mit denen sie auf die Füße der Tiere einhackten. Andere hatten lange persische Krummsäbel bekommen, mit denen sich die Bäuche der Tiere aufschlitzen ließen. Die übrigen Soldaten bombardierten die Elefanten mit Speeren und Wurfspießen, sodass die Inder von Anfang an auf verlorenem Posten waren.

Trotz ihrer kolossalen Größe hatten die Elefanten zwei Schwächen. Sie ertrugen keinen Schmerz und konnten Freund und Feind nicht voneinander unterscheiden. So wurden sie in ihrer Panik vor allem zu einer Bedrohung für die Inder selbst.

Laut einem Bericht »griffen sie ihre eigenen Leute an, warfen sie ab und trampelten sie tot. Schließlich waren sie so verängstigt, dass sie keine Bedrohung mehr darstellten, sondern Hals über Kopf vom Schlachtfeld flohen.«

Und während die Elefanten sich gegen die eigenen Leute wandten, funktionierte auch der zweite Teil von Alexanders Plan perfekt.

Hinter den feindlichen Linien strömten Krateros' Männer über den Hydaspes: ausgeruhte Pferde und Männer, die sich zu Tausenden in die Schlacht warfen. Den flüchtenden Indern blieb nicht der Hauch einer Chance.

Poros musste sich das Fiasko von seinem Elefanten aus ansehen, während er seine Speere schleuderte und seine Männer vergeblich beschwor, nicht aufzugeben. Für ihn selbst kam eine Flucht nicht infrage. Er würde bis zum letzten Atemzug kämpfen.

Doch kämpfte er immer mehr an verlassener Front. Schließlich war nur noch sein treuster Leibwächter bei ihm, der verzweifelt in alle Richtungen hieb.

Weiter unten nahmen die makedonischen Bogenschützen Maß. Pfeil um Pfeil traf sein Ziel. Schließlich stürzte Poros, fast bewusstlos durch Hitze und Erschöpfung und aus neun Wunden blutend, zu Boden – ein geschlagener Mann.

Alexander gab seinem Pferd die Sporen, um dem schwer verletzten Widersacher zu begegnen, doch im Moment des Sieges merkte er, dass etwas mit Bukephalos nicht stimmte.

Der Hengst blieb plötzlich stehen, schwankte einen Moment und sank dann ebenfalls zu Boden. Und erst als sich Alexander aus dem Sattel gleiten ließ, sah er, wie heftig sein alter Freund blutete.

Mit der Gefangennahme von Poros war die Schlacht am Hydaspes endgültig beendet.

Nie zuvor hatte Alexander solch einen atemberaubenden Sieg errungen. Trotz des furchtbaren Wetters, der gefährlichen Flussüberquerung und der mächtigen Elefanten hatte er nur wenige Hundert Männer verloren.

Dagegen war das Schlachtfeld mit indischen Leichen übersät. Unter den Toten waren zwei von Poros' Söhnen sowie seine erfahrensten Generäle. Seine Streitwagen waren vernichtet, seine Elefanten verwundet und verstört.

Während die Aaskrähen am Himmel kreisten, überließ Alexander den verletzten Bukephalos seinen Pferdeknechten und suchte seinen Gefangenen auf. Poros war wieder auf den Beinen und benahm sich im Angesicht des Todes so stolz und unbeugsam wie zuvor.

Alexander ergriff als Erster das Wort und fragte Poros, wie er behandelt werden wolle.

Poros sah ihm fest in die Augen. »Behandele mich wie einen König.«

Alexander lächelte. Das war die Art von Antwort, die er selbst gegeben hätte.

Dann wies er seine Leute an, Poros mit allem Respekt zu behandeln, der einem großen Mann zukomme, und seine Wunden so zu versorgen, als wären es die Wunden ihres eigenen Königs.

■

Am nächsten Tag erklärte Alexander, dass Poros auf seinem Thron bleiben könne. Die Inder hätten tapfer gekämpft und ihre Fähigkeiten unter Beweis gestellt. Solange er Alexander als seinen Herrn anerkenne, könne er noch weitere Provinzen und Städte regieren, ganz wie er es verdiene.

Poros sah ihn ungläubig an. Dann nickte er bedächtig.

Dies war ein Geniestreich Alexanders. Von diesem Moment an stand Poros tief in seiner Schuld. Und bis zum Tag seines Todes hatte der makedonische König keinen loyaleren Verbündeten.

■

Doch der Sieg kam Alexander teuer zu stehen.

Am Nachmittag, als die Soldaten an den Lagerfeuern ihren Triumph feierten, kniete Alexander mit Tränen in den Augen neben Bukephalos. Die indischen Speere waren tief in das Fleisch des Pferdes eingedrungen und der treue alte Hengst hatte schon viel zu viel Blut verloren.

Auch Bukephalos hatte einen enorm weiten Weg hinter sich

gebracht, von ihrer ersten Begegnung in Pella bis zu diesem Ort. Doch als er seinen letzten zitternden Atemzug tat, war dieser Weg zu Ende.

In dieser Nacht weinte Alexander um seinen ältesten Freund. Nie wieder würden sie gemeinsam über die makedonischen Felder reiten, die Sonne im Gesicht und den Wind in den Haaren.

Doch eines Tages, murmelte Alexander, würden sie wieder vereint sein. Eines Tages würden sie im ewigen Frühling gemeinsam über die Felder Elysiens reiten.

Am nächsten Morgen rief Alexander seine Offiziere zusammen. Als Dank für ihre Verdienste gab er jedem von ihnen eine Krone und tausend Goldstücke.

Von diesem Tag an, erklärte er, würde es am Ufer des Hydaspes zwei Städte geben – zur Erinnerung an den Heldenmut der Makedonier. Die erste solle dort entstehen, wo sie Poros' Elefanten besiegt hatten, und Nizäa – Stadt des Sieges – heißen.

Die zweite solle weiter westlich entstehen, dort, wo sein Pferd den Weg durch den Fluss gewiesen habe. Ihm zu Ehren solle sie den Namen Bukephalos tragen.

Von makedonischen Veteranen gegründet, sollte Bukephalos für Hunderte von Jahren Bestand haben. Die Inder nannten sie Bhadrāśva – Stadt des edlen Pferdes. Schließlich wurde sie überflutet. Heute weiß niemand mehr, wo genau sie gelegen hat.

Doch Bukephalos' Ruhm ist unsterblich. Mehr als tausend Jahre später fuhr der italienische Reisende Marco Polo entlang der Seidenstraße bis zu den Städten Chinas. Auf seinem Weg durchquerte er auch die Gegend, die einst Baktrien hieß. Dort erzählten ihm die Einheimischen, dass es dort einst magische Pferde mit einem Horn auf der Stirn gegeben habe.

Sie seien die Nachfahren des edelsten Pferds aller Zeiten gewesen, auf dessen Rücken nur ein einziger Mann habe reiten dürfen. Diesen Freund habe es bis ans Ende der Welt getragen.

Der Name des Pferdes war Bukephalos.

TEIL 4

DIE LETZTE REISE

17

Meuterei in Indien

Alexanders Männer erholten sich dreißig Tage lang von ihren Strapazen. Die Götter meinten es gut mit ihnen. Die Regenwolken hatten sich verzogen, die Sonne lachte und die Welt war in Ordnung.

Es war der Sommer des Jahres 326 v. Chr. Vor acht Jahren hatten sie den Hellespont überquert, und als Alexander seinen dreißigsten Geburtstag feierte, war er bester Laune.

Nach dem Sieg am Hydaspes, verkündete er, sei jeder Widerstand ein für alle Mal gebrochen. Die Reichtümer Indiens lägen ihnen zu Füßen. Und schon bald würden sie »jedes Haus in Makedonien und Griechenland mit Edelsteinen, Gold und Elfenbein füllen – nicht nur ihre eigenen«.

Die Männer jubelten euphorisch. Nach den langen Jahren in der Fremde konnten sie es kaum erwarten, mit reicher Kriegsbeute nach Hause zurückzukehren.

Doch Alexander war noch nicht bereit dazu. Der Sieg über Poros schien seine Abenteuerlust neu entfacht zu haben.

Er plante vielmehr neue Erkundungen. Schließlich waren es

nur achtzig Kilometer bis zum Fluss Acesines und noch mal hundertfünfzig bis zum Hyphasis.[22]

Was jenseits des Hyphasis lag, war ungewiss. Doch für Alexander stand außer Frage, dass der Hyphasis nahe am östlichen Ende der Welt lag. Von dort aus, da war er ganz sicher, würde er den großen Ozean erreichen, der die Welt umfloss, und mit dem Schiff in westliche Richtung nach Hause zurückkehren können.

Beim Gedanken an das unendliche Meer erfasste Alexander die Erregung des Abenteurers, und wenn er den blauen Horizont betrachtete, war er sicher, weiter in die Welt vordringen zu können als je ein Mann zuvor.

Nun brachte er Helios, dem Sonnengott, ein Opfer dar. Schon bald, betete er still, würden er und seine Freunde am östlichen Ende der Welt am Strand sitzen und die Sonne aufgehen sehen.

Sommersonnenwende. In den Hügeln des nördlichen Punjab fällten die Makedonier eifrig Bäume, um Schiffe für ihre Rückkehr zu bauen. Manchmal vernahmen sie im Unterholz ein seltsames Rascheln.

Manche behaupteten, eine Bestie mit schuppiger Haut und einem Horn auf der Schnauze gesehen zu haben. Sie nannten es Nas-*Horn*: auf Griechisch: ρτνόκερως *rhinozeros.*

Als die Schiffe fertig waren, wies Alexander seine Armee an, sich in Marsch zu setzen. Doch als sie gerade aufbrechen wollten, zog ein Sturm auf.

---

22 Der Acesines ist heute als Chenab bekannt, der Hyphasis als Beas.

Es hatte nur eine kurze Unterbrechung des Monsuns gegeben, und ehe sie sich's versahen, prasselte der Regen auf sie herab, unbarmherziger als je zuvor. Mit dem Regen kam es zu Überschwemmungen. Die Flüsse traten über ihre Ufer und überfluteten die Felder des Punjab.

Und mit den Fluten kamen die Schlangen.

Natürlich kannten sie Schlangen aus Griechenland. Doch noch nie hatten sie so viele Furcht einflößende Reptilien gesehen wie diejenigen, die sich hier überall im Wasser schlängelten.

Es gab Schlangen in allen Größen und Farben – von großen, schläfrigen Pythons bis zu blitzschnellen Kobras. »Sie verbargen sich in den Zelten und Kochtöpfen, unter Hecken und Mauern«, schrieb Alexanders Freund Nearchos. »Wer gebissen wurde, blutete aus jeder Pore, litt schreckliche Qualen und starb eines schnellen Todes, wenn nicht die Arzneien und Wurzeln der indischen Schlangenbeschwörer halfen.«

Es war ein unheilschwangerer Moment für den Beginn ihrer Reise. Und von da an lief alles schief.

Als sie den Acesines erreichten, regnete es heftiger als je zuvor. Tag für Tag, Stunde um Stunde schüttete es wie aus Kübeln.

Die Stimmung der Soldaten war inzwischen auf den Nullpunkt gesunken. Sie waren den Regen leid, sie waren die Schlangen leid, sie waren Indien leid. Dann sahen sie den Fluss.

Der Monsun hatte den Acesines mächtig anschwellen lassen und ihn in einen über drei Kilometer breiten reißenden Strom verwandelt. Sie brauchten Tage, um alle auf die andere Seite zu bringen. Die Männer kämpften bei der Überfahrt verzweifelt gegen die Wogen und nicht wenige wurden mit ihren Booten gegen die Felsen geschleudert. Holz splitterte, viele ertranken.

Aus dem Siegesmarsch der Eroberer war ein Trauerzug geworden. Und je weiter sie sich von Poros' Einflussbereich entfernten, desto feindseliger wurden die Einheimischen.

So dauerte es nicht lange, bis sie ihre Katapulte wieder aufstellen mussten, um sich ihrer Haut zu erwehren. Es kam ihnen wie ein böser, nicht enden wollender Traum vor: Regen und Kampf, Regen und Kampf, bis in alle Ewigkeit …

Unweit der heutigen Stadt Amritsar kapitulierte einer der Stammesfürsten. Doch als sich Alexanders Offiziere nach dem Meer jenseits des Hyphasis erkundigten, erhielten sie eine schockierende Antwort.

Dort gäbe es kein Meer, antwortete er, sondern nur mehr Indien. Sie würden zwölf Tage brauchen, um den Ganges zu erreichen, der quasi unendlich lang sei.

Jenseits des Ganges befinde sich das Reich der Gangaridai, der mutigsten Männer Indiens, mit einer riesigen Armee von Streitwagen und Elefanten. Und nach den Gangaridai, fuhr der Stammesfürst fort, kämen weitere Provinzen mit anderen Königen und noch mehr Elefanten.

Die Offiziere schüttelten ungläubig die Köpfe, während Alexander ein Glitzern in den Augen hatte. Dies war der Stoff seiner wildesten Träume. Nicht einmal Herakles und Achilles hätten sich vorstellen können, ganz Indien zu erobern.

Natürlich würde es ein hartes Stück Arbeit werden, doch seine Armee war die beste Kriegsmaschinerie aller Zeiten. Was konnte da überhaupt schiefgehen?

■

Alexanders Armee hatte allerdings andere Vorstellungen.

Als sie sich Alexander vor acht Jahren zu seinem großen Abenteuer angeschlossen hatten, hätte niemand von ihnen gedacht, dass es so lange dauern würde und dass sie sich so weit von zu Hause entfernen würden.

Seit sie nach Asien gekommen waren, hatten sie fast achtzehntausend Kilometer zurückgelegt. Sie hatten Berge und Wüsten durchquert, Paläste und Pyramiden gesehen. Sie hatten die sagenumwobenen Amazonen kennengelernt und eine ganze Elefantenarmee bezwungen.

Doch nun waren sie mit ihren Kräften am Ende. Sie wollten nicht mehr kämpfen, wollten nicht mehr ständig in Angst leben, und vor allem wollten sie dem ewigen Regen entfliehen.

Niemand trug mehr seine üblichen Kleider, sondern irgendwelche zerlumpten, durchnässten, fleckigen indischen Stoffe. Ihre Schwerter waren stumpf und ihre Stiefel löchrig geworden.

Und jetzt war das Ende ihrer Odyssee in weite Ferne gerückt. Es würde keine Heimkehr geben – noch immer nicht. Nur weitere endlose Fußmärsche und Scharmützel.

Die Unzufriedenheit wuchs. Und als sie den Hyphasis erreichten, wusste Alexander, dass er mit seinen Männern reden musste.

Er rief all seine Offiziere zusammen und wählte seine Worte mit Bedacht. Von ihnen hing das Wohl und Wehe seiner weiteren Unternehmung ab.

Zunächst erinnerte er sie an all ihre Siege und Eroberungen – Ruhmestaten, die niemand von ihnen je vergessen werde. Und nun, fuhr Alexander fort, neige sich ihr gemeinsames Abenteuer dem Ende zu. Natürlich habe auch er das Gerede von dem schier unendlichen indischen Land gehört, das noch vor ihnen lag.

Doch daran glaube er nicht. »Würden wir uns durch solche Gerüchte schrecken lassen, wären wir schon längst aus Indien geflohen!«

Hätten sie einmal den Ganges erreicht, sei der Ozean nicht mehr fern und sie könnten am Rande der Welt entlang als Helden nach Hause segeln.

»Wir sind nicht am Anfang unserer Mühen und Entbehrungen, sondern an deren Ende. Bald werden wir dort sein, wo die Sonne am Ozean aufgeht, und wenn uns Feigheit nicht hindert, werden wir im Triumph heimkehren, nachdem wir uns die Welt unterworfen haben!«

Mit loderndem Blick sah er von einem zum anderen.

»Haltet aus, meine makedonischen Freunde. Ruhm ist die Tugend derer, die keine Gefahr scheuen. Seien wir lebende Helden, um unsterblichen Ruhm zu erlangen!«

■

Stille.

Keiner sprach ein Wort. Die Offiziere starrten auf ihre Stiefel. Alle wichen seinem Blick aus.

Alexander runzelte die Stirn. »Ich muss euch ein Leid angetan haben, ohne es zu wissen«, sagte er zögerlich, »denn niemand schaut mich an und keiner antwortet mir.«

Und plötzlich sahen die Offiziere eine neue Seite an ihrem heldenhaften König: das Selbstmitleid eines kleinen Jungen, der nicht bekam, was er wollte.

»Es sind euer Ruhm und eure Größe, um die ich mich bemühe!«, rief Alexander. »Doch nun lasst ihr mich im Stich. Nun denn, kehrt heim und lasst euren König zurück. Ich will lieber sterben, als aufzugeben.«

Erneut folgte düsteres Schweigen. Einem der jungen Offiziere traten Tränen in die Augen. Selbst Alexander schien den Tränen nahe, so groß waren seine Wut und seine Enttäuschung.

Schließlich trat einer der älteren Generäle vor. Es war Koinos, der mit einem Teil der Kavallerie gegen Poros' Elefanten gekämpft hatte.

Koinos diente seit zwanzig Jahren in der makedonischen Armee. Er war von unerschütterlicher Loyalität, ein Mann, den man bei sich haben wollte, wenn man in die Schlacht zog.

»Deine Männer«, sagte er ruhig, »sind so gewillt wie immer, deinem Befehl zu folgen, zu kämpfen, sich der Gefahr zu stellen und ihr Blut für dich zu vergießen. Wenn du also weiterziehen willst, werden wir dir folgen, wohin du willst, auch wenn wir keine Waffen mehr haben, nackt und erschöpft sind.«

Doch die Makedonier hatten keine Reserven mehr. Ihre Schwerter waren stumpf geworden, ihre Kleider verlottert. Alexander war ihr König, aber sie wollten nach Hause.

»Bitte führe uns nicht gegen unseren Willen«, sagte Koinos.

Auch viele der älteren Offiziere vergossen jetzt bittere Tränen. Doch als Koinos schwieg, gab es zustimmendes Gemurmel.

Alexanders Gesicht war kalt wie Marmor.

»Genug!«, sagte er mit gepresster Stimme. Er würde eine Nacht darüber schlafen.

■

Als sich die Offiziere am nächsten Tag wieder bei ihm einfanden, startete er einen neuen Versuch.

Er würde mit denjenigen weiterziehen, die bei ihm bleiben wollten, teilte er kurz und knapp mit. Den Übrigen stehe es frei, nach Hause zurückzukehren, um ihren Familien mitzuteilen, dass sie ihren König schutzlos dem Feind überlassen hätten.

Damit zog er sich in sein Zelt zurück und weigerte sich zwei Tage lang, es wieder zu verlassen.

Eine düstere Stimmung breitete sich im Lager aus. Manche sagten, Alexander sei beleidigt. Andere meinten, er würde darauf warten, dass seine Männer ihre Meinung änderten.

Doch am dritten war klar, dass dies nicht geschehen würde. Sich ins Unabwendbare fügend, versuchte Alexander, seine Demütigung zu verbergen.

Er rief seine Wahrsager und bat sie, die Götter zu konsultieren.

Die Vorzeichen stünden schlecht, wie ihnen allen bekannt sei. Die Götter wollten nicht, dass sie ihre Expedition fortsetzten.

Als Alexander verkündete, dass er seine Meinung geändert habe, brauste ein Jubelsturm durchs Lager. Vielen kamen vor Erleichterung die Tränen, andere knieten vor ihrem Zelt und baten die Götter, ihn zu segnen und zu beschützen.

An den Ufern des Hyphasis ließ Alexander zwölf Altäre aus Stein bauen, einen für jeden der olympischen Götter. Diese Altäre, erklärte er, würden für immer den äußersten Punkt ihrer Reise markieren.

Alles war vorbereitet. Die Zelte waren abgebaut, die Transportwagen beladen. Die Makedonier waren zum Aufbruch bereit.

Für einen Moment stand Alexander am Ufer und ließ seinen Blick über den Hyphasis schweifen. Irgendwo hinter dem Horizont lagen der Ganges, der Rest von Indien und der große Ozean. Doch den würde er niemals kennenlernen.

Er wandte sich um. Sein Traum war ausgeträumt.

Nach acht Jahren war seinen Männern gelungen, woran Demosthenes, Dareios, Bessos und Poros gescheitert waren. Sie hatten Alexander besiegt.

■

Die Makedonier kehrten also in den Punjab zurück, ins Hoheitsgebiet von Poros. Niemandem gefiel der Gedanke, sich wieder über die Gipfel des Hindukusch quälen zu müssen, und so kam Alexander auf eine andere Idee.

Da sie Hunderte von Bäumen gefällt und so viele Boote gebaut hatten, lag es nah, diese auch zu benutzen. Warum also nicht den Hydaspes flussabwärts gen Süden bis zum Arabischen Meer segeln und dann entlang der Küste in Richtung Persien?

Im November waren die Vorbereitungen abgeschlossen: Etwa zweitausend Galeeren und Transportschiffe standen unter dem Kommando von Alexanders Kindheitsfreund Nearchos bereit, der das Meer stets geliebt hatte.

Wie üblich feierten die Makedonier ihre Abreise mit Tieropfern, Spielen und Musikwettbewerben. Am Bug seines Flaggschiffs goss Alexander einen Kelch mit Wein ins Wasser und betete zu den Meeresgöttern Poseidon und Okeanos, seinem unvergleichlichen Vorfahren Herakles und seinem göttlichen Vater Zeus Ammon.

Ein Trompeter blies eine Fanfare, die Ruderer griffen zu den Riemen und die ersten Schiffe glitten auf den Hydaspes hinaus. Die Segel waren purpurrot gefärbt, und die Zuschauer an beiden Ufern »betrachteten erstaunt, wie der Wind ihre vielfarbigen Embleme füllte«.

Die Gesänge der Ruderer erklangen wie Schlachtrufe, schrieb ein antiker Historiker. Und während die Makedonier nach Süden ruderten, »liefen die Einheimischen am Ufer entlang und sangen ihre eigenen Lieder«.

Im Laufe der nächsten Tage verklangen die Gesänge, und als die makedonische Flotte die südliche Grenze von Poros' Königreich überquerte, wurden die Gesichter auf den Ruderbänken immer angespannter.

Dies war das Reich der Malli, die als erbarmungsloseste Kämpfer in ganz Indien galten und geschworen hatten, dass kein Fremder, der ihr Land betrat, es je wieder lebend verlassen sollte.

Wie üblich betrachtete Alexander die Malli nicht als Hindernis, sondern als Herausforderung. Er teilte seine Truppen in zwei Hälften.

Nearchos und Hephaistion würden mit der Flotte weiter gen Süden segeln, während Ptolemaios und Krateros mit der Versorgungseinheit und dem Großteil der Armee folgen würden. Alexander würde sich in der Zwischenzeit gemeinsam mit den Silberschilden um die Malli kümmern.

Die Feinde waren jedoch keine Narren. Als sie von Alexanders Vorstoß erfuhren, zogen sie sich auf ihre stärkste Festung zurück, die Zitadelle von Multan, die von zwei Ringen aus Lehmziegelmauern geschützt war.

Unbeirrt befahl Alexander, die Belagerungsmaschinen in Stellung zu bringen. Doch inmitten der Vorbereitungen bat einer seiner Wahrsager um ein Gespräch unter vier Augen.

Letzte Nacht, sagte der Mann, habe er einen seltsamen und verstörenden Traum gehabt. Er habe gesehen, wie der junge König einen Angriff auf die Zitadelle befehligt habe und unter schweren Verlusten selbst in »große Gefahr« geraten sei. Deshalb bitte er ihn inständig, vom Angriff auf Multan abzusehen und zu seiner Flotte zurückzukehren.

Alexander runzelte die Stirn. Die Belagerung abblasen? Vor einem Kampf davonlaufen? Niemals!

Der Angriff auf Multan begann am nächsten Morgen in aller Frühe. Es war ein drückend heißer, staubiger Tag, doch die äußere Mauer fiel schnell.

Seinen Freunden schien Alexander wie besessen zu sein. Er brach durch ein Seitentor und metzelte die fliehenden Verteidiger nieder, wo immer er sie erwischen konnte. Schon nahm er die innere Mauer in Angriff.

Er stieg in Windeseile die Leiter des ersten Belagerungsturms hinauf. Unter ihm legten die Silberschilde die nächste Leiter an. Doch Alexander warf sich bereits in den Kampf. Seine Rüstung glänzte in der Morgensonne, während er wie von Sinnen sein Schwert schwang. Er schien unbesiegbar, unaufhaltsam, ein brüllender Löwe aus einer alten legendären Zeit.

Seine Leibwächter waren auf dem Weg zu ihm, um ihn zu unterstützen. Einer von ihnen, Peukestas, trug den Schild der Athene, den Alexander von der Oberpriesterin von Troja bekommen hatte.

Die Silberschilde hatten etwa die Hälfte der Leiter erreicht …

Knack!

Alexander warf einen Blick über die Schulter und erbleichte.

Knack!

Unter dem Gewicht der vielen Krieger schwankte die Leiter und mehrere Sprossen brachen. Im nächsten Moment stürzten die Silberschilde schreiend in die Tiefe.

Auf der Festungsmauer stand Alexander wie gelähmt da, eine verlorene Figur im Schein der Morgensonne. Seine Leibwächter waren immer noch auf dem Weg nach oben. Doch Dutzende mallische Soldaten drängten schon aus dem nächsten Befestigungsturm und liefen Alexander entgegen.

Unten schrien Silberschilde zu ihrem König, er solle von der Mauer springen, doch Alexander war wie gelähmt und unfähig, eine Entscheidung zu treffen.

Die Malli waren fast bei ihm.

Alexander zögerte immer noch.

»Spring!«, riefen seine Leute.

Als ein Malli schon sein Schwert gegen ihn gehoben hatte, sprang er.

Doch er sprang nicht zu seinen Leuten hinunter, sondern in das Innere der Festung, mitten zwischen seine Feinde.

Selbst für jemanden wie Alexander war das eine äußerst waghalsige Tat. Mancher fragte sich insgeheim, ob er es darauf anlegte, im Kampf getötet zu werden.

Er landete auf beiden Füßen im Innenhof, worauf er sofort von einer Schar feindlicher Soldaten umringt wurde.

Mit dem Rücken am Stamm eines Feigenbaums wehrte er mit seinem Schild die ersten Speere ab. Doch während er sich der wütenden Angriffe erwehren musste, war er innerlich vollkommen ruhig. Fast spürte er in diesem Moment einen inneren Frieden. Die Wolken des Zweifels hatten sich verflüchtigt. Das war es, wofür er lebte – der Rausch des Kampfes.

Mit einem Brüllen, das der monatelangen Frustration entsprang, hieb er einem Gegner sein Schwert in die Seite. »Er tat alles dafür«, bemerkte ein antiker Historiker, »diesen Kampf zur Heldentat seines Lebens zu machen.«

Doch Alexander war auf sich allein gestellt und seine Feinde waren zahlreich. Weitere Speere krachten gegen seinen Schild. Ein Stein prallte von seinem Helm ab, ließ ihn zurücktaumeln.

Mehrere Malli streckte er zu Boden, doch allmählich ließen seine Kräfte nach. Weitere Steine prasselten auf ihn ein – auf seinen Schild, seinen Körper, seinen Helm. Er stolperte, seine Beine knickten ein, dann war er am Boden.

Weniger Meter entfernt nahm ein mallischer Bogenschütze Maß. Alexander kam mühsam auf die Beine.

Der Schütze spannte den Bogen. Alexander hieb nach dem nächsten Angreifer, verfehlte ihn und verlor erneut das Gleichgewicht.

Der Pfeil traf Alexander in die Brust, ein wenig auf der rechten Seite. Der Aufprall schleuderte ihn zurück. Sein Schwert und sein Schild landeten klirrend auf dem Boden.

Mit letzter Kraft versuchte er, den Pfeil herauszuziehen, doch er war schon zu geschwächt. Seine Hand fiel schlaff zur Seite.

Er schmeckte Erde, die Sonne blendete ihn, seine Hand war blutrot. Auch unter seiner Brustplatte sickerte Blut hervor und tropfte auf den Sand.

In diesem Moment stürzten sie sich auf ihn.

18

Marsch durch die Wüste

Ein blutrünstiges Geschrei hallte von den Mauern der Zitadelle wider. Betäubt vom Schmerz nahm Alexander eine Bewegung über sich wahr. Dunkle Schatten am Himmel, schwere Stiefel, die im Staub landeten.

Schwerter klirrten in seinen Ohren. Ein silberner Gegenstand blitzte über ihm auf und er erkannte den Schild der Athene.

Während das Blut aus der Wunde des Königs strömte, ging sein Leibwächter Peukestas neben ihm in die Knie und benutzte den großen Schild, um die Angriffe der Feinde abzuwehren.

Auf der anderen Seite Alexanders hieb und stach Leonnatos wie ein Wahnsinniger auf die Malli ein. Sie mussten beide von der Wehrmauer gesprungen sein, um das Leben ihres Königs zu retten.

Die Malli antworteten mit wütenden Attacken. Pfeile krachten gegen Peukestas' Schild. Ein Stein traf Leonnatos an der Schulter.

Alexander versuchte, auf die Beine zu kommen. Doch seine Beine knickten ein und er landete wieder im Staub.

Peukestas lief das Blut über die Stirn. Leonnatos' Gesicht war vom Kampf gezeichnet, sein Schwert hieb langsam und schwer auf die Gegner ein.

Immer heftiger wurden sie gegen den Feigenbaum gedrückt, Es war nur noch eine Frage der Zeit ...

Als die Makedonier schon keine Hoffnung mehr hatten, hörten sie hinter sich eine Tür krachend zersplittern.

Die Malli fuhren herum, ihre Augen vor Schreck weit aufgerissen. Mit wildem Schreien stürmten die Silberschilde durch die geborstene Tür.

Immer mehr Silberschilde sprangen von der Wehrmauer. Schon bald waren die Malli in der Unterzahl und absolut chancenlos.

Alexander vernahm besorgte Stimmen. Er wurde auf einen Schild gehoben, jemand rief um Hilfe.

Doch zugleich war alles weit weg, wie in einem Traum. Die Stimmen verhallten. Er hatte Blut im Mund.

Dann wurde es dunkel.

■

Im Königszelt scharten sich seine Freunde um ihn, ihre Gesichter aschfahl.

Perdikkas nahm dem König den Brustschutz ab und schnappte nach Luft, als er die tiefe Wunde sah, in der immer noch der Pfeil steckte.

Alexanders Leibarzt Kritobulos bahnte sich einen Weg durch die Menge und gab einen erschrockenen Laut von sich.

Das Problem, sagte er, sei die breite Spitze des Pfeiles, die gefährlich nah an Alexanders Lunge war. Um sie herauszubekommen, müsse er einen größeren Schnitt machen, doch der Blutverlust würde den König vielleicht umbringen.

Es entstand eine lange Pause.

Kritobulos untersuchte die Wunde. Blut tropfte auf den Boden.

Dann hörten sie die schwache Stimme Alexanders. »Worauf wartest du?«, fragte er. »Wovor hast du Angst?«

Kritobulos nickte, nahm sein Skalpell zur Hand und sagte den Freunden, sie sollten den König gut festhalten.

Nicht nötig, stöhnte Alexander. Er würde nicht zucken, ganz gleich, wie tief Kritobulos schneide.

Der Arzt drehte Alexander behutsam auf die Seite. Das Skalpell blitzte in seiner Hand, Blut spritzte aus Alexanders Brust. Das Gesicht des Königs war schweißnass, seine Zähne krampfhaft zusammengebissen.

Kritobulos' Hände bewegten sich sicher und entschlossen. Plötzlich hielt er etwas zwischen den Fingern: eine gezackte Pfeilspitze aus Bronze, drei Finger breit und vier Finger lang, von Blut bedeckt.

Alexander verlor das Bewusstsein.

▪

Stundenlang beugte sich Kritobulos über das Lager des Königs und versuchte verzweifelt die Blutung zu stillen. Als es dunkel wurde, war Alexander immer noch bewusstlos.

Im Lager machten Gerüchte die Runde. Manche sagten, der König liege im Sterben, andere behaupteten, er sei bereits tot.

Die Offiziere beratschlagten hinter vorgehaltener Hand, wie es weitergehen sollte. Wie sollten sie ohne Alexander nach Hause kommen? Und vor allem – wer würde sie anführen?

Als der Morgen graute, schlief Alexander immer noch. Sein Atem war flach und abgehackt. Die Blutung war gestoppt worden, doch seinem Gesicht fehlte jegliche Farbe.

Wächter waren vor dem Zelteingang postiert, und wann immer der Arzt herauskam, war sein Gesicht ernst und verschlossen.

Ein zweiter Tag verging, dann ein dritter. Inzwischen hatte sich die Nachricht in der gesamten Armee herumgesprochen, auch auf den Schiffen.

■

Am siebten Tag war die Anspannung in der ganzen Armee schier unerträglich. Die Truppen am Fluss waren einer Rebellion nahe, überzeugt davon, dass Alexanders Generäle seinen Tod seit Tagen geheim hielten.

Am Ufer rief einer der Späher, dass ihnen von ferne ein Schiff entgegenkomme. Alle drängten sich zusammen und spähten in den Dunst.

Der Späher hatte recht. Es war tatsächlich ein Schiff.

Als es näher kam, sahen sie an Bord eine halb sitzende, halb liegende Gestalt mit blassem Gesicht, aber vertrauten Zügen. Sie hob ihre Hand zum Gruß.

Es war Alexander.

Am Ufer brach Jubel aus. Als die Soldaten ihrem König die Arme entgegenstreckten, weinten viele vor Erleichterung.

Im nächsten Moment legte das Schiff an. Die Wachen riefen nach einer Sänfte, doch Alexander winkte ab. »Gebt mir ein Pferd!«

Vorsichtig und unter Schmerzen kletterte er in den Sattel. Wieder hob er seine Hand, worauf »am Flussufer und zwischen den Bäumen Beifall aufbrandete«, wie der Historiker Arrian schrieb.

Als Alexander die Mitte des Lagers erreicht hatte, ließ er sich vom Pferd gleiten. Die Männer umringten ihn mit feuchten Augen. »Manche berührten seine Hände, andere seine Knie und Kleider.«

Seine Freunde sahen ihm an, dass er große Schmerzen hatte. Manchmal hielt er sich die Seite, während sein Gesicht sich verhärtete.

Doch die meisten Soldaten bemerkten das in ihrem Jubel nicht.

■

In den nächsten beiden Wochen verbesserte sich Alexanders Zustand zusehends, doch seine Freunde waren immer noch schockiert, wie leichtsinnig er gewesen war.

Krateros und Ptolemaios beschworen ihn in seinem Zelt, nie wieder so etwas Närrisches zu tun, doch Alexander schüttelte nur den Kopf.

»Glaubt ihr wirklich, ich könnte aufhören, nach Ruhm zu streben, dem einzigen Ziel, dem ich mein Leben geweiht habe?«, fragte er. »Nein, ich werde meine Pflicht nicht vernachlässigen. Wo ich auch kämpfe, soll es ein Schauspiel für die Welt sein.«

Seine Freunde seufzten, doch für sein Fußvolk war das schon in Ordnung. »Mut liegt in der Natur eines Helden«, bemerkte ein älterer Soldat. Das gefiel Alexander.

Als er einigermaßen wiederhergestellt war, setzten sie ihre Reise fort. Zwei Monate lang segelten sie in südliche Richtung und erreichten im Sommer 325 v. Chr. die Mündung des Indus.

Nahe dem heutigen Karatschi in Südpakistan ließ Alexander eine provisorische Werft errichten, um seine Boote für die endgültige Heimfahrt instand zu setzen. Doch trotz seines Martyriums in Multan sehnte er sich schon wieder nach neuen Herausforderungen.

Sein jüngster Plan war zweigeteilt. Zum einen wollte er, dass Nearchos die Flotte in den Persischen Golf manövrierte. Sobald sie diese Route kartografiert hatten, würden Kaufleute Gold und Edelsteine, Gewürze und Salz von Indien direkt bis ins Herz des Persischen Reichs bringen können.

Zur selben Zeit würde Alexander seine Armee entlang der Küste und anschließend durch die gedrosische Wüste führen, etwa da, wo heute die Grenze zwischen Pakistan und Iran verläuft. Seine Soldaten würden die Flotte mit Wasser aus Brunnen versorgen, das sie entlang des Weges gruben, während Nearchos sie mittels der Transportschiffe mit Getreide versorgte.

Insgeheim runzelten seine Männer die Stirn. Selbst für Alexanders Verhältnisse schien das ein höchst anspruchsvoller, wagemutiger Plan zu sein.

Die Späher berichteten, dass eine Durchquerung der Wüste ungeheuer schwierig und gefährlich sei. Es hieß, dass selbst der persische König Kyros der Große einst an Hitze und Sand gescheitert war.

Für Alexander war das nur umso mehr ein Grund, es zu versuchen. In Ägypten hatten er und seine Freunde die Sahara bezwungen, und schlimmer konnte es hier doch auch nicht werden.

Alles war vorbereitet. Die Route stand fest, die Gruppen waren ausgewählt, die Schiffe beladen.

Am Ufer schlugen er und Nearchos ihre Hände zusammen. Alexanders Gedanken kehrten zur bewaldeten Landschaft um Mieza zurück, wo Aristoteles ihr Lehrer gewesen war. Es schien ihm eine Ewigkeit her zu sein.

Er blickte ihm lange in die Augen und nickte seinem alten Freund zu. Sie würden sich wiedersehen, daran zweifelte er keine Sekunde.

Dann stieg er auf sein Pferd und galoppierte der Wüste entgegen.

■

Mit seiner Wüstenexpedition ging Alexander ein hohes Risiko ein.

Er hatte Zehntausende Männer bei sich, doch auch Tausende ihrer Frauen, Kinder und Diener. Sie hatten die Wüste noch nicht erreicht, doch bereits jetzt führte ihr Weg durch eine der kargsten Gegenden überhaupt. Er hatte weder eine Karte noch Verbündete. Und obwohl es schon Ende August war, einige Wochen nach der Sommersonnenwende, war es glühend heiß.

Wie immer war Alexander davon überzeugt, dass der pure Wille Berge versetzen konnte. Und nachdem er dem Tod im letzten Moment von der Schippe gesprungen war, gaben seine Soldaten ihm recht.

»Sie hatten immer daran geglaubt, dass er vom Schicksal begünstigt war«, schrieb ein antiker Historiker, »und jetzt waren sie überzeugt davon, dass er alles erreichen konnte, was er nur wollte.«

Und so begann sie, die lange Karawane durch die karge Ödnis westlich von Karatschi. Und von Beginn an gerieten sie in Schwierigkeiten: Schon nach wenigen Wochen machte ihnen die unerbittliche Hitze ernsthaft zu schaffen. Nirgends gab es frisches Wasser und die einheimischen Stämme waren ihnen feindlich gesinnt.

Doch die Makedonier kämpften sich weiter. Wochen vergingen, und es war Ende Oktober, als die Landschaft sich veränderte.

Das trockene Gestrüpp verschwand und die letzten grünen Flecken färbten sich grau. Vor ihnen lag die gedrosische Wüste, eine der unwirtlichsten Gegenden der Welt.

Und jetzt wurde es dramatisch.

Die Essensvorräte gingen zur Neige und Alexanders Leute suchten mit zunehmender Verzweiflung den Horizont nach ihren Getreideschiffen ab. Doch Nearchos' Flotte war nirgends zu sehen.

Die Tage vergingen. Kein Nearchos, keine Schiffe, nichts.

Sie waren vollkommen auf sich allein gestellt und wandten sich ins Landesinnere, doch auch dort gab es keine Nahrung. Und die Sonne brannte erbarmungslos auf sie herab.

Manchmal sahen sie am Horizont dunkle Gestalten und riefen heiser um Hilfe. Doch die lokalen Stämme, schrieb ein griechischer Historiker, waren »roh und unzivilisiert«.

Die Gedrosier ließen ihre Fingernägel wachsen, hatten lange verfilzte Haare und trugen Tierfelle, um sich vor der Sonne zu schützen. Sie lebten von rohem Fisch, den sie in Rindennetzen fingen und auf Felsen trockneten.

Für Alexander waren diese Fischesser tierhafte, barbarische Wesen. Der Gestank nach verrottetem Fisch war in der Tat so penetrant, dass die Makedonier sich ihnen nicht nähern konnten, ohne einen Würgereiz zu spüren.

Als sie immer langsamer wurden, beschloss Alexander, nur noch nachts weiterzuziehen. Doch in der brütenden Hitze war es schwierig, ein wenig Schlaf zu finden.

Die Dünen hüllten sie ein wie ein Ozean aus Sand, in den sie mit jedem Schritt tiefer versanken.

Mit sonnenverbrannter, sich schälender Haut und wunden

Kehlen trotteten sie weiter. Schlangen schnappten nach ihren Fußgelenken, Fliegen hockten auf ihren Lidern. Die Makedonier waren zu müde, um sie zu vertreiben.

Dann begannen sie zu hungern.

Und schon bald mussten sie Pferdefleisch essen, und manche kauten auch auf seltsamen Pflanzen herum, die in der Wildnis wuchsen. Waren die Blätter giftig, lagen die Makedonier auf dem Boden, während ihnen Schaum aus dem Mund quoll.

An der Spitze ihrer Karawane ließ Alexander nicht erkennen, wie es um ihn bestellt war. Doch litt er ebenso unter Hunger und Durst wie alle anderen auch. Er wusste inzwischen, dass sein Wüstenabenteuer ein kapitaler Fehler gewesen war.

Eines Nachts kampierten sie vor einer Felsformation und entdeckten einen schmalen Fluss. In Alexander keimte die Hoffnung, dass die Götter doch Mitleid mit ihnen hatten.

Doch er irrte sich.

Alexander konnte nicht wissen, dass auf dem Plateau der Felsformation große Wasserbecken waren, in denen sich der Sommerregen gesammelt hatte. Mitten in der Nacht liefen die Becken plötzlich über und schickten wahre Flutwellen nach unten.

Die Wassermenge war so enorm, schrieb ein Chronist, »dass die meisten Frauen und Kinder ertranken und ein Großteil des Gepäcks mitsamt den verbliebenen Tieren weggeschwemmt wurde«.

Viele der Soldaten kamen mit dem Leben davon. Doch am

nächsten Morgen waren sie am Boden zerstört und trauerten um ihre Angehörigen.

Sie stolperten weiter gen Westen.

Alle paar Minuten sank ein Mann um und blieb liegen. Pferde und Maultiere, die sie hätten tragen können, gab es nicht mehr, und ihre Kameraden waren zu schwach, um ihnen zu helfen. Sie wandten vielmehr ihre Blicke ab und überließen ihre Kameraden dem Sand und den Fliegen.

Alexander war fast vollständig verstummt, sein Gesicht wie versteinert. Wo war nur sein Glück geblieben? Wo waren die Götter? Wo war sein Vater, Zeus Ammon?

Schließlich kamen die einheimischen Führer zu ihm und mussten eingestehen, dass sie verloren waren.

Es war einer der schlimmsten Momente, die er je erlebt hatte. Doch wenn alles aussichtslos schien, wuchsen ihm neue Kräfte zu.

Er ließ die Karawane anhalten, rief die letzten Reiter zusammen und sagte ihnen, sie sollten ihn in Richtung Süden begleiten. Sie würden so weit gehen, bis sie das Meer erreichten, erklärte er grimmig, oder bei diesem Versuch sterben.

Sie ritten vier lange Stunden, bis ihre Kräften schwanden. Einer nach dem anderen fiel zurück, und am Ende waren Alexander nur noch fünf Gefährten geblieben.

Irgendwann schleppten sich die Pferde über die letzte Düne, und dann sahen sie es – das Meer.

Sofort ließen sie sich von den Rücken ihrer Pferde gleiten

und scharrten mit den Fingern in der trockenen Erde. Im nächsten Moment sprudelte klares frisches Wasser hervor. Zum ersten Mal seit Wochen lächelte Alexander.

Dann kehrte er zurück, um den Rest seiner Armee zu holen.

■

In den nächsten Tagen stampften sie am Ufer entlang. Sie hungerten immer noch, doch zumindest waren sie der Wüste entkommen.

Eine Woche nachdem sie die Küste erreicht hatten, erblickte einer ihrer Führer eine Spur im Sand. Sie folgten ihr über einen Hügel und fanden sich wenig später in einem Tal mit wenigen struppigen Pflanzen wieder. Als sie ihren Weg fortsetzten, gelangten sie zu einer weiten Ebene, auf der Schafe zufrieden am dürren Gras knabberten. Jetzt wussten sie, wo sie waren: gut dreihundert Kilometer südlich der Stadt Pura, unmittelbar an der Grenze zu Persien.

Von hier führte ein staubiger Weg direkt in die Provinz Karmanien hinein. Nachdem sie zwei Monate durch die Wüste geirrt waren, erblickten sie wieder das Licht der Zivilisation.

Sie waren krank, sonnenverbrannt und halb verhungert, aber sie waren am Leben. Zumindest einige von ihnen.

■

Niemand weiß genau, wie viele Menschen den Marsch durch die Wüste mit dem Leben bezahlt hatten. Fast alle, die dem Lager angehört hatten, waren tot, außerdem die Hälfte der Soldaten. Zehntausend Tote? Zwanzigtausend? Sogar noch mehr?

In jedem Fall war es das größte Fiasko, das Alexander erlebte: Doch jetzt blieb keine Zeit für Trauer. Die Überlebenden wollten essen, schlafen und vergessen.

Als sich die Kunde von Alexanders Gegenwart verbreitete, boten die karmanischen Fürsten Essen und Unterschlupf an. Die Makedonier blieben sieben Tage lang und ertränkten ihre Sorge im Wein, der in Strömen floss.

Sogar Alexander beteiligte sich an den Feierlichkeiten, krönte sich mit einem Blumenkranz, spülte einen Kelch Wein nach dem anderen hinunter und klatschte zur Flötenmusik.

Doch zwei Fragen ließen ihn nachts nicht schlafen: Wo waren seine Schiffe? Was war mit Nearchos geschehen?

■

Als der Winter einsetzte, ritt Alexander zur Hauptstadt Karmaniens, nach Salmus. Die Bevölkerung verneigte sich ehrfürchtig vor ihrem großen König.

Und zum ersten Mal seit Monaten trafen gute Nachrichten ein. Reisende berichteten, dass Fremde an den Stränden gesehen worden seien und mehrere Schiffe unmittelbar vor der Küste festmachten.

Alexander war von neuer Hoffnung erfüllt. Das musste Nearchos sein!

Sofort sandte er Suchtrupps aus, um die Küstenlinie zu beobachten. Doch Tage vergingen und von Nearchos fehlte jede Spur.

In Salmus wuchs Alexanders Frustration wieder. Bestimmt war alles eine Falschmeldung gewesen, ein übler Scherz, um ihn zu quälen.

In seiner Wut und Enttäuschung befahl er, jeden festzunehmen, der falsche Nachrichten in Umlauf brachte. In seiner Einsamkeit brütete er vor sich hin.

Ein, zwei Tage später raffte er sich auf und ging ins Theater. Seine Offiziere hatten einen Dramenwettbewerb organisiert, und Alexander hatte versprochen, den Sieger zu küren.

Als der Wettbewerb seinen Höhepunkt erreichte, gab es einen kleinen Tumult am Eingang. Sechs Fremde begehrten Einlass. Mit ihren langen Haaren, den verfilzten Bärten und schmuddeligen Kleidern sahen die hageren Gestalten wie Bettler aus.

Alexander blickte stirnrunzelnd zu ihnen hinüber, während einer der Männer direkt auf ihn zukam und den Kopf beugte.

Dann hätte Alexander fast einen Freudenschrei losgelassen. Es war Nearchos!

Als die Freunde ihre Hände zusammenschlugen, weinten sie beide. Alexander schluckte seine Tränen hinunter und schüttelte ungläubig den Kopf.

»Es ist so ein Trost«, sagte er, »dass du, mein Freund, in Sicherheit bist. Aber was ist mit den anderen? Wie sind sie gestorben. Was ist mit den Schiffen passiert?«

»Mein Herr«, entgegnete Nearchos, während er sich die Freudentränen aus den Augen wischte. »Deine Schiffe sind unversehrt und deine Männer ebenso. Das mitzuteilen, bin ich hier.«

Bei diesen Worten »flossen bei Alexander erst richtig die Tränen«, wie ein Historiker berichtete, »weil sie fast zu schön klangen, um wahr zu sein«.

Als sie später bis weit in die Nacht miteinander sprachen, erzählte Nearchos die ganze Geschichte. Wegen der starken Monsunwinde hätten seine Schiffe erst im November ablegen und er die Armee nicht einholen können.

In den Dörfern an der Küste habe er weiteren Proviant holen wollen, doch die feindlichen Fischesser hätten sie mit Steinen empfangen, worauf es meist ein Blutbad gegeben habe.

Im Laufe der Schiffsreise habe er Wunder erlebt, die eines Odysseus würdig gewesen wären. Riesige Wale hätten ihren Strahl zum Himmel geschickt, außerdem seien sie an Inseln vorbeigekommen, die von bösen Geistern besessen waren.

Schließlich hätten sie die südpersische Küste[23] erreicht, und nun, schloss er fröhlich, lägen seine Schiffe an der Flussmündung vor Anker.

In dieser Nacht konnte Alexander zum ersten Mal seit Monaten wieder gut schlafen. Die sichere Rückkehr seiner Flotte bereite ihm mehr Freude als all seine Eroberungen, sagte er.

An den nächsten Tagen organisierte er zu Ehren seiner Freunde verschwenderische Festspiele. Und als Nearchos und seine

---

23 Gemeint ist die Küste gegenüber des heutigen Dubai am Persischen Golf.

Schiffsmannschaft durch die Straßen paradierten, ging ein Blumenregen auf sie herab.

Alles war Jubel und Erleichterung. Der Albtraum des Marschs durch die Wüste war vergessen. Die Odyssee der Makedonier schien ihr Ende gefunden zu haben.

Für Alexander sollte sie jedoch nie vorbei sein.

19

Das Grab des Kyros

Ein paar Monate nach dem Marsch durch die Wüste stattete Alexander dem einzigen Mann, dessen historische Leistungen mit seinen vergleichbar waren, einen Besuch ab.

Kyros I., genannt Kyros der Große, war zweihundert Jahre zuvor gestorben, im Jahr 530 v. Chr. Als der persische »König aller Könige« wurde er gemeinhin als der größte Mann angesehen, der je gelebt hatte.

Die Perser bezeichneten ihn nur als »Der Vater«. Selbst im fernen Makedonien hatte Alexander als Kind von den Eroberungen des Kyros gelesen.

Kyros' Grab befand sich in einem Park achtzig Kilometer außerhalb von Persepolis und wurde von einer Gruppe von Magi bewacht, die das Feuer verehrten. Seit Kyros' Tod hatte jeder große König sein Grab aufgesucht, sich seine verblichene Robe umgehängt und vor seinem goldenen Sarkophag gekniet. Und als Alexander im Frühjahr 324 v. Chr. durch das persische Kernland ritt, war er begierig, dasselbe zu tun.

Er fand das Grab in einem Wäldchen in der Nähe eines sanft

plätschernden Flusses. Ein paar Stufen führten zu einem kleinen Steinhaus hinauf, der letzten Ruhestätte des Mannes, der einst über ganz Persien geherrscht hatte.

Alexander wusste, was ihn erwarten würde. Gleich würde er den goldenen Sarg sehen, der auf einem vergoldeten und gepolsterten Podest stand und mit purpurroten Teppichen bedeckt war. Angeblich barg dieser Raum kostbare Gewänder und Tuniken sowie Bögen, Halsketten, Säbel, goldene Ohrringe und anderen Schmuck.

Als er die Treppe hinaufstieg, raste sein Herz. Dies war ein unvergleichlicher Moment, die Begegnung mit einem der größten Eroberer der Weltgeschichte, auch wenn dieser seit zweihundert Jahren tot war.

Alexander schob die knarrende Tür auf – und erstarrte.

Kyros' Grab war geplündert und aller Schätze beraubt worden.

Die Bruchstücke des Sargs lagen über den Boden verstreut. Selbst Kyros' halb verwester Leichnam, von dem sich einzelne Gliedmaßen gelöst hatten, lag auf den blanken Steinen.

Entsetzt breitete Alexander seinen eigenen Umhang über den toten Körper und rief die Wachen. Innerhalb weniger Stunden hatten sie die Feuerpriester zusammengetrommelt und verlangten Antworten.

Doch keiner der Priester wusste etwas zu sagen, und schließlich einigte man sich darauf, dass lokale Banditen für die schändliche Tat verantwortlich sein mussten.

Für die Makedonier hätte es kein schlechteres Omen geben

können. Wenn auch der mächtigste aller Könige nicht vor gemeinen Banditen sicher war, was würde Alexander und seine Leute dann erwarten?

Im späten Frühjahr 324 v. Chr. besuchte Alexander die alte Königsstadt Susa.

Bei seinem ersten Aufenthalt in Susa vor sieben Jahren war er noch ein makedonischer Sonderling gewesen. Nun kam er als unumstrittener Herrscher über Asien.

In Susa hatte er alles, was sich ein Mann nur wünschen konnte – grenzenlose Pracht und Macht, Freunde, mit denen er die Abende verbringen konnte, und seine schöne junge Frau Roxana, die ihm Kinder schenkte.

Und doch war etwas nicht in Ordnung. Es ist nicht leicht zu benennen, was es war, doch in den Straßen der drückend heißen Stadt machte sich ein gewisser Argwohn breit, der sich aus Angst speiste.

Die Verwüstung von Kyros' Grab war nicht der einzige Fall von Vandalismus. Während Alexander nach Osten weitergezogen war, hatten Diebe und Banditen die Menschen in den Provinzen terrorisiert, während die eingesetzten Satrapen ihre Untertanen meist skrupellos unterdrückten.

Alexanders Eroberungen hatten den meisten Persern keine Freiheit geschenkt, sondern lediglich Unsicherheit und Chaos mit sich gebracht.

Bei seiner Rückkehr setzte Alexander alles daran, eine neue Ordnung zu etablieren, Satrapen festzunehmen und die Schuldigen mit dem Tode zu bestrafen. Doch das alles hinterließ einen üblen Beigeschmack und mancher Betrug traf ihn schwerer als andere.

Harpalos, einer der ältesten Freunde Alexanders, war während dessen Abwesenheit als Schatzmeister in Babylon geblieben. Doch statt all den Reichtum treu zu verwalten, hatte er in Saus und Braus gelebt und große Summen verschwendet. Ja, er hatte die Babylonier sogar dazu gebracht, seine Geliebte als Göttin zu verehren.

Als Alexander bei seiner Rückkehr davon erfuhr, floh Harpalos mit einer großen Summe nach Athen, wo er mithilfe seiner gestohlenen Beute gar eine Rebellion gegen seinen Kindheitsfreund entfachte.

Alexander konnte nicht begreifen, wie sein alter Freund all ihre gemeinsamen Ideale so hatte verraten können.

Dann ereignete sich etwas, das Alexander als besonders böses Vorzeichen betrachtete.

Zwei Jahre lange hatte Kalanos – der Philosoph, den sie in Taxila nackt im Staub vorgefunden hatten – die makedonische Armee begleitet. Alexander liebte es, mit ihm zu reden, und so waren die beiden Männer rasch Freunde geworden.

Doch jetzt setzte Kalanos Alexander davon in Kenntnis, dass er bald sterben werde. Er wolle nicht gegen sein Schicksal ankämpfen, erklärte er und bat um Erlaubnis, seinem Leben selbst ein Ende zu setzen, wie es unter den Weisen Indiens üblich sei.

Zunächst versuchte Alexander, ihn davon abzubringen, doch als er sah, dass es keinen Zweck hatte, willigte er ein.

Auf Kalanos' Anweisung hin schichteten die Makedonier einen großen Scheiterhaufen auf. Anschließend wurde der todkranke Philosoph durch die Reihe der Soldaten getragen, »ausgestreckt auf einer Bahre, mit einem Blumenkranz gekrönt und ein indisches Lied summend«.

Als Kalanos oben auf dem Scheiterhaufen lag, sah er zum letzten Mal Alexander in die Augen.

»Wir werden uns wiedersehen«, sagte Kalanos mit ruhiger Stimme. »In Babylon.«

Dann wurde der Scheiterhaufen mit einer Fackel angezündet. Im nächsten Moment, ohne die geringste Spur von Angst zu zeigen, wurde Kalanos von den Flammen umschlossen.

Nachdem das Feuer weitgehend heruntergebrannt war, löste sich die Versammlung auf. Die meisten Soldaten sprachen an diesem Tag von nichts anderem mehr als vom außerordentlichen Mut des Kalanos im Angesicht des Todes.

Doch die letzten Worte des toten Freundes ließen Alexander nicht los.

Wir sehen uns in Babylon …

■

In Susa hielt der Sommer Einzug. Innerhalb der Ziegelmauern des Palastes herrschte eine drückende Hitze.

Den Soldaten schien Alexander weniger makedonisch als je

zuvor zu sein. Auf seinem goldenen Thron sitzend, mit einem violetten Umhang bekleidet und mit dem gleichfarbigen Diadem auf dem Kopf, sah er wie ein traditioneller persischer Herrscher aus.

Auch seine Freunde trugen persische Gewänder. Sein Leibwächter Peukestas, der ihm in Multan mit dem Schild der Athene das Leben gerettet hatte, sprach inzwischen sogar fließend Persisch.

Den meisten alten Soldaten gefiel dies ganz und gar nicht. Doch Alexander träumte davon, Ost und West miteinander zu vereinen. Sein Reich sollte weder makedonisch noch persisch, sondern beides sein.

Und als sichtbares Zeichen für diese Absicht organisierte er eines der größten öffentlichen Spektakel, die die Welt je gesehen hatte.

Mehrere Wochen nach Kalanos' Tod veranstaltete der Hof eine fünftägige Hochzeitsfeier. Alexander hatte beschlossen, sich eine weitere Frau zu nehmen.

Doch war er damit nicht allein. Auch Hephaistion sollte heiraten. Ebenso Krateros, Perdikkas, Ptolemaios, Nearchos …

Es sollten tatsächlich *alle* makedonischen Offiziere den Bund der Ehe schließen, insgesamt fast hundert Männer, obwohl manche, wie Alexander, schon verheiratet waren.

Für jeden von ihnen hatte Alexander eine persische Braut ausgesucht, um den Bund zwischen Griechenland und Persien zu bekräftigen. Er selbst würde Stateira zur Frau nehmen, die jugendliche Tochter von Dareios.[24] Hephaistion würde ihre Cousine Drypetis heiraten, Krateros wiederum deren Cousine Amastris.

Viele dieser jungen Mädchen waren fast noch Kinder. Doch es glaubte auch niemand ernsthaft, dass hier romantische Aspekte eine Rolle spielten. Es zählte nur das Spektakel und die mit ihm verbundene Botschaft, die sich im ganzen Königreich herumsprach.

Nie zuvor hatte Susa solch ein Fest erlebt, mit goldenen Betten und silbernen Vorhängen, purpurroten Teppichen und verzierten Säulen, mit Musikern, Magiern, Tänzerinnen und Possenreißern. Die Tische bogen sich unter der Last der Speisen und Weinkrüge.

Der Geschichtsschreiber Arrian bezeichnet die Massenhochzeit von Susa als die »populärste Entscheidung, die Alexander je getroffen« habe. Außerdem bezeuge sie die Zuneigung zu seinen Gefährten.

Doch ist dies nur die eine Seite der Geschichte. Denn all der persischen Pracht zum Trotz konnten einige ältere Soldaten ihre Missbilligung nicht verhehlen.

Mit erstauntem Zorn hatten sie miterlebt, wie Alexander eine makedonische Tradition nach der anderen aufgegeben hatte. Stattdessen trug er fremdländische Kleider, und jetzt hatten er

---

24 Nicht zu verwechseln mit Dareios' Frau, die ebenfalls Stateira hieß.

und seine Freunde sich auch noch fremdländische Frauen genommen.

War es das, wofür die makedonischen Söhne gekämpft und ihr Leben gelassen hatten? Und wollte sich Alexander allen Ernstes in einen Perser verwandeln und eine persische Dynastie begründen?

Für manche der Makedonier war das mehr, als sie ertragen konnten. Und wenige Wochen nach der Massenhochzeit brach der Unmut aus ihnen heraus.

■

Zur Sommersonnenwende war die Hitze schier unerträglich geworden. Fliegen summten über den Sümpfen des Tigris.

Während Alexander flussaufwärts segelte, nahm in seinem Kopf eine neue Idee Gestalt an. Er wusste, das er, je nachdem wie die Dinge liefen, scheitern konnte.

Für ihn war nichts mehr wie früher, seit seine Männer sich vor zwei Jahren in Indien geweigert hatten, ihre Expedition fortzusetzen. Im Sturzregen des Punjab war etwas zerbrochen, das nicht mehr zu reparieren war.

Außerdem kannte er zu genau ihre Gesichter, wenn sich die persischen Höflinge vor ihm verneigten. Er wusste, dass viele die persischen Traditionen nie akzeptieren würden.

Doch er brauchte eine Armee, die von seinen neuen Untertanen unterstützt wurde. Er hatte bereits damit begonnen, persische Reiter zu rekrutieren. Und bevor er in Susa aufgebrochen war, hatte er Zehntausende Kämpfer aus den wilden baktrischen Stämmen willkommen geheißen, die jetzt makedonische Uniformen und Waffen trugen.

Alexander nannte sie *Epigoni* – die Nachfolger. Doch als die Makedonier davon erfuhren, machten sie finstere Gesichter.

Wenn diese jungen Kerle die Nachfolger waren, wer waren dann ihre Vorgänger?

In der am Tigris gelegenen Stadt Opis, nahe dem heutigen Bagdad, rief Alexander seine Soldaten zu einer Versammlung zusammen. Er habe ihnen etwas Wichtiges mitzuteilen.

Nachdem die Makedonier vor dem Palast Aufstellung genommen hatten, betrat Alexander, flankiert von seinen Leibwächtern, ein hölzernes Podest. Er kam sofort zur Sache.

Zehn Jahre seien vergangen, seit sie gemeinem nach Asien gesegelt waren, und jetzt brauchten sie ihre wohlverdiente Ruhe. Alle verletzten und älteren Männer würden also nach Makedonien zurückgeschickt werden. Um ihnen dies zu versüßen, würde er ihnen allen genug Geld geben, damit sie ihre Schulden bezahlen konnten, und darüber hinaus eine Belohnung, um die man sie zu Hause beneiden würde.

Sofort setzte mürrisches Gemurmel ein. Jemand rief, der König ziehe anscheinend die Perser den eigenen Leuten vor. Ein anderer forderte, entweder sollten alle heimkehren oder keiner. Die Stimmung wurde zunehmend gereizter.

Dann hörte man plötzlich eine vorwurfsvolle, schneidende Stimme.

»Wenn du so gering von uns denkst, warum führst du deinen Krieg dann nicht allein weiter? Vielleicht hilft dir ja dein Vater Ammon dabei!«

Gelächter lief durch die Reihen. Alexander konnte nicht glauben, was er da hörte.

Bevor seine Leibwächter ihn aufhalten konnten, sprang er nach unten in die Menge und stürmte auf den Mann zu, der zuletzt gesprochen hatte. Er packte ihn an den Schultern und rief die Wachen. Dann griff er einen zweiten und einen dritten Soldaten an.

Nachdem die Wachen dreizehn Männer weggezerrt hatten, die exekutiert werden sollten, stieg Alexander wieder auf das Podest. Es herrschte eine angstvolle Stille. Er sah schockierte Gesichter und eisige Blicke.

»Als mein Vater Philipp euch aufgenommen hat«, sagte er kühl, »wart ihr arme Schafhirten ohne ein Dach über dem Kopf, gekleidet in Tierfelle. Er hat euch zu den Herren von Griechenland gemacht. Ich gab euch Asien. Ich gab euch Ägypten, Syrien, Babylon und Baktrien, den Wohlstand Lydiens, die Schätze Persiens, den Reichtum Indiens.

Ich wurde von Pfeilen getroffen. Ich wurde von Schwertern verwundet. Doch ich habe euch zu Herren über Land und Meer gemacht. Ich gab euch lila Gewänder und goldene Kronen. Und so dankt ihr es mir!

Nun denn, wenn ihr alle gehen wollt, dann geht! Geht nach Hause und erzählt allen, dass Alexander, der Eroberer von Persien, von seinen eigenen Leuten im Stich gelassen wurde. Geht nach Hause und erzählt, dass Alexander bei den Ausländern blieb, weil seine eigenen Männer weggelaufen sind.

Sagt dies euren Familien und seht, wie sie euch willkommen heißen. Geht!«

Nach diesen Worten stieg er von der Plattform und entfernte sich.

■

Zwei Tage lang blieb Alexander in seinen Räumen und ließ sich nur von seinen engsten Freunden besuchen. Seine Soldaten sagten sich, die Situation sei genauso wie bei der Rebellion am Hyphasis, als er schließlich eingelenkt hatte.

Doch für Alexander gab es einen entscheidenden Unterschied. Er hatte sich ein Mal von seinen Männern demütigen lassen, doch es würde kein zweites Mal geben.

Am dritten Tag rief Alexander seine persischen Offiziere zu sich. Von nun an würden die traditionellen makedonischen Ränge persische Titel tragen. Es würde die Persischen Silberschilde und die Persische Kavallerie geben, Persische Generäle und Persische Leibwächter. »Asien und Europa sind nun ein gemeinsames Königreich«, erklärte er. »Ihr werdet also makedonische Waffen tragen und seid meine Angehörigen.«

Als die makedonischen Veteranen davon erfuhren, konnten sie es nicht glauben. Das konnte nicht Alexanders Ernst sein. Würde er ihre Titel und Ränge wirklich auf die Perser übertragen?

Schon bald hatten sich die Makedonier vor dem Palast versammelt. Manche waren so geschockt, dass ihnen Tränen über die Wangen liefen. Hier vor dem Palast würden sie Tag und Nacht bleiben, rief einer ihrer Sprecher, bis Alexander sich erbarmte und nach draußen käme.

Schließlich öffnete sich das große Tor und Alexander trat vor sie hin. Als er die feuchten Gesichter seiner Männer sah, glätteten sich seine Züge.

Der Sprecher der Soldaten trat vor. Es tue ihnen leid, sagte er. Sie würden sich natürlich dem Befehl des Königs beugen. Sie wollten nur wissen, ob auch sie sich Angehörige des Königs nennen könnten.

Alexander nickte bedächtig. »Ja«, antwortete er. »Von heute an seid ihr alle meine Angehörigen.«

Damit war der Aufstand von Opis vorbei. Doch diesmal hatte Alexander sich durchgesetzt.

■

Während einer großen Feier, die das Ende der Streitigkeiten dokumentieren sollte, wurden die makedonischen Veteranen an den Tisch des Königs gebeten. Doch später saßen die Perser mit ihm am Tisch, gefolgt von den Ägyptern, den Indern und den anderen Völkern des neuen Reichs.

Am Ende des Banketts forderte Alexander seine Soldaten auf, für den »Frieden zwischen Makedoniern und Persern und für die Teilung der Macht untereinander« zu beten. Noch vor wenigen Tagen hätten die Veteranen dies verweigert, aber nun blieb ihnen nichts anderes übrig, als sich einverstanden zu erklären. Doch in ihrem Inneren waren viele von ihnen todunglücklich.

Sie hatten die größten Städte auf Erden erobert, doch nun wurden sie in die Berge zurückgeschickt, wo sie einst Schafe gehütet hatten. Und an ihrer Stelle sollten Perser das Reich regieren.

Alexander hatte entschieden, dass der freimütige Krateros die Makedonier nach Hause führen sollte. Manche von ihnen murrten, er wolle Krateros nur loswerden, um sich ungehindert in einen Perser verwandeln zu können.

Doch war es zu spät, um sich darüber den Kopf zu zerbrechen. Krateros gab den Marschbefehl und schon erfüllte das Stampfen von Stiefeln die Luft.

Als die Makedonier über die große Ebene marschierten, blickten einige kurz zurück. Vor den Toren von Opis stand eine klein gewachsene gedrungene Gestalt und hob die Hand zum Gruß. Allmählich verblasste sie im Sonnendunst.

Sie würden Alexander niemals wiedersehen.

■

Inzwischen war es Herbst geworden. In Ekbatana flammten die goldenen Türme im Abendlicht auf.

Im Palast streckte Alexander die Hand nach einem weiteren Becher Wein aus. Die Zwistigkeiten des Sommers waren vergessen. Die makedonischen Veteranen waren inzwischen weit, weit fort.

Mehr als je zuvor fühlte er sich als Nachfahre des großen Königs Kyros. Nicht nur seine Soldaten stammten größtenteils aus Persien und Baktrien, sondern auch seine Frauen, seine Höflinge, seine Diener und Leibwächter.

Abend für Abend blieb er lange auf und trank mit seinen Freunden, vor allem mit jenen, die er seit seiner Kindheit kannte: Perdikkas, Ptolemaios und Nearchos. Doch wenn er sich umsah, erblickte er auch ein, zwei neue Gesichter.

Es waren ehrgeizige Männer, die sich emporgearbeitet hatten, wie sein griechischer Sekretär Eumenes, listig und redegewandt, oder Seleukos, der neue makedonische Befehlshaber der Silberschilde, ein gestählter Kämpfer mit berechnendem Blick.

Doch eines der Gesichter hatte sich nie verändert. Seit sie als Kinder durch die Wälder bei Mieza gestreiften waren, war Hephaistion Alexanders engster Freund und Seelenverwandter. Auch jetzt noch erschienen die beiden wie Achilles und Patroklos, die berühmten Freunde aus Homers Epos über den Trojanischen Krieg.

Um ihn für seine unverbrüchliche Loyalität zu belohnen, hatte ihn Alexander nicht nur zum Befehlshaber der Kavallerie, sondern auch zu seinem Stellvertreter ernannt. Sollte Alexander je etwas zustoßen, würde Hephaistion den Königsthron besteigen.

Als die Herbstwinde von den Bergen bliesen, gab Alexander die Austragung einer neuen Serie von Wettkämpfen bekannt.

Doch am ersten Tag blieb ein Platz in der Arena leer. Nach den tagelangen Feierlichkeiten fühlte Hephaistion sich etwas angeschlagen.

Es war nur das übliche Fieber, das Alexander nicht sonderlich beunruhigte. Sein Freund würde sich im Bett erholen, während die Sänger und Ringer um den Sieg stritten.

Am siebten Tag seines Krankenlagers fühlte Hephaistion sich besser und ließ sich einen Becher Wein bringen.

Wenige Stunden später, als Alexander die Turnwettbewerbe verfolgte, kniete sich ein Diener neben ihn und flüsterte ihm etwas ins Ohr. Alexander war sofort auf den Beinen und eilte, gefolgt von seinen Leibwächtern, zum Ausgang.

Doch er kam zu spät. Als Alexander das Bett des Freundes erreichte, war Hephaistions Gesicht so weiß und kalt wie ein polierter Stein. Er war tot.

Für einen Moment verharrte Alexander vollkommen regungslos. Seine Beine knickten ein, der ganze Raum begann sich zu drehen.

Dann wurde es dunkel um ihn.

20

Babylon

Alexander weinte drei Tage lang.

Zunächst weigerte er sich, Hephaistion zu verlassen, und hielt stattdessen weiter die Hand seines toten Freundes. Nachdem seine anderen Freunde ihn schließlich aus dem Zimmer gezerrt hatten, krümmte er sich, unkontrolliert schluchzend, auf dem Boden zusammen.

Er sandte das Essen zurück, das man ihm brachte, und war nicht in der Lage, sich zu waschen oder zu rasieren. Kein Wort brachte er über die Lippen. Er lag auf dem Rücken und starrte ins Nichts, während ihm Tränen über die Wangen liefen.

Nachdem er einigermaßen zu sich gekommen war, ließ er sich ein Messer bringen und schnitt seine Haare ab, wie es auch Achilles nach dem Tod seines Freundes Patroklos getan hatte.

Am nächsten Tag wurde im ganzen Reich öffentlich getrauert. Die Mähnen und Schweife aller Pferde wurden abgeschnitten. Das Spielen von Flöten und anderen Instrumenten war verboten. Hephaistions Arzt wurde gehängt.

Doch es gab kein Begräbnis, noch nicht. Denn für Hephaistion brauchte es etwas ganz Besonderes. Alexander gab bekannt, dass das Begräbnis aufgeschoben war, bis sie nach Babylon zurückgekehrt seien. Dort sollte dann die aufwendigste Zeremonie aller Zeiten stattfinden.

Unterdessen gab er ein Denkmal in Ekbatana in Auftrag, wo Hephaistion seinen letzten Atemzug getan hatte. Die dortigen Steinmetze schufen einen gigantischen Löwen – die Verkörperung von Macht und Majestät.

Glatt geschliffen vom Zahn der Zeit steht dieser Löwe in der iranischen Stadt Hamadan bis auf den heutigen Tag. Über zweitausend Jahre nach Hephaistions Tod lassen sich die Besucher neben dem Löwen fotografieren, so wie Alexander es gewollt hätte.

■

Die Wochen vergingen, doch Hephaistions Tod war eine Wunde, die niemals heilen sollte. Alexander hatte beim Gefährten seiner Kindheit nicht nur Rat und Freundschaft gefunden, sondern mit ihm auch die Einsamkeit geteilt, die seine Position mit sich brachte.

Hephaistions Platz nahm in gewisser Weise der vornehme Perdikkas ein, der zum Befehlshaber der Kavallerie aufstieg. Und am Hof waren es Perdikkas Freunde, die nun den größten Einfluss hatten. Parmenion war nicht mehr da, Kleitos war nicht mehr da, Krateros war nicht mehr da, Hephaistion war nicht mehr da. Die Machtverhältnisse verschoben sich und neue Männer gelangten zu Einfluss.

Und was war mit Alexander?

Für viele war der 33-jährige König immer noch eine Ehrfurcht gebietende Erscheinung. Besucher empfing er auf seinem goldenen Thron, in lila Gewänder gehüllt und von Leibwächtern in roten Tuniken umgeben.

Da die makedonischen Veteranen weit weg waren, gab es niemanden, der über seine persischen Kleider gespottet hätte. Und mehr als je zuvor schien Alexander entschlossen zu sein, dem Bild seines göttlichen Vaters Zeus Ammon gerecht zu werden.

»Er trug die heiligen Gewänder der Götter zu festlichen Anlässen«, wusste der griechische Geschichtsschreiber Ephippos zu berichten. »Mal den violetten Umhang und die Hörner des Ammon, manchmal das Kleid der Göttin Artemis … Zuweilen war er auch als Hermes verkleidet, mit geflügelten Sandalen und breitem Hut … oft trug er ein Löwenfell und eine Keule wie Herakles.«

Manche sahen in diesen Verkleidungen ein sicheres Zeichen, dass Alexander allmählich den Verstand verlor. Als habe ihn die Trauer in den Wahnsinn getrieben und die Grenze zwischen Fantasie und Realität in seinem Geiste verwischt.

»Er ließ den Boden seines Palasts mit wertvollem Parfüm oder süßem Wein besprenkeln, Weihrauch und Myrrhe ließ er zu seinem Vergnügen verbrennen«, schrieb Ephippos abschätzig. »Dennoch herrschte um ihn her eine bohrende Stille, als hätte man Angst vor ihm: Er war in der Tat blutrünstig und unausstehlich.«

Vielleicht waren dies nur Lügengeschichten, die seine Gegner verbreiteten. Vielleicht enthalten sie aber auch einen wahren Kern.

Trotz all der Pracht, mit der er sich umgab, ging von Alexander nun eine tiefe Einsamkeit und Traurigkeit aus. Die Zeit der Abenteuer schien hinter ihm zu liegen. Der Enthusiasmus seiner Jugend war seit Langem verblasst.

Die Abende wurden lang und länger. Von seinen Leibwächtern umgeben, streckte Alexander sich auf seinem persischen Liegesofa aus und gab sich dem Wein hin.

In seiner Fantasie sah er zwei Jungen in den Wäldern bei Mieza herumtollen und sich angeregt über die mythischen Helden unterhalten. Und er sah einen schwarzen Hengst mit einem Mal in der Form eines Ochsenkopfs auf der Flanke.

Er sah einen Speer auf den asiatischen Strand zufliegen und ein Schwert, das den Gordischen Knoten zerschlug. Er sah Kamele durch die ägyptische Wüste trotten und eine Armee, die den Hindukusch bezwang.

Und schließlich hallten die Worte des sterbenden Philosophen durch seinen Kopf:

Wir sehen uns in Babylon …

Er leerte seinen Kelch und ließ sich Wein nachschenken.

■

Monate vergingen. Aus dem Jahr 324 wurde das Jahr 323 v. Chr. und Alexanders Abenteuerlust schien neu zu erwachen. Am Hof gab es Gerüchte, dass er weitere Eroberungen plane, wenn auch niemand zu sagen gewusst hätte, welche das sein sollten.

Im Winter erging der Befehl zum Bau von siebenhundert neuen Schiffen, und schon waren die Holzfäller am Kaspischen Meer wieder eifrig dabei, den Baumbestand zu reduzieren.

In Babylon wurde der Bau eines riesigen Hafens in Angriff genommen, in dem eintausend Kriegsschiffe Platz finden sollten. An der phönizischen Küste warben Alexanders Agenten mit hohen Summen Seeleute für die neue Flotte an.

In den Tavernen raunte man sich zu, dass der König das ehrgeizigste Unternehmen aller Zeiten plane: eine massive seegestützte Invasion Arabiens, um die unschätzbare Gewürzroute unter Kontrolle zu bringen.

In der antiken Welt gab es kaum etwas so Wertvolles wie Parfüms und Gewürze. Während seiner Reise entlang der persischen Küste hatte Nearchos bereits von den arabischen Schätzen an Zimt, Weihrauch und Myrrhe gehört, die ihresgleichen suchten.

Wenn er die arabische Gewürzroute kontrollierte, würde Alexander zum mit Abstand reichsten Herrscher der Weltgeschichte aufsteigen. Das würde ihm genug Gold einbringen, um Dutzende Armeen zu bezahlen und hundert neue Paläste zu bauen.

Doch wäre dies jemals genug für ihn? Würde es nicht immer neue Länder geben, die erobert werden mussten? Weitere Schlachten, die es zu schlagen galt?

Der Historiker Arrian vermutet, »dass keine Eroberung Alexander je zufriedengestellt hätte … selbst wenn er die Inseln der Briten Europa hinzugefügt hätte, wäre er stets weiter auf der Suche nach unbekannten Ländern gewesen.«

Und wenn er niemanden mehr zum Kämpfen gefunden hätte, fügte Arrian hinzu, dann hätte er mit sich selbst gekämpft.

Doch während in den Werften eifrig gehämmert wurde, zeichnete sich am Horizont bereits eine neue Zeit ab.

Die Wiederkehr des großen Königs verbreite sich im In- und Ausland wie ein Lauffeuer. »Das Erschrecken vor dem Namen Alexander war in der ganzen Welt so groß«, schrieb ein Chronist, »dass alle Nationen bereit waren, sich ihm zu unterwerfen.«

Die Libyer entsandten einen Botschafter. Desgleichen die Äthiopier. Weitere Abgesandte trafen aus Gallien und Spanien, Karthago und Sizilien ein, ebenso von den Illyrern, Thrakern, Lukanern und Etruskern.

Doch gab es eine Gruppe von Besuchern, die sich alles interessiert ansah und nur wenige Worte machte. Sie hatten ernste Gesichter, glatt rasierte Wangen und unmodisch kurz geschnittene Haare.

Sie kamen aus Mittelitalien. Ihre Stadt war eine Republik, daher hatten sie keinen König. Doch galten sie als entschlossene und kriegerische Leute, die stolz auf ihre bestens ausgebildete Armee waren.

Am Hofe Alexanders tauschte man belustigte Blicke. Keine italienische Republik, ganz gleich wie gut organisiert ihre Armee war, kam der Größe Makedoniens gleich.

Wie war der Name der Stadt noch gleich?

Ihre Stadt, sagten die Fremden, heiße Rom.

■

In den ersten Wochen des Jahres 323 v. Chr. ritt Alexander in Richtung Babylon. Dort sollte Hephaistion das Begräbnis bekommen, das er verdiente. Wenn die Feierlichkeiten vorüber waren, würde er sich der Eroberung Arabiens zuwenden.

Doch als Alexander seine Armee durch die babylonischen Sumpfgebiete führte, geschah etwas Unerwartetes. Am Ufer des Tigris warteten bereits die Priester der Stadt auf ihn, ihre Gesichter mit den schwarzen Bärten sorgenvoll und düster.

Solange man sich erinnerte, hatten die Seher von Babylon die Zukunft in den Sternen gelesen. Und jetzt überbrachten sie unheilvolle Nachrichten.

Als sie in den Himmel blickten, sahen sie den Tod des Königs. Alexander solle also bei allem, was er tue, Vorsicht walten lassen. Er dürfe Babylon unter keinen Umständen von Westen her betreten, weil das ein sicheres Unglück bedeute.

Ein weiteres Mal gingen Alexander die Worte des sterbenskranken Kalanos durch den Kopf.

Wir sehen uns in Babylon …

Doch manche seiner Gefährten hatten für die Prophezeiung der Priester nur ein müdes Lächeln übrig. »Wenn unser Schicksal vorherbestimmt ist«, sagte einer von ihnen abschätzig, »dann können wir Lebenden nichts davon wissen.«

Und war Alexander nicht der Sohn des Zeus? Was sollte er schon zu befürchten haben?

Kurz darauf ritt Alexander entgegen der Warnung der Priester durch das große Westtor in die Stadt.

In der Morgensonne sah Babylon schöner aus als je zuvor. Jubelnde Kinder drängten sich auf den Straßen, von den Türmen hingen Flaggen und Blumengebinde.

Vor ihnen lagen das leuchtend blaue Ischtar-Tor, die hoch aufragende große Zikkurat und das blühende Wunder der Hängenden Gärten. Alexanders Befürchtungen schmolzen dahin wie der letzte Schnee in der Frühlingssonne.

Sobald er im prachtvollen Palast angekommen war, richtete er seine Aufmerksamkeit auf die Beerdigung seines Freundes. Perdikkas war mit Hephaistions Leichnam eingetroffen und Tausende Wettkämpfer und Musiker kamen für die Begräbnisspiele nach Babylon.

Selbst nach seinen eigenen Maßstäben waren Alexanders Pläne atemberaubend. Ein griechischer Historiker schrieb, dass »die Zeremonie über alles hinausgehen sollte, was die Welt je erlebt hatte«.

Auf Alexanders Befehl hin wurde ein Teil von Babylons Stadtmauer eingerissen. Aus den Trümmern entstand ein riesiges, etwa 60 Meter hohes Monument, dessen sieben Etagen von Baumstämmen gestützt wurden.

Jede Etage war verschwenderisch dekoriert: die erste mit den goldenen Bugspitzen Hunderter von Kriegsschiffen; die zweite mit kolossalen Fackeln, auf denen goldene Adler thronten; die dritte mit geschnitzten Tieren und Jägern … und so weiter bis zur siebten Etage, auf der die mythischen Sirenen[25] zu sehen waren, »in deren ausgehöhlten Körpern Platz für einen Chor war, der zu Hephaistions Ehren singen würde«.

Es wurden keine Kosten und Mühen gescheut. Allein die violette und scharlachrote Dekoration aus Gold und Elfenbein kostete ein Vermögen und das gesamte Monument mindestens zehntausend Talente – was in etwa einer Viertelmilliarde Euro entspricht.

Doch für Alexander war selbst das nicht genug. Monate zuvor hatte er Gesandte mit einer einfachen Frage zum Orakel von Ammon geschickt. Er wollte wissen, ob Hephaistion nun unter den Unsterblichen weilte.

Die Gesandten kehrten mit guten Nachrichten zurück. Hephaistion sei zwar kein Gott, aber ein göttlicher Held und würdig, dass man ihm opfere.

Am Tag des Begräbnisses war Alexander der Erste, der seinem Freund ein Opfer darbrachte. Um Hephaistions Reise in die Nacht zu ehren, befahl er, das heilige Feuer der Perser zu löschen.

Bei diesem Befehl runzelten die Priester die Stirn. Das heilige Feuer werde nur gelöscht, wenn ein König sterbe, erklärten sie. Alles andere könne größtes Unglück bedeuten.

---

25 Die Sirenen waren in der griechischen Mythologie Mischwesen aus Mensch und Vogel, die auf einer Insel lebten und mit ihrem betörenden Gesang Fischer anlockten, um sie zu töten.

Doch Alexander bestand darauf. Und es gab niemanden mehr, der ihn davon abgehalten hätte.

■

Der Frühling ging in den Sommer über. Die Hitze in Babylon stieg. Die engen Gassen stanken nach Rauch und Schweiß.

Im Palast brütete Alexander über den Plänen zur Eroberung Arabiens. Die Flotte war bereit. Die Schiffe waren von bestechender Qualität und die Crews konnten es nicht erwarten abzulegen.

Auch die Armee war so gut wie vollzählig. Die Satrapen im Westen hatten Tausende Söldner geschickt, während Peukestas zwanzigtausend Bogenschützen und Speerwerfer im persischen Kernland rekrutiert hatte.

Vor den Toren der Stadt drillten Alexanders Offiziere ihre Soldaten ein ums andere Mal. Auf dem Euphrat organisierte Nearchos eine Probeschlacht, bei der sich die Kontrahenten mit Äpfeln statt mit Pfeilen bombardierten.

Die Stimmung war bestens. Gegen den Sohn von Zeus Ammon würden die Araber nicht den Hauch einer Chance haben.

Doch Alexander konnte Kalanos' Worte nicht vergessen. Er wurde das nagende Gefühl nicht los, dass irgendetwas nicht in Ordnung war.

Außerdem drangen beunruhigende Nachrichten aus Makedonien an sein Ohr. Er hatte sich darauf verlassen, dass Antipatros, der alte General seines Vaters, sein Heimatland gut regieren würde. Doch offenbar lag dieser seit Jahren in erbittertem Streit mit Alexanders Mutter Olympias.

Beide schickten Alexander Briefe, in denen sie sich gegenseitig heftige Vorwürfe machten. Olympias warnte ihren Sohn sogar, dass Antipatros ihm das Königreich streitig machen wolle.

Jetzt kam Kassander, der Sohn des Antipatros, nach Babylon, um seinen Vater gegenüber dem König zu verteidigen.

Alexander mochte den jungen Kassander nicht, der ihm wie ein hungriger Wolf erschien. Jedes Mal, wenn Alexander zu Kassander hinüberschaute, hatte er das Gefühl, dass dieser ihn mit kaltem Blick beobachtete.

■

Wochen verstrichen. Alexanders Generäle trafen ihre letzten Vorbereitungen. Doch sein Unbehagen wuchs.

Eines Morgens gelang es einem Verrückten, sich an den Palastwachen vorbeizuschleichen, bis zu den Gemächern des Königs vorzudringen, sich dessen Diadem aufzusetzen und auf dem goldenen Thron Platz zu nehmen. Als die Leibwächter ihn entdeckten, behauptete er, von den Göttern geleitet worden zu sein. Alexander verlangte seine sofortige Hinrichtung. Doch dieser Vorfall ging ihm nicht mehr aus dem Kopf.

Und noch eine weitere seltsame Episode bereitete ihm Kopfzerbrechen. Mit seinen Freunden unternahm er gerade eine Segeltour in der Nähe von Babylon, als ihm ein Windstoß sein Diadem vom Kopf fegte, sodass es in den Sümpfen landete.

Seleukos, der Befehlshaber der Silberschilde, sprang hinterher und sicherte das Diadem. Dann balancierte er es, während er zurückschwamm, auf dem Kopf, damit es nicht nass wurde. Für Alexander sah es so aus, als würde nun ein anderer das goldene Band des Königs tragen.

Als Seleukos an Bord kletterte, tauschten die beiden Männer einen langen Blick. Dann nahm Alexander das Diadem und wandte sich ab.

■

Es war jetzt Ende Mai und alles war bereit. In Babylon veranstaltete Alexander Spiele und Festessen für die Truppen, um ihnen den Abschied zu versüßen, ehe sie in Richtung Wüste ziehen würden.

Während Rufe und Gelächter den Saal erfüllten, hatte er jedoch ein seltsam beklemmendes Gefühl.

Am 28. Mai, eine Woche vor dem geplanten Aufbruch, verlieh Alexander Nearchos eine goldene Krone als Zeichen dafür, dass er ihn zum Oberkommandierenden der Flotte machte. Am späten Abend befanden sich beide auf einem privaten Fest, das von einem der älteren Offiziere, Medios von Larissa, veranstaltet wurde.

Unter den zwanzig Gästen waren Alexanders engste Freunde: nicht nur Nearchos, sondern auch Perdikkas, Ptolemaios, Eumenes und Peukestas. Nur ein Gesicht fehlte: das von Hephaistion.

Das Fest dauerte bis tief in die Nacht, der Wein floss in Strömen, Kerzenlicht flackerte auf den Gesichtern. Alexander hatte schon immer gern getrunken und hob schließlich eine große Kanne, um auf seinen Vorfahren, den legendären Herakles, anzustoßen.

Er legte den Kopf zurück, schloss die Augen und trank … und trank … und trank … bis die Kanne leer war. Seine Freunde jubelten, Alexander setzte lachend die Kanne ab.

■

Am nächsten Tag hatte er dröhnende Kopfschmerzen. Er nahm ein Bad und schlief ein bisschen. Dann kehrte er in Medios' Haus zurück, um mit den anderen zu würfeln, bevor er in den Palast zurückkehrte, um ein zweites Bad zu nehmen.

Alexander fühlte sich wie zerschlagen, vielleicht war es nur der Wein. Er legte sich schlafen, doch als er erwachte, zitterte er am ganzen Körper und sein Laken war völlig durchgeschwitzt.

Zwei weitere Tage vergingen. Er fühlte sich furchtbar schwach und aß nur wenig.

Er nahm ein weiteres Bad, doch es tat ihm nicht gut. Er versuchte, ein Opfer darzubringen, doch er hatte keine Energie und die Götter schienen ihn verlassen zu haben.

Er bestellte seine Generäle ein und teilte ihnen mit, dass sie in vier Tagen aufbrechen würden, doch war seine Stimme so schwach, dass sie ihn kaum verstanden. Seine Stirn glühte, seine Augen hatten ein unnatürliches Leuchten, seine Haare waren schweißnass.

■

Inzwischen war klar, dass es nicht nur am Wein liegen konnte. Später fragte man sich oft, ob Alexander vielleicht vergiftet worden war.

Doch kein Gift wirkt so langsam. In Wahrheit war Alexander schwer erkrankt, vielleicht an Malaria – eine Krankheit, die in den babylonischen Sumpfgebieten nur allzu verbreitet war.

Am sechsten Tag trugen ihn seine Diener zum Sommerhaus im Garten, in der Hoffnung, dass die neue Umgebung ihm guttun würde. Doch Alexander fühlte sich immer schwächer, er schien in Flammen zu stehen, sein Atem ging flach und unregelmäßig.

Am achten Tag wurde er in den Palast zurückgebracht. »Als seine Generäle hereinkamen«, berichtete Arrian, »erkannte er sie zwar, doch er konnte nicht mehr sprechen, als hätte er die Stimme verloren.«

■

Die Nachricht von Alexanders schlechtem Zustand hatte sich mittlerweile in der ganzen Stadt verbreitet. Zwei Tage lang blieb er in seinem Zimmer, zitterte am ganzen Körper und glitt immer wieder in den Schlaf hinüber.

Im Palast wuchs die Anspannung. Unter den Makedoniern ging das Gerücht um, Alexander sei schon seit Tagen tot. Warum sonst blieben alle Türen zu seinen Gemächern verschlossen? Vielleicht teilten seine Freunde schon sein Erbe unter sich auf …

■

Eines Tages hörten Alexanders Diener, wie mehrere Leute vor dem Zimmer des kranken Königs lärmten und mit den Fäusten gegen die Tür schlugen. Als die Diener einen Blick nach draußen warfen, sahen sie eine Horde von Soldaten mit vom Wein geröteten Gesichtern, die ihren geliebten König zu sehen verlangten.

Sie ließen sich nicht mehr zurückhalten und stürmten in den Raum. Doch als sie die ausgezehrte Gestalt im Bett liegen sahen, verstummten sie auf der Stelle.

Alexander war am Leben, seine Augen offen. Doch er konnte nicht sprechen. Unter größter Anstrengung hob er die Hand zu einem schwachen Gruß.

Einer nach dem anderen beugte sein Haupt und ging an ihm vorbei. Als sie den Raum verließen, hatten viele Tränen in den Augen.

■

Den ganzen folgenden Tag rang Alexander mit dem Tod. Peukestas und Seleukos verbrachten die Nacht im Tempel und beteten verzweifelt um ein Wunder. Doch es war zu spät.

Natürlich war Alexander nicht unsterblich. Und er war auch nicht dazu aussehen, einst durch die Hand eines legendären Kriegers zu sterben, wie viele vorhergesagt hatten.

In Wahrheit starb er wie so viele andere in der antiken Welt: in seinem Bett, schweißnass, von der Krankheit gezeichnet.

Am nächsten Tag, dem 11. Juni 323 v. Chr., wurde es kaum richtig hell, als würde selbst die Sonne bereits trauern.[26] Überall liefen Soldaten umher, ihre Gesichter voller Argwohn, die Hände am Schaft ihrer Schwerter.

Viele Leute blieben zu Hause, und wer hinausging, hielt sich lieber im Verborgenen. Hunde heulten im Dunkeln. Aaskrähen kreisten unheilvoll am Himmel.

▪

Die Angst hatte sich wie eine schwere Decke über die Stadt gelegt. Die Menschen in Babylon warteten auf das Unausweichliche.

Am späten Nachmittag, etwa um vier Uhr, versammelten sich die Freunde an seinem Bett. Viele von ihnen weinten. Das Gesicht ihres Königs war grau, sein Atem flatterte. Es würde nicht mehr lange dauern.

Er öffnete seine Augen, und es gelang ihm, ein paar Worte zu sagen. Er wolle im Tempel des Zeus, dem Haus seines Vaters, begraben werden.

Mit letzter Kraft zog er sich den Ring vom Finger und gab ihn Perdikkas. Seine Freunde traten näher an ihn heran. Wem, fragten sie, wolle er das Königreich überlassen?

---

26 Die Wissenschaftler sind sich uneins, wann Alexander genau starb – am 10. oder am 11. Juni des Jahres 323 v. Chr. Weil man damals mit einem anderen Kalender rechnete, sind solche Datierungen nicht ganz einfach. Für beide Termine gibt es gute Argumente.

Alexander flüsterte heiser: »Dem Stärksten …«[27]

Für einen Moment verzog sich sein Mund zu einem spöttischen Lächeln. Was für Begräbnisspiele würde es geben, wenn er nicht mehr war!

Sein Kopf fiel zurück. Er schloss die Augen.

Kurz darauf stieß er einen langen zitternden Atem aus, dann war alles still.

Es war vorbei.

■

An diesem Abend saß ein babylonischer Gelehrter über seinen astronomischen Aufzeichnungen, die von den Priestern bewahrt wurden, um Ereignisse im Himmel und auf Erden festzuhalten.[28]

Mit Bedacht drückte er den Stilos in die Wachstafel und begann zu schreiben:

Der König ist tot. Wolken …

---

27 Über diese letzten Worte streiten sich Historiker bis heute. Viele von Alexanders Freunden behaupteten, er habe »toi kratistoi« (dem Stärksten) gesagt. Doch vielleicht hatte er auch »Kraterоi« (Krateros) geflüstert.

28 Man kann diese Tafel im British Museum bewundern. Sie ist die einzige Hinterlassenschaft vom Todestag Alexanders.

21

Begräbnisspiele

Natürlich wusste Alexander, dass es nach seinem Tod Begräbnisspiele geben würde, doch er hatte nicht ahnen können, wie blutig sie werden würden.

Die Wettbewerbe begannen am 12. Juni in Babylon, unmittelbar nach seinem Tod. Im goldenen Thronsaal versammelten sich seine Freunde um den Leichnam des Königs und beratschlagten, was jetzt geschehen sollte.

Allen steckte der Schock in den Gliedern. Sie hatten nicht nur ihren König verloren, sondern waren auch Tausende Kilometer von zu Hause entfernt. Wer sollte sie jetzt dorthin zurückführen?

Perdikkas als Oberbefehlshaber sprach zuerst. Roxana erwarte ein Kind, sagte er. Wenn es ein Junge werde, sei er Alexanders Erbe, also sollten sie bis dahin abwarten.

Alle wussten, dass dies Perdikkas in die Karten spielen würde. Ehrgeizig und von adeliger Abstammung, besaß er Alexanders Ring und befehligte die Kavallerie. Es wäre also nur folgerichtig, wenn er als Alexanders Nachfolger den Thron besteige, sobald er alt genug sei.

Doch nicht alle waren dieser Meinung. Der Befehlshaber der Infanterie, Meleagros, wandte ein, dass Roxanas Sohn kein reinblütiger Makedonier sei, da seine Mutter aus Sogdien stamme. Die Soldaten wollten aber einen richtigen Makedonier als König, nicht einen halben Asiaten.

Aber es gebe eine Alternative, fuhr Meleagros fort. Wie wäre es mit Alexanders Halbbruder Arrhidaios, der sie auf ihrer Expedition begleitet hatte. Er lebte in Babylon und könnte als reinblütiger Makedonier sofort den Thron besteigen.

Ptolemaios schüttelte den Kopf. Dies sei eine schlechte Idee, sagte er. Arrhidaios sei kein Krieger und seine mentale Entwicklungsstörung mit der Königswürde unvereinbar.

Doch Perdikkas' Plan gefiel Ptolemaios ebenso wenig. Warum sollte ein einziger Mann sämtliche Macht bekommen? Warum sollten nicht die Generäle ein Komitee bilden, die Macht teilen und gemeinsame Entscheidungen treffen?

Schließlich einigten sie sich auf einen Kompromiss. Falls Roxanas Baby ein Junge sei, würde er König werden und von einem vierköpfigen Komitee begleitet werden: Perdikkas, Leonnatos, Krateros und Antipatros.

Doch schon bald nahmen die Dinge einen anderen Verlauf. Denn vor dem Palast hatte die makedonische Infanterie ihr eigenes Massentreffen abgehalten.

Sie wollten ihren Landsmann Arrhidaios als König. Und die Vorstellung, dass Alexanders alte Freunde vor allem ihre eigenen Interessen verfolgten, machte sie unglaublich wütend.

Angestachelt von den Gerüchten stürmte die Infanterie den Palast. Es spielten sich chaotische Szenen ab. Perdikkas und die anderen Generäle verbarrikadierten sich im Thronsaal, in dem sich noch immer Alexanders Leichnam befand, während die Soldaten wütend gegen die Türen hämmerten.

Schließlich flohen die Generäle durch einen Seitenausgang und überließen den Thronsaal den Infanteristen. Nachdem sie Arrhidaios geholt hatten, kleideten sie ihn in Alexanders Umhang, setzten ihm das Diadem des Herrschers auf und huldigten ihm als ihrem neuen König. Dort saß er nun auf dem Thron und verstand kaum, was vor sich ging, während wenige Meter von ihm entfernt sein toter Bruder lag.

Alexander war kaum einen Tag tot und schon zerfiel sein Reich.

■

Am Ende einigten sich beide Seiten auf einen brüchigen Deal. Arrhidaios blieb König, doch wenn Roxana einen Jungen zur Welt brachte, würden sie den Thron teilen.

Dennoch gab es bereits erste Vorzeichen des Gemetzels, das folgen sollte. Es fing damit an, dass Perdikkas Meleagros festnehmen und hinrichten ließ. Dann schmiedeten er und Roxana ein Komplott gegen Alexanders persische Frau Stateira: Sie ließen sie töten und warfen sie in einen Brunnen.

Warum sie das taten? Die Antwort liegt auf der Hand. Die vielen Gerüchte, die kursierten, machten alle argwöhnisch und misstrauisch. Deshalb waren Perdikkas und Roxana davon überzeugt, dass sie unbedingt zuerst zuschlagen müssten, ehe es ihnen selbst an den Kragen ging.

Im Spätsommer 323 v. Chr. brachte Roxana einen Jungen zur Welt. Er erhielt den Namen seines Vaters und wurde als Alexander IV. gekrönt. Das Imperium hatte nun zwei Könige, von denen keiner in der Lage war, zu regieren.

So war also weiterhin Perdikkas der Mann, auf den es ankam. Er blieb in Babylon und führte das Reich als Regent und Oberbefehlshaber, der beide Könige kontrollierte.

Um die anderen Generäle zu besänftigen, machte er sie zu Satrapen der verschiedenen Provinzen. Leonnatos erhielt Phrygien. Krateros und der alte General Antipatros teilten sich Griechenland und Makedonien. Ptolemaios bat um die reiche und leicht zu verteidigende Provinz Ägypten.

Doch es dauerte nicht lange, bis sich die Nachfolger, auch *Diadochen* genannt, untereinander bekriegten. Der größte Zankapfel blieb seltsamerweise Alexander selbst.

Seit seinem Tod war sein mumifizierter Körper in Babylon geblieben und lag unter einem violetten Leichentuch in einem goldenen Sarg. Pedikkas gab den Bau eines riesigen Leichenwagens in Auftrag, um den toten König nach Makedonien zurückzubringen.

Der Wagen sah aus wie ein großer goldener Kasten, der mit den Bildern von Göttern und Göttinnen verziert war. Gemalte Paneele stellten Szenen aus Alexanders Leben dar. Eine schmale

Tür führte innerhalb des Wagens zu einem Nebenraum, wo Trauernde für den verstorbenen König beten konnten.

Im Frühjahr 321 v. Chr. verließ Perdikkas mitsamt dem Wagen Babylon, um die lange Heimreise anzutreten. Doch irgendwo auf den staubigen Straßen Syriens wurden sie von einem Militärkommando abgefangen, das sich heimlich von Ägypten aus auf den Weg gemacht hatte.

Alexanders alter Freund Ptolemaios wollte den Leichnam für sich haben. Denn er wusste genau, dass der Hüter des Leichnams gute Chancen hatte, als rechtmäßiger Erbe Alexanders anerkannt zu werden.

Statt nach Makedonien zurückzukehren, wurde Alexander also nach Ägypten überführt. Hier, in der alten Stadt Memphis, wurde der Sohn von Zeus Ammon feierlich bestattet.

Für Perdikkas kam dies einer Kriegserklärung gleich. Im Sommer 321 v. Chr. trommelte er eine Armee zusammen und zog mit ihr von Babylon nach Ägypten, um Perdikkas zur Räson zu bringen.

Doch die Aktion endete in einem Desaster. Als Perdikkas und seine Truppen eine Festung im Nildelta angriffen, erlitten sie schwere Verluste. Als sie ein Stück flussaufwärts versuchten, den Nil zu überqueren, büßten sie noch mehr Leute ein. Die Befehlshaber verloren die Nerven. Und eines Abends, als Perdikkas vor sich hin grübelte, drangen sie in sein Zelt ein und stießen ihre Schwerter in sein Herz.

■

Mit Perdikkas' Tod war jeglicher Anschein von Einigkeit dahin. Drei Jahre nach Alexanders Tod hatten sich die Diadochen wie Geier auf das Erbe des verstorbenen Königs gestürzt und es auseinandergerissen.

Der Bürgerkrieg hielt zwanzig Jahre lang an – eine verwirrend komplizierte Abfolge von Fehden und Allianzen, wechselseitigem Verrat und Mordanschlägen. Leonnatos, der in Multan Alexanders Leben gerettet hatte, wurde 322 v. Chr. von den Athenern ermordet. Krateros wurde im Jahr darauf getötet, als er gegen Alexanders ehemaligen Sekretär Eumenes kämpfte.

Antipatros starb hochbetagt im Jahr 319 v. Chr., worauf es an seinem wölfischen Sohn Kassander war, mit Alexanders Mutter Olympias über die Kontrolle von Makedonien zu streiten.

Doch das Blutvergießen hatte noch kein Ende. Zuerst wurde Arrhidaios von Olympias getötet, dann ermordete Kassander Olympias und kurz darauf auch den jungen Alexander IV. und Roxana, die Mutter des Jungen.

Im Jahr 305 v. Chr. krönte sich Kassander selbst zum König. Doch das Reich war längst in vier große Teile auseinandergebrochen.

Zum einen gab es Kassanders Königreich Makedonien und Griechenland, daneben das Königreich Thrakien, in dem Alexanders ehemaliger Leibwächter Lysimachos herrschte. Drittens war da das reiche und stolze Ägypten, dessen König Ptolemaios war. Und viertens das riesige Gebiet, das sich quer durch Asien bis zum Mittleren Osten erstreckte. Nach jahrelangem Kampf fiel es schließlich an den Befehlshaber der Silberschilde Seleukos, der seine eigene Dynastie – das Seleukidenreich – gründete.

Das Omen hatte sich erfüllt. Kurz vor Alexanders Tod hatte Seleukos das Diadem des Königs aus den Sümpfen gerettet. Nun trug er es selbst.

▪

Binnen weniger Jahre war das Weltreich, von dem Alexander geträumt hatte, endgültig Geschichte. Doch sein Vermächtnis lebte weiter.

Im Zuge seiner Eroberungen hatten die Makedonier Kolonien in ganz Asien gegründet. Sogar im fernen Baktrien und Sogdien blieben die Garnisonsstädte über Jahrhunderte Außenposten der griechischen Zivilisation.

Und lange nachdem der letzte von Alexanders Soldaten gestorben und begraben war, blieben ihre Kinder und Enkel den alten Traditionen treu. Tausende von Kilometern trennten sie von der Ägäis, und doch verehrten sie die griechischen Götter, veranstalteten griechische Spiele und prägten griechische Münzen.

Das griechische Königreich in Baktrien existierte über ein Jahrhundert lang, bevor es von den Nomaden der Steppe überrannt wurde. Das letzte griechische Königtum im Punjab währte vermutlich weitere hundertfünfzig Jahre lang, bis kurz nach Christi Geburt.

Da diese Reiche von der mediterranen Welt abgetrennt waren, gibt es nur noch sehr wenige Zeugnisse aus der damaligen

Zeit. Doch in Usbekistan, Afghanistan, Pakistan und Indien haben Archäologen griechische Münzen und andere Artefakte gefunden.

Die anderen Königreiche der Diadochen hatten noch länger Bestand. Das größte von ihnen war das gigantische Imperium des Seleukos, das sich über große Gebiete der heutigen Staaten Iran, Irak, Syrien und Türkei erstreckte.

Er war nie einer der engsten Gefährten Alexanders, doch mit Sicherheit sein skrupellosester Nachfolger. Unter seinen Nachkommen existierte sein Imperium weitere zweihundert Jahre. Doch als es schließlich zerfiel, war Alexanders Traum von einer Fusion zwischen Ost und West endgültig zerplatzt.

Und es mag seltsam klingen, doch Makedonien hat sich nie von der Regentschaft Alexanders erholt.

Unter seinem Vater Philipp war es das mächtigste Reich in Europa gewesen. Doch Alexanders Abenteuer hatten das Land seiner Reserven und seines Geldes beraubt. Und als keine Eroberungszüge mehr stattfanden, gab es auch keine Kriegsbeute mehr.

Der Blick richtete sich fortan gen Osten. Ehrgeizige junge Griechen suchten ihr Glück im Ausland, in den großen Städten Asiens und Ägyptens. Sogar Athen fiel in seiner Entwicklung weit zurück.

Mit den Jahren verlor Makedonien seinen Einfluss. Und wie das übrige Griechenland fiel es unter die Herrschaft einer neuen, jungen und reichen europäischen Macht – Rom.

■

Von allen Königreichen der Diadochen hat Ägypten die Fantasie der Welt am stärksten angeregt und den größten Eindruck hinterlassen.

Ägypten für sich einzufordern, war ein geschickter Schachzug von Ptolemaios gewesen. Ägypten war nicht nur enorm reich, sondern auch ziemlich leicht zu verteidigen, da es nur von der Wüste Sinai aus angegriffen werden konnte.

Während die anderen Diadochen in ihre Kämpfe verstrickt waren, blühte Ptolemaios' neues Reich auf. Als gekrönter Pharao verlegte er die Hauptstadt in das neue Alexandria. Dort machte er Pläne für eines der grandiosesten Bauwerke der Welt – die große Bibliothek.

Ptolemaios lebte ein langes und zufriedenes Leben und verbrachte seine letzten Jahre damit, eine Chronik von Alexanders Abenteuern zu schreiben, die leider verloren ging. Er starb im Alter von 85 Jahren friedlich in seinem Bett.

Ptolemaios' Nachfahren regierten Ägypten fast dreihundert Jahre lang. Sie nannten sich Ptolemäer und übernahmen einige ägyptische Bräuche.

Doch betrachteten sich die Ptolemäer weiterhin als Makedonier. Sie sprachen Griechisch und versuchten die makedonische Linie zu bewahren, indem sie nur ihre Brüder und Schwester heirateten.

Während ihrer Herrschaft wurde Alexandria zur größten griechischen Stadt der Welt, berühmt für ihre Bibliothek, ihren

Leuchtturm, ihren Hafen und ihre Theater. Und auf der ganzen Welt war sie dafür bekannt, die letzte Ruhestätte ihres Gründers zu sein: Alexanders des Großen.

Für die Ptolemäer war das Grab des Freundes, ihres großen Vorfahren, ein heiliger Ort. Für einige Jahre lag Alexanders mumifizierter Leichnam in einem goldenen Sarkophag, eher er in einen transparenten Sarg aus Alabaster umgebettet wurde.

Er war nicht mehr nur ein König. Er war ein Gott, der Sohn von Zeus Ammon – wie er es immer gewollt hatte.

■

Die Jahre vergingen und auch die Pracht Ägyptens verblasste. Bürgerkriege schwächten die Macht der Ptolemäer und die Römer verstärkten ihren Einfluss auf das östliche Mittelmeer.

Im Jahr 51 v. Chr. bestieg die letzte Nachfahrin der Ptolemäer den ägyptischen Thron. Sie war die siebte Kleopatra und erst siebzehn Jahre alt. Von allen Nachfolgern Alexanders ist sie die Einzige, die bis auf den heutigen Tag mit seinem Ruhm konkurrieren kann. Ihr Leben war so voller dramatischer Wendungen und Ereignisse, dass sich kein Autor so etwas ausgedacht hätte. Doch ihre Geschichte wäre Stoff für ein weiteres Buch.

■

Die langen Begräbnisspiele fanden ein Ende. Die letzten Wettkämpfer waren gestorben. Neue Herrscher übernahmen Theater und Arenen.

In Städten wie Alexandria erhielt sich die griechische Kultur. Noch Jahrhunderte nach Alexanders Tod sprachen viele Tausend Menschen in Nordafrika und Asien immer noch Griechisch, lasen griechische Poesie und verehrten griechische Götter.

Es war die Griechisch sprechende Welt, in der sich das Christentum verbreitete. Auch die ersten Berichte über das Leben Jesu wurden in griechischer Sprache verfasst – eine überraschende Hinterlassenschaft von Alexanders Eroberungen.

Alexanders eigener Ruhm ist nie verblasst. Den Römern diente er als ultimatives Rollenmodell, der größte Eroberer aller Zeiten.

Um ihn zu kopieren, bezeichnete sich der römische General Pompeius als »Pompeius Magnus« – Pompeius der Große. Er behauptete, Alexanders alten Umhang zu tragen, und frisierte seine Haare so, dass er dem Bild Alexanders auf den Münzen ähnelte.

Auch der erste römische Kaiser Augustus war ein begeisterter Anhänger Alexanders. Als er Ägypten eroberte, besuchte er sein Grab und legte Blumen sowie ein goldenes Diadem auf den Sarg.

Der spätere Kaiser Caracalla sprach ständig »vom großen Alexander und seinen Taten«. Er organisierte seine Armee nach dem Vorbild der makedonischen Phalanx, besuchte ebenfalls das Grab Alexanders und »benutzte bestimmte Waffen und Becher«, die angeblich diesem gehört hatten. Dem römischen Senat gegenüber erklärte er sogar, er sei der wiederauferstandene Alexander.

Doch es sollte ihm nichts nützen. Als Caracalla eines Tages vom Pferd stieg, um die Latrine aufzusuchen, wurde er von seinen eigenen Soldaten erdolcht. Dem echten Alexander wäre das nie passiert.

Nach Hunderten von Jahren zerfiel auch das mächtige Römische Reich. Alexanders Grab geriet in Vergessenheit.

Heute ist Alexandria eine ägyptische Großstadt mit über fünf Millionen Einwohnern, doch niemand weiß, wo ihr Gründer begraben liegt.

Zahllose archäologische Teams haben versucht, Alexanders Grab zu finden, doch es ist niemandem gelungen.

■

Im Laufe der Jahrhunderte wuchs Alexanders Ruhm immer mehr – vom Mann zum Superhelden.

Persische Geschichtenerzähler stellten ihn als Dämon mit Hörnern dar. Manche Historiker sind der Ansicht, Alexander sei der mysteriöse Mann mit den zwei Hörnern, der im Koran, der heiligen Schrift des Islams, vorkommt.

Im Westen rankten sich fantastische Erzählungen um den großen Abenteurer. Mal heißt es, er sei, von Greifen getragen, über die ganze Welt geflogen, mal heißt es, er sei in einer gläsernen Tauchglocke auf dem Grund des Ozeans gewesen – ein antiker griechischer Tiefseetaucher.

Doch besteht bei Alexander nicht der geringste Anlass zu übertreiben. Seine außerordentlichen Abenteuer sprechen für sich.

In einem zehn Jahre dauernden Feldzug legte er mit seinen Männern atemberaubende fünfunddreißigtausend Kilometer zurück und verlor nicht eine einzige Schlacht. Er übertraf die mächtigsten Herrscher der Erde, schuf das größte Königreich der Welt und zog ungehindert in die berühmteste Stadt seiner Zeit ein. Vermutlich hat kein Mensch je so eine große Strecke zurückgelegt und so viel erreicht wie er.

Wenn wir heutige Staaten zugrunde legen, dann hat er Griechenland, die Türkei, Syrien, Israel, Palästina, Jordanien, Ägypten, Irak, Iran, Afghanistan und Pakistan erobert, desgleichen einen Teil von Usbekistan und Tadschikistan und sogar einen Teil Indiens.

Er starb im Alter von nur 33 Jahren, besiegt von seiner erschöpfenden Mission und seinem übergroßen Ehrgeiz. Er hat neue Standards gesetzt, was Prachtentfaltung und Abenteurertum angeht. In dieser Hinsicht kann ihm niemand das Wasser reichen.

Sein Stern leuchtet immer noch so hell, dass sich bis heute moderne Staaten um ihn streiten. Seit fast einem Vierteljahrhundert führen Griechenland und Nordmazedonien eine erbitterte Auseinandersetzung darum, wem Alexander »gehört«.

Der wichtigste Flughafen Nordmazedoniens trägt seinen Namen. Die Flagge Nordmazedoniens zierte zunächst ein Sonnensymbol, das auf Alexander den Großen zurückgeht – doch die Griechen legten dagegen Protest ein. Und im Zentrum der Hauptstadt Skopje steht ein riesiges Denkmal von Alexander und Bukephalos – auch dies zum großen Missfallen der Griechen, die Alexander für sich in Anspruch nehmen.

Was würde Alexander dazu sagen? Bestimmt wäre er erfreut. Er zweifelte nie daran, zur Legende zu werden, und er hat recht behalten.

Die Historiker sind sich bei seiner Bewertung nicht einig. Manche sehen in ihm einen Vorkämpfer für den Zusammenhalt der Völker. Andere betrachten ihn eher als skrupellosen Machtpolitiker, dem es nur um den eigenen Ruhm ging.

Was sollten wir von ihm in Erinnerung behalten? Seine taktischen Meisterleistungen auf dem Schlachtfeld? Die Zerschlagung des Gordischen Knotens? Sein gebeugtes Haupt angesichts des Orakels von Ammon? Oder sein Schmollen im indischen Regen?

All diese Dinge gehören zu seiner Persönlichkeit. Doch vielleicht sollten wir vor allem daran denken, dass auch er einmal ein Junge war, der Götter- und Heldengeschichten liebte und seinen Freunden erzählte, dass man auch ihn dereinst in Gedichten und Liedern besingen würde.

In dieser Hinsicht unterschied er sich nicht so sehr von anderen Jungen und Mädchen. Zwar denken nur wenige von uns, sie seien Kinder des Zeus. Doch wir alle lieben Geschichten und wir alle machen uns zu Helden unserer eigenen Abenteuer.

Und vielleicht tragen wir alle einen inneren Alexander in uns, der sich stets fragt, was sich jenseits des Horizonts befindet.

Nachwort

Als eine der faszinierendsten Figuren der Weltgeschichte ist das Leben Alexanders des Großen immer wieder von Neuem erzählt worden.

Es sind vor allem fünf antike Geschichtsschreiber, die das Leben Alexanders beschrieben haben: Diodor, Arrian, Quintus Curtius Rufus, Marcus Iunianus Iustinus und Plutarch. Manchmal widersprechen sie einander. Ich habe mir nach bestem Wissen und Gewissen einen Überblick über die Quellenlage verschafft und die ausgewählten Zitate hin und wieder geringfügig bearbeitet, doch nicht zu sehr.

Es wäre schön, mehr über Alexanders Freunde, seine Frau Roxana und ein paar andere Charaktere zu wissen. Doch leider schenken ihnen die antiken Autoren nur wenig Beachtung, und so wissen wir nicht einmal, wie sie ausgesehen haben. Die Versuchung war groß, viele farbige Details hinzuzuerfinden; da dies aber ein Geschichtsbuch und kein Roman ist, habe ich mich dagegen entschieden.

Es gibt viele moderne Bücher über Alexander, und so stehe ich insbesondere in der Schuld von Ernst Badian, A. B. Bosworth, Paul Cartledge, Peter Green, Waldemar Heckel, Robin

Lane Fox und James Romm. Ich haben ebenso Tom Hollands großartiges Buch über die persischen Kriege herangezogen und auf ein paar ausgezeichnete historische Internetseiten zurückgegriffen, wie die von Jona Lendering über Livius oder die *Encyclopaedia Iranica* der Columbia University.

Wer an Fernsehproduktionen interessiert ist, der kann sich die BBC-Produktion des Historikers Michel Wood, *In the Footsteps of Alexander the Great*, ansehen, die Alexanders Weg von Griechenland bis nach Indien nachzeichnet. Sie ist zwar schon über zwanzig Jahre alt, aber immer noch sehr fesselnd.

Ich bin vom Leben Alexanders fasziniert, seit ich die Romane von Mary Renault über sein Leben und seine Abenteuer gelesen habe, und es war mir eine große Freude, selbst über ihn zu schreiben. Mein herzlicher Dank geht an Simon Winder, Eva Hodkin, Julia Bruce und James Pullen, außerdem an alle Mitarbeiter bei Wylie Agency, Penguin and Particular Books.

Und vor allem danke ich von Herzen und wie immer Catherine und Arthur, meinen ganz persönlichen Σωματοφύλακες.

Autor

Dominic Sandbrook ist Historiker, Autor, Kolumnist und Fernsehsprecher. Er hat Bücher über die politische Geschichte Amerikas geschrieben und steht kurz vor der Vollendung eines mehrbändigen Geschichtsbands über Großbritannien in der Nachkriegszeit. Sandbrook hat für zahlreiche BBC-Fernsehserien die Drehbücher geschrieben und als Sprecher fungiert. Er ist Gastprofessor am King's College London, hat eine monatliche Kolumne im *BCC History Magazine* und schreibt für *The Daily Mail* und *The Sunday Times*.

Übersetzer

Knut Krüger, geboren 1966, arbeitete nach seinem Germanistik-Studium im Buchhandel und Verlagswesen. Er ist heute freier Autor, Lektor und Übersetzer für englische und skandinavische Literatur. Lebt mit seiner Frau und seinen drei Kindern in München.

In der Reihe »Weltgeschichte(n)« ist bei cbj außerdem erschienen:
Zeit der Finsternis: Der Zweite Weltkrieg (17908)
Weg in die Dunkelheit: Der Erste Weltkrieg (17909)
Der zornige Herrscher: Heinrich VIII. (17907)
Eroberer der Meere: Die Wikinger (18040)
Die letzte Pharaonin: Kleopatra (18041)
Der Untergang der Azteken: Die Spanier erobern Amerika (18122)

Mehr zu unseren Büchern auch auf Instagram

Gesa Schwartz

Die fantastischen Abenteuer von

Ella Löwenstein

Eine Welt voller Wunder
Band 1, 144 Seiten,
ISBN 978-3-570-17701-3

Ein Meer aus Magie
Band 2, 160 Seiten,
ISBN 978-3-570-17702-0

Ein Wald der Wünsche
Band 3, 192 Seiten,
ISBN 978-3-570-17703-7

Ein Fluss der Fantasie
Band 4, 208 Seiten,
ISBN 978-3-570-18071-6

Ein Feenreich aus Farben
Band 5, 224Seiten,
ISBN 978-3-570-18116-4

Tanzender Schnee – so riecht Magie für Ella Löwenstein. Aber damit nicht genug: Sie kann außerdem magische Wesen sehen! Denn sie ist eine Feenflüsterin. Und die Geschöpfe der Anderwelt brauchen ihre Hilfe ...

10445_5

cbj

www.cbj-verlag.de

Dominic Sandbrook

Weltgeschichten – Zeit der Finsternis: Der Zweite Weltkrieg

368 Seiten, ISBN 978-3-570-17908-6

In einer dunklen Vergangenheit voller Konflikt und Armut wird der junge Adolf Hitler von einem glücklosen Maler zum Herrscher des Dritten Reiches: der Beginn der blutigsten und dramatischen Zeit der Weltgeschichte. Unzählige Menschen werden verfolgt, ziehen in den Krieg und verlieren ihr Leben.

Dominic Sandbrook katapultiert die Leser mitten hinein in die historischen Ereignisse, Schauplätze und Einzelschicksale: Die kleine Niusia erlebt die Invasion Polens mit, der dänische Student Vilhelm Lind hilft zahlreichen Juden bei der Flucht, Anne Frank träumt von einem Leben jenseits ihres Versteckes und die japanische Schülerin Setsuko überlebt die Atombombe auf Hiroshima.

10449

cbj

www.cbj-verlag.de